오르는 땅만 사는
한국의 부자들

오를 땅만 사는
한국의 부자들

초판 1쇄 | 2020년 7월 22일

지은이 | 박종철
펴낸이 | 이금석
디자인 | 김국회
펴낸곳 | 도서출판 무한
등록일 | 1993년 4월 2일
등록번호 | 제3-468호
주소 | 서울 마포구 서교동 469-19
전화 | 02)322-6144
팩스 | 02)325-6143
홈페이지 | www.muhan-book.co.kr
e-mail | muhanbook7@naver.com

가격 **17,000원**
ISBN 978-89-5601-757-0 (03320)

오를 땅만 사는
한국의 부자들

박종철 지음

무한

책을 내며...

　　인간의 수명은 의학기술의 발전과 신약품의 개발로 점점 늘어만 간다. 1975년에 우리나라 사람들의 평균수명은 64세였다. 그런데 2015년에는 82세였다. 40년 만에 18년이 늘어난 것이다. 장수시대로 가는 속도가 너무 빨라 어떤 전문가는 2030년이면 인간의 평균수명이 130세가 되고 2035년에는 영원한 수명 연장도 가능해질 수 있다고 전망했다. 지금의 변화 속도나 기술발전의 속도를 보면 영 불가능한 이야기는 아닌 것 같다. 몇 년 전에는 유전자를 치료할 수 있는 크리스퍼란 유전자가위가 발명되었다. 병이 발병하기 전에 병의 근본 원인을 치료할 수 있기 때문에 무병장수할 수 있다고 한다. 어떻게 보면 이것은 눈부시게 발달한 과학이 준 선물인지도 모른다. 그러나 이러한 장수시대가 모두에게 다 축복일까. 노후 준비를 잘한 사람들은 장수시대가 축복일 것이다. 그러나 그렇지 못한 사람들에게는 장수시대가 악몽으로 다가올 것이다.

공무원연금도 적자가 눈덩이처럼 늘어난다고 한다. 국민연금도 몇 년도에 고갈되네 하는 뉴스들이 잊을 만하면 흘러나온다. 세계최저의 출산율로 인해 향후 후손들이 감당해야 할 재정적 부담이 가중되는 것은 자명한 일이다.

우리나라는 수출주도 국가로서 수출경쟁력 확보와 일자리 창출을 위하여 정부는 매년 상당수준의 화폐를 증가 발행한다. 화폐량 증가로 인해서 화폐가치는 시간이 지남에 따라 떨어진다. 이러한 화폐증가 영향을 하루빨리 깨우쳐야 월급쟁이들이 가난에서 벗어날 수가 있다. 이러한 현상을 바르게 보지 못하면 평생을 월급쟁이에서 벗어나지 못하고 가난을 대물림할 수밖에 없다. 화폐증가로 인한 영향은 많은 부분에서 상당한 영향을 미친다. 이러한 영향은 수백 년 동안 지속되어 왔으며 앞으로도 계속 이어질 수밖에 없다. 우리나라뿐만 아니라 전 세계가 함께 움직이고 조화를 이루어나가야 할 문제이기 때문에 영원토록 지속될 문제이다. 화폐량 증가 문제와 같이 경제에 상당한 영향을 미치는 금리정책도 빼놓을 수 없는 중요한 문제이다. 그래서 각국은 금융정책을 최우선 순위로 굉장히 중요하게 다룬다. 일본과 유럽의 일부 국가들은 마이너스 금리까지 내려갔으며, 우리나라도 점진적으로 금리를 내리고 있다. 이렇게 지속적으로 이루어지는 문제들을 정확하게 이해하고 대처하여야 월급쟁이가 가난에서 벗어나게 되고 가난을 대물림하지 않게 된다.

화폐량 증가로 인해 화폐가치가 떨어지는 상황에서 돈을 갖고 있기만 한다면 돈의 가치가 시간과 함께 조금씩 사라지게 된다. 그렇기 때문에 그에 대한 대비를 하여야 한다. 부동산 투자는 화폐량 증가로 인한 자산가치의 하락을 방어할 수 있는 확실한 길이라는 것을 알았다. 그 분명한 깨달음을 아는 순간 나도 모르게 희열과 애달픔을 동시에 느꼈다. 인류역사가 존재해 온 이래 수많은 세월 동안 지속되어 왔던 사실이다. 정확한 화폐증가율을 나만 알아낸 것은 아닐 것이다. 그런데 수십 년간 책에서 만나온 부자들도 이것을 명확하게 내게 와 닿도록 알려주지 않았다. 아니 알려주었는데도 내가 못 알아차렸을 수도 있다. 사람은 보고 싶은 것만 보고 듣고 싶은 것만 듣기 때문일 것이다. 그러나 나는 분명히 제대로 알려줄 수 있을 것 같았다. 그래서 홀로 기뻤다. 그러나 이러한 사실을 어떻게 많은 사람들에게 쉽게 알려줄까에 대한 생각은 막막함으로 다가왔다.

물론 내가 만나는 소중하고 사랑하는 분들에게는 깨달음을 직접 전할 수 있다. 그러나 나만의 욕심이랄까 주변만 알려주기 보다는 널리 알려주고 싶었다. 부자가 아닌 많은 월급쟁이들과 희망을 잃어가는 자식 세대들에게 이러한 불합리에 현명하게 대처하는 방법을 알려주고 싶었다. 용기와 희망을 주고 싶었다. 그래서 책을 쓰기로 했다. 탄광의 막장 관리자에서 출발한 사람이 글을 잘 쓴다는 것은 어려운 일이다. 그러나 어떻게든 지속적으로 일어날 일들에 대한 대비를 하여야 월급쟁이들이 가난의 시대를 마감하고 부자로 살아갈 수 있다는 생각에 어려운 도전을 했다. 부디 내가 깨달은 지혜가 월급쟁이와 자식 세대들에게 조금이라도 도움이 되었으면 한다.

2017년 통계청 발표에 따르면 우리나라 노인부부들의 70%가 쉬고 싶어도 쉴 수 없다고 한다. 모든 인류가 처음으로 가는 장수시대가 재앙이 아닌 축복이 되어야 한다. 구슬이 서 말이라도 꿰어야 보배가 되듯 실행하여야만 결실을 얻을 수 있다. 아무리 좋은 이론과 지식이 있다 하여도 실천하지 않으면 무용지물인 것이다. 머뭇거리기에는 시간이 많지 않다. 세상에는 늦었다는 법은 없다. 하루라도 먼저 깨우치고 실행한다면 시간은 문제되지 않는다. 특히 돈이 많이 없는 월급쟁이들은 하루라도 빨리 땅 투자를 시작하는 것만이 비용을 줄이는 최상의 방법임을 알아야 한다. 수 백 년 동안 지속되어 왔고 앞으로도 지속될 금융정책의 비밀을 알고 하루라도 빨리 오를 땅을 사서 부자로 장수시대를 행복하게 맞이하길 바란다. 명심해라. 땅은 오늘이 가장 싸다. 내일은 오늘의 가격으로 살 수 없다.

1장
그들은 어떻게 땅 부자가 되었을까

2장
당신이 지금 당장 땅을 사야 하는 이유

3장
초보자도 바로 땅을 살 수 있는 7단계 비법

4장
오를 땅만 사는 토지투자 전략

5장
나는 땅 투자로 연봉을 한 번 더 받는다

1장

그들은
어떻게 땅 부자가
되었을까

자수성가한 부자들은 모두 땅이 있다

얼마 전에 발표된 보도 자료에 따르면 우리나라에서 금융자산 10억 원 이상을 보유한 사람은 32만 명이라 한다. 그들을 대상으로 한 조사에 의하면 47%는 사업가이고 22%는 부동산 투자가이며 15%는 상속이나 증여를 받은 사람이다. 월급쟁이는 12%, 기타 4%이다. 월급쟁이와 기타를 제외한 84%는 모두 부동산과 직간접적으로 관계가 있다.

사업가가 운영하는 공장이나 사무실 빌딩은 모두 땅 위에 세워져 있다. 부동산 투자자의 자산이나 상속받은 상가 건물도 땅 위에 자리를 잡고 있다. 일반인들이 생각하기에 빌딩이나 아파트의 가격이 건물 값이라고 생각할 수 있다. 그러나 그것은 아니다. 물론 새 건물일 경우에는 건물 값도 있다. 하지만 세월이 지나면서 건물은 감가상각에 의해 가격이 계속 떨어진다. 건물은 시간이 지나면서 그만큼 낡아져서 가치가 떨어지는 것이다. 예를 들어 자동차를 보자. 새 자동차가 3,500만원이라고 가정해 보자. 자동차를 사용하면 할수록 낡아져서 매년 500만원씩 감가상각 되어 자동차의 가치가 떨어진다. 7년이면 가치가 제로가 된다는 뜻이다. 이렇듯 건물이나 자동차같은 물건은 세월이 지나면서 가치가 현저히 떨어지게 된다.

그러나 땅은 반대다. 대부분의 땅은 시간이 지날수록 그 가치가 상승하게 된다. 그것은 인플레이션의 영향과 도시화에 따른 개발압력으로 인해 땅의 가치가 상승하기 때문이다. 실제로 고향땅이나 살고 있는 주변 땅의 시세를 분석해 보면 알 수 있다. 내려간 적이 있는지 살펴보면 금방 알 수 있다. 땅값은 쉽게 내려가지 않는다. 아니 반대로 매년 오른다. 원인은 화폐증가가 토지가격을 상승시키는 중요한 요소이기 때문이다. 또 다른 원인으로는 현재 우리나라의 도시화 비율이 9% 수준으로 개발하여야 할 토지들이 그렇게 많이 남아 있지 않기 때문이다. 도시화 비율은 국토 중에서 도시화가 진행된 정도를 나타내는 비율이다. 보통 선진국들의 평균 도시화 비율은 10% 정도다. 우리나라의 도시화율 목표가 10%라면 개발될 여분의 미개발 땅들이 그렇게 많지 않다고 볼 수 있다. 땅은 그렇게 개발압력과 한정된 넓이로 인해 땅 값은 매년 오른다. 그러므로 땅을 많이 가지고 있는 사람들은 점점 부자가 되는 것이다. 별다른 노력을 하지 않아도 보유하고 있는 땅 자체가 화폐증가나 효율적인 국토개발에 따른 영향을 받는다. 그렇게 토지가격은 계속 올라가기 때문이다.

경기는 순환한다. 땅을 사 보험을 들어놔라

주위 친척이나 아시는 사람들 중에 사업으로 성공한 사람들이 많이 있을 것이다. 그런 사람들 중에는 계속하여 사업이 번창해 나가는 분도 있고 그렇지 않고 어느 날 사업을 접는 경우도 종종 볼 수 있다. 그것을 좀 더 자세히 보면 사업이 번창할 때 벌어들이는 수익으로 땅을 조금씩 사두는 사람과 사업을 확장하는 사람으로 나누어 볼 수 있다. 사업하시는 분들은 대부분 사업이 잘되면 벌어들이는 수익을 사업에 재투자하려는 경우가 많다. 그런 분들은 공장이나 건물을 빌려서 사업을 하시면서도 큰돈이 들어오면 공장이나 건물을 사는 것이 아니라 계속 사업을 확장하는 경우가 많다. 그런데 세월이 지나면서 운명이 희한하게 갈린다. 이것은 현재를 보고 미래를 판단하는 경우와 아니면 미래를 보고 현재를 판단하는 경우의 문제다. 사업이 잘되면 언제까지 잘 될 것으로 판단하여 사업을 확대하는 경우가 많다.

알다시피 경제는 항상 호경기도 아니고 불경기가 지속되는 것도 아니다. 항상 좋아졌다 나빠졌다 하면서 발전해 가는 것이다. 보통 10년 주기로 경기가 좋아졌다 나빠졌다 하였다. 일상적인 경기의 반복은 어지간하면 견뎌낼 수 있다. 그런데 IMF나 미국의 서브프라임 모기지 사태같은 큰 경제위기가 오면 3년 정도 버텨낼 체력을 갖고 있어야 한다. 이럴 때 경제위기를 잘 극복하지 못하면 돌이키기 어려운 상황에 빠질 수 있다. 사업이 번창하여 벌어들이는 수익으로 땅을 사두었던 사람들은 경제위기가 와도 사둔 땅을 처분하여 일시적인 위기를 극복하는 데 많은 도움을 받는다. 사놓은 땅이 보험 역할을 단단히 할 수 있다는 것이다. 그렇게 해서 일시적 경제위기로 인한 불경기를 슬기롭게 극복해 나갈 수 있다. 반면에 경기가 좋을 때 벌어들이는 수익을 다 사업 확장에 투자한 경우는 이야기가 달라질 수 있다. 사업을 확장한 상태에서 경제위기 상황이 발생하게 되면 경영환경의 변화에 적극적으로 대처하는 데 한계가 발생한다. 경영위기를 극복할 자금마련이 어렵기 때문이다. 땅이라도 있으면 팔아서라도 대처가 가능하지만 그렇지 않은 경우는 경영위기를 극복하기가 어려울 수 있다. 땅은 이렇게 때로는 든든한 보험 역할을 한다. 기회가 된다면 땅 투자에 관심을 가지고 적극적인 투자를 모색해 볼 필요가 있다.

이렇게 우여곡절을 겪으면서 살아남은 자수성가한 부자들은 공장이나 사무실 건물관리 등으로 자연스럽게 부동산에 대해서 많이 알게 된다. 공장부지 확보와 공장 건물 짓기 등 다양한 경험을 하게 된다. 사무실도 마찬가지다. 사무실 건물 짓기나 빌딩 구입 등 땅과도 자연스럽게 연을 맺게 된다. 자수성가한 대부분의 사장들은 적극적이고 명확한 삶의 목표를 가진 분들이 많다. 그렇기 때문에 그 자리를 지킬 수 있는지도 모른다. 시시각각으로 변화하는 경영환경에 대한 적응과 경쟁력 확보를 위한 생존경쟁에서 살아남기 위해 각고의 노력을 한다.

그렇기 때문에 많은 분야에 대한 관심과 자기계발에 대한 노력을 끊임없이 한다. 사업상 판매나 영업으로 연결된 네트워크나 금융권과의 거래도 많기 때문에 자연스럽게 많은 고급정보들을 알고 있다.

　내가 잘 아는 건설장비 임대업을 하는 H기계 박 사장은 늘 시장에서 살아남기 위해 밤낮으로 사업혁신을 연구한다. 어제보다 나은 내일을 위해 연구하고 개발하고 하는 노력을 멈추지 않는다. 처음 사업은 성남시 4차선 도로 옆에서 작은 가게를 얻어 건설장비 임대사업을 하였다. 워낙 성실하고 심성 곧게 일처리를 하여 날이 갈수록 사업이 확대되었다. 그래서 사업장을 성남시장 앞 대로변 쪽으로 큰 가게를 얻어 옮겼다. 대로변 쪽이라 사업은 더욱 번창하였다. 그러나 매월 나가는 비싼 임대료가 늘 마음에 걸렸다. 건설장비 임대라 굳이 비싼 임대료를 주면서 성남시내에 있을 필요가 없기 때문에 가게를 옮기기로 결심했다. 성남시 외곽으로 가게를 옮길 것을 구상하고 주말마다 경기도 광주근교에 사업 부지를 물색하러 다녔다. 다행히 적당한 부지를 매입하고 공장을 지어 그곳으로 사업체를 옮겨갔다. 가게를 옮기면서 일부 장비를 제조까지 하였다. 그 다음에는 사업이 확대되면서 공장 창고가 더 필요하게 되어 주말마다 창고용지를 보러 다녔다. 지금은 공장과 창고를 잘 활용 운영하고 있다. 이렇게 자연스럽게 땅을 구입하고 건물을 짓는 일이 발생했다. 사업을 하는 사람들에게는 이런 일이 덤으로 생기는 것이다. 그런 일련의 과정에서 많은 것을 터득

했다. 이제는 땅 구입과 건물 짓기에 박사가 되었다.

인천에서 비교적 규모가 크게 고철업을 하는 채문경 사장은 고철장 부지를 임대해 사업을 하고 있었다. 매 계약 갱신 때마다 주인이 임대료를 올려달라는 바람에 큰마음을 먹고 고철장을 인천시 서구 왕길동으로 옮기기로 했다. 다행히도 경매에 나온 부지를 낙찰 받아 사업장을 옮겼다. 외곽 쪽으로 빠지는 바람에 넓은 부지를 싸게 낙찰 받았다. 큰 부지인 관계로 고철장부지 외 여분의 부지는 임대를 주어 이자에 보태어 쓰고 있다. 아까운 임대료가 안 나가서 좋고 자본수익을 동시에 올릴 수 있는 것에 대해서 늘 모임에서 자랑하고 있다. 이렇듯 사업하시는 분들은 사업상 필요에 의해서 땅을 갖게 된다. 자연스럽게 자본소득이 올라가 꿩 먹고 알 먹기가 되는 것이다.

반면에 사업이 번창할 때 벌어들이는 수익을 사업 확장에 투자한 사업가도 많다. 그 중에 유명한 K음료 사장도 있었다. 그는 사업으로 벌어들이는 수익의 대부분을 관련음료 개발과 사업확장에 투자를 하였다. 그러나 경영위기로 인한 경영악화로 인해 자금난을 겪다 운명을 달리하는 안타까운 일이 발생하였다. 사장들은 나름대로의 판단에 의해서 투자를 결정한다. 그러나 살아남은 대부분의 자수성가한 부자들은 땅을 샀다. 땅으로 보험을 들었던 것이다. 땅을 산 자는 살고 땅이 없는 자는 사라져갔다. 그래서 자수성가한 부자들은 다 땅이 있는 것이다. 땅이 그들을 지켰던 것이다.

대부분의 땅은 시간이 지날수록 그 가치가 상승하게 된다. 인플레이션의 영향과 도시화에 따른 개발압력으로 인해 땅의 가치가 상승하기 때문이다. 땅을 사두었던 사람들은 경제위기가 와도 사둔 땅을 처분하여 일시적인 위기를 극복했다. 사놓은 땅이 보험 역할을 단단히 할 수 있었다. 대부분의 자수성가한 부자들은 땅을 샀다. 땅으로 보험을 들었던 것이다. 자수성가한 부자들은 다 땅이 있었다. 땅이 그들을 지켰던 것이다.

땅 부자들만 아는
부의 습관

　금번에 열리는 회사 이사회에 의결안건 1건을 상정하였다. 재무적인 안건이라 이해를 돕기 위해 이사들을 찾아뵙고 설명을 드리기로 했다. 마침 중장기경영목표를 상정한 기획팀장과 같이 약속된 시간에 이사님을 찾아뵈었다. 그곳은 이사님의 근린상가 빌딩 3층에 자리한 조그마한 사무실이었다. 처음 대면을 하는지라 명함을 건네면서 인사를 드렸다. 이사님은 직접 율무차를 타주셨고 곧바로 이사회 의결사항에 대한 설명을 했다. 찾아뵌 시간이 12시 30분이어서 어둡지도 않았고 밝지도 않았지만 실내등은 켜져 있지 않았다. 상식적으로 손님이 오면 등을 켜는 게 일반적인데 그러지를 않으셨다. 설명이 끝나고 식사 시간이 되어 사무실 인근 식당으로 이동했다. 김치찌개를 시켜 먹으면서 경제 현안문제들에 대해서 이야기를 나누었다. 식사가 끝나고 후식으로 커피를 사주시겠다고 해서 가까운 곳으로 이동하였다. 가까운 거리의 점포에서 커피를 마셨다. 그런데 놀라운 것은 최소의 비용으로 모든 것을 해결하고 계셨던 것이다. 불필요한 등을 켜지 않으셨고 아주 저렴하게 동네식당의 개운한 김치찌개로 점심을 해결했다. 커피도 세 잔에 5,400원으로 브랜드 커피점의 한잔 값에 세 명이서 기분 좋게 마셨다. 이사님의 검소한 생활습관이 조물주 위에 건물주로 살게 만들어 주었던 것이다.

부자는 배움의 습관을 멈추지 않는다

부자들은 늘 돈 생각을 하면서 산다. 하루 종일 돈 버는 이야기를 해도 지칠 줄 모르고 즐겁게들 한다. 2년 동안 수원대학교 부동산학과를 다닌 적이 있다. 토지투자와 경매 및 일반적으로 많이 발생되는 법 관련 공부를 할 목적으로 다녔다. 이야기의 주제거리가 전부 부동산과 재테크 관련 이야기다. 야유회를 1박2일로 매 학기마다 가는데 재테크 관련이야기를 밤새워 한다. 지치지도 않는다. 어떻게 하면 좋은 투자가 되는지 어떻게 하면 돈이 잘 벌리는지를 눈치 보지 않고 한다. 아직도 돈 이야기를 많이 하는 사람을 속물로 보는 경향이 있어서 조심스러운 것도 사실이다. 그러나 특수목적을 가진 집단에서는 눈치 보지 않고 좋은 정보를 교환하고 미래를 예측한다. 거기에 모이는 사람들은 조금이라도 더 잘살기 위해 배움을 멈추지 않는 어른 학생들이다. 그래서인지 그들은 부자로 살아가는지도 모른다. 배움을 멈추지 않는 습관을 가진 그들은 부자다.

관심을 가지고 찾아보면 재테크 관련 세미나나 강연, 강좌가 많다. 무료인 곳도 아주 많이 있다. 무료로 진행되는 신문사 주최 세미나는 정말로 많은 사람들로 자리가 부족할 정도다. 매년 5월 중순 목 금 토에 열리는 서울 머니쇼는 무슨 일이 있어도 참석한다. 매일경제신문사에서 주관하는 행사로 규모가 크고 오랜 기간 꾸준히 인기를 끌며 유지되고 있다. 그곳에서는 많은 귀중한 재테크 정보들을 접할 수 있다. 사람들이 굉장히 많이 모이므로 기도 받고 귀중한 정보도 얻을 수 있어 해마다 달력을 받으면 빨강 펜으로 표시를 해둔다. 좋은 강좌는 연차를 써서라도 꼭 참석한다. 반면에 유료로 진행되는 세미나도 많다. 약간은 비싸지만 열기는 대단하다. 유료는 강연자들이 이름만 들어도 알 수 있는 유명한 사람들로 이루어져 있다. 해서 조금은 값진 정보로 느껴진다. 그리고 돈을 내는 만큼 하나라도 더 좋은 정보를 얻으려 눈들이 반짝 반짝 빛난다. 열성적으로 정보를 모으는 습관 역시 그들을 부자로 만드는 데 큰 기여를 하고 있다.

부자의 독서법

부자들의 독서 습관은 일반인들에 비하여 상당히 많다. 부자들의 90% 정도는 하루에 30분 이상의 독서를 한다는 설문조사도 있다. 부자 동네는 경제 서적이 많이 팔리고 가난한 동네는 수필이나 잡지책이 많이 팔린다 한다. 책에서는 많은 것을 얻을 수 있다. 경영환경 변화에 대한 대응방법과 트랜드의 변화 등 많은 것에 대한 정보나 지식을 얻는다. 또한 작가들의 노하우나 특별한 경험을 직간접적으로 접할 수 있다. 많은 지식이나 정보들이 넘쳐난다. 부자들은 다양한 서적들을 읽지만 주로 경영 경제 관련 책들을 많이 읽는다. 부동산 재테크 관련 책들도 많이 읽는다. 책을 읽게 되면 세대별, 국가별, 산업별 등 다양한 분야에 대한 지식이 넓어진다. 세상을 살아가는 지혜의 폭을 넓힐 수 있다. 나는 2007년도부터 매달 두권의 책을 지금까지 읽고 있다. 책을 읽지 않으면 책을 읽는 사람을 위하여 일을 하여야 한다고 한다. 그만큼 책을 읽으면 자기계발에 많은 도움이 된다. 리더가 책을 읽지 않으면 조직을 이끌어 가는 데 발전이 없다. 퇴보의 길로 접어들 수밖에 없다. 급변하는 경영환경에 적응하기 위해서는 변화에 늘 열린 마음을 갖고 있어야 한다. 그래서 부자들은 늘 책을 손에서 놓지 않는지도 모른다. 향기가 나는 사람은 늘 책에서 지혜를 찾는다.

부자들은 신문을 잘 보는 습관이 있다. 요즘은 종이 신문이 점차 사라지는 추세이다. 신문사들이 인터넷 신문도 만들었다. 적어도 세개 이상의 인터넷 신문을 보자. 조선일보, 중앙일보, 동아일보, 매일경제 신문과 한국경제 신문을 보자. 인터넷에서 무료로 볼 수 있다. 그저 그렇게 볼 수 있다는 게 고마울 따름이다. 신문에는 돈이 되는 정보들이 많다. 신문에는 개발정보들이 많이 흘러 다니는데 관심 가는 지역이나 재테크 상품에 대해서는 메모해 두자. 기회가 된다면 현장 방문을 통해 좀 더 깊이 있는 조사를 해봐야 한다. 정보의 창고에서 좋은 정보를 모아두었다가 활용하면 가치가 많을 것이다.

부자들은 부동산 현장의 생생한 소식을 전해주는 전문가들의 칼럼도 빠뜨리지 않고 읽는다. 재테크 시장의 흐름이나 전망에 대해 늘 관심을 갖고 정보안테나에 귀를 기울이는 것이다. 내일을 정확하게 예측하는 것은 불가능하다. 미래를 정확하게 예측하는 전문가나 연구소는 없다. 다만 큰 흐름을 어느 정도 따라가는 예측만 있을 뿐이다. 그 흐름을 비교적 바르게 전망하는 전문가나 기관의 자료를 잘 참고하면 된다. 언론에 나오는 칼럼들을 보면 비교적 흐름을 잘 잡아주는 전문가들의 칼럼이나 강연을 예의주시하자. 잘 들어보고 메모해 나가면 감을 잡는 데 많은 도움이 된다. 국내 기관이나 해외기관들의 발표도 길게 보다보면 비교적 잘 예측하고 전망하는 기관들이 보인다. 잘 참고하면 투자를 하는 데 좋은 기준을 세울 수 있다. 아무 노력도 하지 않는데 내 자산이나 부를 키워 줄 사람은 세상에 없다. 작은 하루의 조그마한 노력이 쌓여서 성공으로 달려가게 한다. 어제보다 나은 오늘을 하나하나 만들어갈 때 우리는 몰라보게 성장하게 된다.

땅 부자는 지역 부동산중개인과 친하게 지낸다

땅 부자들은 여행을 다닐 때도 현장을 둘러볼 수 있게 여행 계획을 짠다. 돈이 많아서 당장 투자를 하기 위해 현장을 둘러보는 게 아니다. 관심지역의 변화를 살피기 위해서다. 여행을 가면서 가벼운 마음으로 현장도 둘러보고 근처 중개사무실도 들러 개발계획도 들어보고 하는 습관이 있다. 그렇게 하다보면 예상치도 않았던 고급정보를 들을 수도 있는 것이다. 누가 처음 보는 사람에게 고급정보를 주겠는가. 안면을 트고 자주 보다보면 정보도 얻게 되는 것이다. 중개사들도 안다. 투자를 할 사람인지 그냥 물어보러 다니는 사람인지 왜 모르겠는가. 그래도 투자에 대한 열의를 보이면 깊게는 이야기해 주지 않지만 개략적인 정보는 알려준다. 그렇게 한두 번 만나다보면 정보의 질이 높아진다. 중개사분들은 투자금액을 얼마정도 생각하시냐고 묻는다. 솔직하게 말하는 게 좋다. 그래야 제대로 된 컨설팅을 받을 수 있기 때문이다. 투자할 금액이 적다고 부풀려 말할 필요가 없다. 중개사도 제대로 알아야 그에 맞는 물건을 찾았을 때 연락을 주게 되니까 말이다. 관심 있는 지역의 오래된 중개사무실을 찾는 것도 괜찮은 방법이다. 그만큼 경험과 지역 사람들에게 신뢰가 있었다는 외형적 증거이므로 어지간히 믿을 수 있다. 그 지역을 잘 아는 중개사와 친하게 지내면 의외의 소득을 올릴 수 있다. 공을 들여라. 그러면 어느 날엔가 대박 터질 물건을 소개해 줄 수도 있기 때문이다. 대한민국에는 2,800만 필지의 땅이 있다. 싸게는 몇 백만 원에서 수백억 원의 땅이 있다. 나에게 맞는 땅은 분명히 어딘가에 있다. 그렇기 때문에 여행을 가더라도 땅을 찾는 습관을 들여라. 간절한 소망을 갖고 찾아라.

부자들은 돈이 될 물건이라 생각되면 결코 포기하지 않는다. 어떠한 방법을 동원하더라도 소유할 수 있는 방법을 찾는다. 꼭 내 수중에 있는 돈만 돈으로 생각하지 않는다. 은행은 저금만 받으려고 존재하는 곳이 아니다. 원래 본업이 돈을 빌려주려고 생긴 곳이다. 내가 감당할 수준의 돈은 은행에서 대출을 받을 수 있다. 마음이 잘 맞는 형제나 친구 아니면 투자동호회도 있다. 진짜로 보기 드문 투자물건이라면 방법은 반드시 있다. 그러나 무리는 할 필요가 없다. 지금 눈앞에 있는 차가 마지막 차가 아니고 내일이면 또 다른 차가 오기 때문이다. 절대 무리하게 시도할 필요는 없다. 그러나 방법이 있는데도 도전하지 않으면 기회는 오지 않을 수 있다. 원래 완벽한 기회란 없다. 그 기회를 땅 부자들은 안다. 그것은 땅 부자들만 아는 부의 습관이 있기 때문이다.

월급쟁이가 어떻게
땅 부자가 되었는가?

　　월급쟁이가 부자 되기는 참 어렵다. 많은 회사들은 직원들이 퇴직하지 않을 만큼의 월급만 주기 때문이다. 그렇기 때문에 월급쟁이가 부자가 되기가 어렵다. 또 거기에는 많은 장애요인들이 있다. 본인도 학교 다닐 때 하기 싫었던 공부를 자식들에게 고스란히 물려주려 한다. 공부해야 출세한다고 고액을 들여서 여기저기 학원을 보낸다. 또 수많은 신제품들이 돈을 쓰라고 모든 수단을 동원해서 유혹한다. 유혹에 쉽게 빨려드는 자동차, 핸드백, 고가의 가구, 오토바이, 고가 의류, 가전제품 등 많기도 하다. 하지만 이들 대부분의 물품은 시간이 갈수록 감가상각에 의한 가치 하락으로 애석하게도 자산 가치가 없어지는 물건이다. 없어지는 것뿐만 아니라 소유를 함으로써 필연적으로 보험료, 유류비, 수선유지비, 운영비등을 지출 해야 한다. 돈을 모으는 데 전혀 도움이 되지 않는다. 도움을 주기는커녕 돈만 삼키다 결국에는 폐기 처리되는 소비성 자산이며 비용이다. 좋은 차를 사면 사회적인 체면이나 품위 유지를 할 수 있을지 몰라도 그 품위 유지를 위해서 지출되는 돈의 규모가 너무 아깝다는 생각이 든다. 물론 여러 생활환경이나 일의 여건상 필수적으로 필요한 경우도 있다. 하지만 미래를 위해서는 최소한이어야 한다고 생각한다.

돈을 벌려면 투자 지향적 습관이 필요하다

내가 아는 M사는 업무용 차량으로 대형 SUV를 사용하고 있다. 1997년 IMF때 정부가 해외자본을 유치하려고 할 때 외국기업이 한국 정부에 요청한 것이 있다. 투자하는 대신에 기업 인수에 걸림돌이 되는 퇴직금 문제를 해결해 달라고 요청했다. 그래서 많은 공공기관들이 그 당시 퇴직금 중간정산을 실시했다. M사에 다니던 직원들도 퇴직금을 중간정산 받았다. 퇴직금 중간정산금으로 받은 돈으로 많은 직원들이 4,500만원짜리 회사차량과 같은 기종의 고가 SUV를 구입했다고 한다. 10년 뒤를 볼 때 멋진 차를 타고 다닌 사람과 투자를 한 사람과는 자산이 1억원 가까이 차이가 생긴다. 돈을 벌기 위해서는 외형에 치중하기보다 내실을 기하는 투자 지향적 습관을 길러야 한다. 소비성 자산에 대한 욕심은 자제되어야만 한다.

사회에 막 진출하는 젊은 사람들이 외제차나 새 차를 구입하게 되면 종자돈 모으기가 요원할 것이다. 차량가격과 보험료, 유류비, 수선

유지비와 차를 보유함으로써 필연적으로 발생되는 여행이나 드라이브 욕구 증가로 지출은 배가 될 것이다. 그렇게 수년이 흘렀을 때 자산의 차이는 엄청나게 벌어진다. 많은 사람들이 이런 평범하고 일상적인 생활패턴에서 좀처럼 벗어나지 못해 가난에서 탈출하지 못한다. 이러한 생활패턴은 남들도 다 하니까 그저 답습하고 미래에 대한 준비보다 당장의 외형에 치중하기 때문이라고 생각한다.

투자를 위해서는 사치와 소비성 물건에 대한 욕망은 뒤로 미루어 두어야 밝은 미래를 만들 수 있다. 돈을 모으기는 참으로 어렵다. 그러나 쓰고 소비하는 것은 정말 쉽다. 그렇기 때문에 소비성 물건 구매를 자제해야 한다. 그렇게 할 때 돈을 모을 수 있기 때문이다. 그렇게 사나 이렇게 사나 다 똑같다고 생각하면 안 된다. 그 차이는 정말 크다. 예를 들어 4,500만원을 투자하여 연 수익 5%를 가정해 보면, 15년 후에 자산은 9,400만원정도 된다. 원금 4,500만원에 투자수익은 4,900만원이 된다. 차를 샀을 경우에는 15년 뒤 그 차는 폐차되어 없어진다. 그렇게 되면 차에 대한 자산 가치는 제로가 된다. 차량 유지비는 차가 없을 때 발생하는 교통비와 같다고 보자. 단순하게 계산해도 자산 차이는 9,400만원 차이가 발생한다. 이처럼 15년 사이에 부의 차이가 발생하게 된다. 물론 거기에는 멋진 차량을 몰고 다니면서 얻어지는 만족감과 자존감도 있다. 투자를 한 사람은 투자로 인해 자산이 늘어나는 것에 대한 쾌감이 엄청 크다. 어쩌면 자산이 불어나는 것에 대해 더 큰 행복감을 느낄지도 모른다. 물론 살아가는 방식은 사람에 따라 차이가 난다. 분명한 것은 투자를 한 사람은 계속하여 투자할 수 있는 여력이 있다는 것이다. 어렵고 힘들게 모은 소중한 돈을 15년 뒤에 사라지게 해서는 안 된다.

당신이라면 어느 쪽을 선택하겠는가. 그것은 개인적인 삶의 가치이기에 어느 쪽이 좋다고 단정할 수는 없다. 하지만 우리는 미래에도 건강하고 행복하게 잘 살아야 한다. 더욱이 누구로부터의 도움도 받지 못하고 자립해야만 하는 형편이라면 그 답은 확실하다. 어떻게 하면 가족과 자손들이 부자로 행복하게 잘 살 수 있을까를 바라는 마음에서다. 소비성 물건에 대한 유혹을 잘 견디어 자산을 늘려나가길 바란다. 미래를 위해 오늘을 양보하여 보다 높은 차원의 행복으로 삶의 질을 높이기를 바랄 뿐이다. 1억원이라는 돈을 모으기는 결코 쉽지 않다. 은행직원들이 흔히 하는 얘기로, 1억원은 보통 직장인이 평생 갚기 힘든 액수라고들 한다. 조금 불편하고 어렵더라도 소중한 돈이 사라지지 않도록 잘 지켜야 한다. 소중하고 귀한 자금으로 좋은 투자처를 찾자. 부를 보다 쉽게 쌓아가는 데 도움이 되기를 바란다. 알뜰하고 실속 있게 살아야지 남에게 보여주기 위한 허세의 삶이 되어서는 안 된다. 보여주기보다는 내실을 기하고, 알뜰한 생활로 한발 한발 나아가 부를 이루어 나가자. 머지않은 장래에 경제적으로 자유를 쟁취하게 될 것이다. 일을 그만두고 싶어도 그만두지 못하고 일을 하기 싫어도 해야 한다면 그것은 불행한 일이다. 당당하게 자기가 원하는 것을 하면서 살 수 있다면 그것이 삶의 보람이고 행복이 아니겠는가. 경제적인 자유를 위해서 좋은 선택이 요구되는 것이다. 시간은 유수같이 지나간다. 금방 10년, 20년이 지나간다. 조금만 참고 미래를 준비한다면 만족스러운 선물을 가지게 될 것이다.

끈질긴 인내력이 부를 만들어 준다

수원대학교 부동산학과에 다닐 때 학과회장으로 있는 C회장은 늘 항아리이론을 전파하는 사람이었다. 그는 건물을 여러 채 갖고 있는 알부자다. 그의 이론은 항아리를 채울 때까지 모으는 데 집중해야 한다는 것이다. 모이지 않은 상태에서 지출을 많이 하면 평생 고생을 한다는 것이다. 일단 죽어라 항아리가 찰 때까지 모으라는 것이다. 항아리가 차고 나면 어느 정도 쓰더라도 늘 돈이 넘쳐흘러 고생을 하지 않는다는 것이다. 모은 뒤에 써야 한다는 것이다. 맞는 말이다. 자본생산성은 노동생산성이 도저히 따라갈 수 없기 때문이다. 자본이 돈을 버는 구조로 만들어야 경제적 자유인으로 살아갈 수 있기 때문이다. 그는 또 부동산은 한번 사면 팔지 않는 것이 부자가 되는 길이라고 말한다. 자기의 멘토께서 늘상 말씀하시길 부자가 되려면 한번 산 부동산은 절대 팔지 말라고 했다 한다. 그것은 잦은 부동산 거래는 얼핏 수익이 많이 발생한 것처럼 보여도 매매에 따른 수수료와 각종 세금으로 인해 실상은 남는 게 없기 때문이라고 한다. 많이 남으면 그만큼 돈이 쉽게 빠져 나간다는 것이다. 장기보유가 답이라는 것이다. 역사가 증명한 장기보유는 부자들만 실천하는 비법인 것 같다. 부자가 아닌 사람들은 성질이 급해 오래 기다리지 못한다는 것이다. 끈질긴 인내력이 필요한 것이다.

월급쟁이가 부자가 되는 가장 쉬운 방법은 일단 종자돈을 모으는 것이다. 종자돈을 모아서 땅을 사는 것이다. 그럼 먼저 종자돈을 모아야 하는데 가장 좋고 쉬운 방법은 자동계좌이체를 해두는 것이다. 쉬우면서도 잘 실천하지 않는 이 자동계좌이체 방법을 나는 신이 내린 한수라고 생각한다. 자동이체, 이것은 어떤 의지보다도 강하고 힘이 세다. 월급을 받으면 바로 빠져 나가게 설정만 하면 된다. 게으른 사람이 하기에 가장 좋은 방법인데 효과는 최고다. 다른 어떤 방법도 이보다 좋을 수는 없다. 월급의 60% 이상을 펀드나 예금계좌로 자동이체를 시켜라. 아주 쉽게 부자가 되는 방법이라는 것에는 아무런 의심도 없다. 월급이 많고 적고에 따라서 매달 적립할 금액을 정하여 이체를 하면 된다. 가령 1년 만에 2,000만원을 모으고 싶으면 매달 166만원을 자동계좌이체를 시키면 된다. 2년만 모으면 땅을 사는 실탄이 된다. 많은 사람들이 땅 투자는 돈이 많아야 한다고 생각하는데 아니다. 적은 돈으로도 얼마든지 가능하다.

이런저런 인맥이나 언론을 통하여 접하게 되는 정보들이 있으면 휴일이나 시간 있을 때 현장을 가자. 대규모 개발은 소리 소문 없이 진행되기는 어렵다. 그래서 냄새가 난다. 일반인은 고급정보를 들어도 나한테까지 온 정보면 세상 사람들이 다 안다고 생각하고 지레 포기한다. 잘사는 사람들은 정보를 그냥 흘려보내지 않는 특징들이 있다. 어디에 좋은 소식이 들리더라고 이야기를 하면 그냥 대수롭게 듣는 것 같은데 어느 날엔가 그곳에 가서 전화를 한다. 정확한 곳이 어딘지 다시 알려달라고 한다. 와보니 그런 낌새가 없다느니 아님 개발 범위가 넓어서 잘 몰라서 그러는데 어디가 좋은지 묻는다. 그런 사람들이 부자들이다. 그래서 잘 알고 있다. 아주 적은 돈으로 가장 큰 효과를 볼 수 있는 방법을 경험으로 알고 있다. 가장 효과적인 방법은 소문초기 단계에서 잡아야 한다는 것을 안다. 그래서 적은 돈을 투자하고 대박을 터뜨리는 것이다. 그것은 그냥 주는 정보를 흘러 보내는 것이 아니라 현장을 꼭 가서 살핀다는 것이다. 그런 정성이 그들을 부자로 만들어 준다. 부자가 되는 데는 그런 정성이 필요하다. 그렇게 해야 월급쟁이도 땅 부자가 된다.

📍 Point

월급쟁이가 부자가 되는 가장 쉬운 방법은 일단 종자돈을 모으는 것이다. 종자돈을 모으는 가장 좋고 쉬운 방법은 자동계좌이체를 해두는 것이다. 월급을 받으면 월급의 60% 이상을 펀드나 예금계좌로 자동이체를 시켜라. 2년만 모으면 땅을 사는 실탄이 된다. 적은 돈으로도 얼마든지 가능하다. 이런저런 인맥이나 언론을 통하여 접하게 되는 정보들이 있으면 휴일이나 시간 있을 때 현장을 가라. 대규모 개발은 소리 소문 없이 진행되기는 어렵다. 가장 효과적인 방법은 소문초기 단계에서 잡아야 한다는 것이다. 그래서 적은 돈을 투자하고 대박을 터뜨리는 것이다. 그렇게 해야 월급쟁이도 땅 부자가 된다.

월급쟁이 땅 부자는
큰 그림만 본다

4

월급쟁이로만 살아가면 장수시대를 무난하게 견디어낼 수 없다. 나이가 들수록 젊었을 때와는 달리 많은 병원비가 예상된다. 건강하게 살면 좋지만 노화는 어쩔 수 없는 숙명적인 문제다. 미리미리 대책을 세워야 한다. 월급쟁이로만 살아간다면 행복한 노후를 보장할 수 없다. 때문에 미래를 위한 투자를 해야 한다. 그렇다고 바쁜 직장인들이 언제 공부하고 언제 현장 돌아보고 할 수 있을까. 쉽지 않은 문제이다. 그러나 가만히 앉아 있어서는 안 된다. 재테크 공부도 하고 세미나도 다니고 강연도 들어야 한다. 다 성공할 것 같은 재테크도 해보면 간단치가 않다. 주식을 하자니 주식으로 돈을 벌었다는 사람을 만나보기가 어렵다. 누구 말대로 주식으로 돈 벌기는 스님머리에 핀 채우는 것과 같이 어렵다고 한다. 주식은 공부도 많이 해야 하고 성공한 사람도 적기 때문에 쉽지 않은 재테크이다. 그렇다고 아파트 투자는 요즘같이 대출규제, 임대차 보호법, 다중 주택자 규제 등의 문제로 복잡하다. 보통 사람들이 이해하기에 어려운 부분이 너무 많다. 그래서 투자하기가 쉽지 않다.

그러나 땅은 훔쳐갈 수도 없고 땅덩어리가 늘어나지도 않는다. 무엇보다 값이 내려가지도 않는다. 밑져야 본전이라는 것이다. 물론 세계적인 금융위기나 사기를 당하지 말아야 한다. 기획부동산을 사지 않았다면 가격이 내려가는 일은 거의 없다. 그래서 땅이 좋다. 부동산 투자로 돈을 벌려면 무조건 땅을 사야 한다. 그렇다고 아무 곳에나 사면 안 된다. 언젠가는 오를 수 있지만 시골이나 산간오지의 땅을 사서는 안 된다. 땅은 무조건 입지다. 입지는 무엇보다 중요하다. 첫째도 입지, 둘째도 입지다. 어떤 사람들은 땅 투자를 위한 공부를 중개사 시험 보듯이 한다. 물론 많이 알아야 하는 것은 너무나 당연한 말이다. 허나 공부를 하다가 지쳐 투자를 못하는 우를 범해서는 안 된다. 필수적인 공부만 하고 나머지 디테일한 부분은 중개사나 법무사의 몫이기도 하다. 시험 봐서 땅을 사는 것이 아니라 미래를 보고 판단하고 투자를 하는 것이다.

땅은 오늘이 가장 싸다

땅은 오늘이 가장 싸다. 돈만 있으면 지금이 투자하기에 가장 좋다. 어느 나라 정부든지 돈을 서로 더 찍어 내려고 한다. 일자리를 만들고 경기를 활성화시킬 목적 때문이다. 그렇기 때문에 내일보다 화폐가치가 있는 오늘이 가장 싼 것이다. 그러나 부동산에도 할인이 있다. 그때가 가장 싸다. 그러나 그때는 사기가 어렵다. 정신력이 강하지 않으면 할인가격에 사지를 못한다. 우리가 직접 겪은 할인행사는 두 번 있었다. 한번은 IMF때다. 1997년 11월 경 우리나라는 치욕적인 IMF를 맞이했다. 1,000포인트였던 주식시장은 끝없이 추락했고 부동산 시장도 엄청난 충격을 받았다. 그때가 큰 할인행사 기간이었다는 것을 2~3년 뒤에야 깨달았다. 늘 투자를 준비하고 있던 일부 소수의 사람들만이 그랜드 바겐세일을 즐겼다. 그때 많은 신흥부자들이 탄생했다. 그리고 10년 뒤인 2007년에 발생한 서브프라임 모기지 사태 때가 두 번째 그랜드 바겐세일이었다. 그것 역시 그랜드 바겐세일 기간이었다는 것을 2~3년 뒤에야 깨달았다. 그런 금융위기를 제외하고는 부동산은 오늘이 가장 싸다.

첫 번째 그랜드 바겐세일을 겪어본 사람들은 학습효과가 생겼다고 생각했다. 다음번에 그런 기회가 오면 기필코 투자하리라 생각했다. 하지만 두 번째 그랜드 바겐세일이 왔다. 모두들 이번에는 미국에서 온 금융위기이기 때문에 저번과 달리 세상은 망했다고 좌절했다. 그때 오직 한 사람만 그 그랜드 바겐세일 기간에 원없이 쇼핑을 했다. 워런 버핏은 그 당시 골드만삭스에 50억 달러를 투자해 20억 달러를 벌어들였다. 또다시 그랜드 바겐세일이 와도 투자를 결정하기는 쉽지 않다. 똑같은 모습으로 우리 앞에 나타나지 않기 때문이다. 역발상 투자를 하라. 시장에 역행하라. 시장에 피가 낭자할 때 매수하라. 귀에 딱지가 않도록 듣고 다짐을 해도 안 된다. 그것은 인간의 본성이 그렇기 때문에 거역하기가 어렵다는 것이다. 무엇하나 잃지 않으려는 두려운 마음 때문일 것이다. 그래서 정신력이 강한 사람은 그랜드 바겐세일 기간 때 돈 벌기가 평소보다 10배나 쉽다고 한다. 내공을 쌓아라. 그랜드 바겐세일을 즐길 수 있는 실력을 쌓아라. 그것은 거시경제의 큰 그림을 볼 때 비로소 보이는 것이다. 그렇다고 보통사람이 할 수 없는 바겐세일을 기다리다 세월을 놓치지 마라. 오늘이 가장 저렴하게 살 수 있는 기회라 생각하고 투자를 해야 한다. 세계적 경제위기도 2~3년이면 해결이 된다. 그 기간만 견디어 낸다면 바겐세일을 기다리다 지금의 기회를 놓치는 일은 없어야 한다. 시장에 피가 낭자할 때 들어가고 시장이 탐욕스러울 때 나오라는 말은 그렇게 쉽지 않다. 부자들은 꾸준하게 시장을 떠나지 않고 지키는 사람들이다. 시장에 끝까지 남아 있는 것이 시장을 이기는 비결이다. 바겐세일 때 털고 시장을 나오면 안 된다는 것이다. 버텨야 한다는 것이다.

내 몸에 맞는 투자 사이클을 만들어라

다음은, 투자 방향을 잡아야 한다. 단기 투자로 갈 것인가, 장기로 갈 것인가. 투자로 차익을 남길 것인가, 아님 끝까지 가서 개발을 할 것인가를 결정해야 한다. 그것에 따라서 투자지역과 투자규모, 투자형태가 결정되기 때문이다. 복잡하게 생각하기보다는 심플하게 정리하는 게 좋다. 관심지역을 꾸준하게 지켜본다. 나오는 매물에 대한 분석을 통해 적합한 투자방향을 적용하면 된다. 답은 장기 투자다. 투자기간이 길고 개발계획이 불확실한 경우에는 상대적으로 투자금액이 적게 든다. 반대로 개발계획의 성공확률이 높아질수록 투자금액은 상대적으로 높아진다. 쉽게 말해 하이 리스크 하이 리턴이다. 어떤 사업이든지 굴곡 없이 순탄하게 진행되지는 않는다. 심지어 국책사업도 가다 서다를 반복한다. 그래서 땅 투자 수익은 불안과 고통을 타고 올라간다고 한다. 큰 그림을 그려보고 확신이 설 때 한발 앞서 들어가게 되면 그야말로 큰 수익을 챙길 수 있다. 그러나 반대의 경우도 생각해 지나친 올인 투자는 지양하여야 한다. 일찍 들어가면 가격이 싸다. 그러므로 내 몸에 맞는 투자로 장기로 끌고 간다면 행복한 투자가 될 수 있다.

땅 투자나 아파트 투자는 입지가 가장 중요하다. 도로 하나 사이에도 가격이 엄청나게 차이가 나는 경우가 많다. 핵심지역을 중심으로 거리 상권형성, 교통 등에 따라 가격 차이가 많이 난다. 자금에 맞는 투자를 고려해야 한다. 가장 안전하고 확실한 투자는 핵심 상권의 중심지다. 하지만 누구나 좋아하는 자리는 그만큼 가격이 비싸다. LH나 지방시·도 도시개발공사에서 분양하는 주거용 택지나 점포형 택지가 있다. 이들 기관에서 분양하는 토지는 분양할 당시에는 입지에 따른 가격 차이가 크게 나지 않는다. 그러나 시간이 지나 한 채 두 채 건물이 올라가고 점포가 들어서면 상권이나 입지에 따른 프리미엄이 크게 벌어진다. 그렇기 때문에 실 거주를 목적으로 접근한다면 초기에 좋은 부지를 확보하는 게 좋다. 초기에는 평당 몇 십만 원 차이밖에 안 나지만 시간이 지날수록 몇 백만 원씩 차이가 나게 된다. 상권이 형성되기 전에는 지도만 보고 정확하게 핵심지역을 판단하기는 어렵다. 다만 경험적인 잣대를 가지고 평가를 하게 된다. 크게 벗어나지는 않지만 상권이 예상 외의 지역에서 선전하는 경우도 왕왕 있다. 문제는 실 거주나 실 개발을 목적으로 한다면 초기에 좋은 입지를 확보하라는 것이다. 시간이 지나면 지날수록 좋은 입지는 가격이 크게 상승하기 때문이다. 그리고 토지 분양권을 살 목적이라면 분양 당첨자 발표 후 한두 달 정도 지난 후에 접근하는 게 좋다. 분양 당시에는 언론 보도 등으로 인해서 현장 분위기가 고조되지만 한두 달이 지나면 다시 조용해진다. 그러니 서두를 필요가 없다. 처음 분양 당시에는 수십 대 혹은 수백 대 일로 분위가 고조된다. 당첨된 사람들은 금방이라도 부자가 된 것 같아 난리가 나지만 한두 달이 지나면 조용해진다. 그러면 분양권을 팔려는 사람들은 수요자가 없으면 불안해지기 시작한다. 그러면 가격도 안정을 찾게 된다. 그럴 때 매입해도 늦지 않는다. 좀 더 싼 가격에 사고 싶으면 관심지역 인기 블로그를 이웃으로 신청해 두면 좋다. 관심지역의 동정을 예의 주시하고 있으면 정말 믿어지지 않을 정도의 저렴한 급급매도 가뭄에 콩 나듯 나온다. 그럴 때 구입해도 된다. 그러나 좋은 위치는 좀 더 적극적인 공세가 필요하다.

이제까지 손품을 많이 팔았다면 다음엔 현장에 자주 가봐야 한다. 시간 있을 때 관심지역을 둘러보고 개발계획 변동 여부나 매물의 흐름 등을 알아둘 필요가 있다. 인터넷이나 다른 SNS에 없는 정보는 현장에서만 구할 수 있다. 현장 방문이 중요한 이유이다. 한번 가볼 때와 두 번 가볼 때가 다르다. 가본 횟수에 비례해서 더 좋은 값진 정보를 얻는 것은 확실하다. 현장에서 미래 도시를 그려본다. 어떤 방향으로 발전할지를 그려본다. 그러면 투자에 대한 판단이 점점 더 정확해질 수 있기 때문이다. 그리고 그런 경험들이 쌓이면 또 다른 관심지역에 대한 좋은 교과서가 되기 때문이다. 그래서 중개사같이 박식한 지식이 필요한 게 아니라 현장을 보고 판단하는 눈을 기르는 게 더 중요한 이유다. 성공은 깨알같은 글속에 있는 것도, 법에 있는 것도 아니다. 바로 현장에 있다. 그래서 월급쟁이 땅 부자는 현장에서 큰 그림만 본다.

땅은 오늘이 가장 싸다. 투자기간이 길고 개발계획이 불확실한 경우는 상대적으로 투자금액이 적게 든다. 큰 그림을 그려보고 확신이 설 때 한 발 앞서 들어가게 되면 그야말로 큰 수익을 챙길 수 있다. 현장에 자주 가봐야 한다. 한번 가볼 때와 두 번 가볼 때가 다르다. 가본 횟수에 비례해서 더 좋은 값진 정보를 얻는 것은 확실하다. 현장에서 미래 도시를 그려본다. 어떤 방향으로 발전할지를 그려본다. 그러면 투자에 대한 판단이 점점 더 정확해질 수 있기 때문이다. 투자는 중개사같이 박식함이 필요한 게 아니라 현장을 보고 판단하는 눈을 기르는 게 더 중요한 이유다. 성공은 깨알같은 글속에 있는 것도, 법에 있는 것도 아니다. 바로 현장에 있다. 그래서 월급쟁이 땅 부자는 현장에서 큰 그림만 본다.

땅 투자는 배신하지 않는다

5

땅은 여러 가지 이유로 절대로 배신을 하지 않는다. 땅은 우리들 마음속의 고향같은 포근함을 주는 곳이다. 거기에는 한없는 믿음과 언제 보아도 변치 않는 굳건한 신뢰가 바탕이 되어 있기 때문이다. 땅은 다음과 같은 기본적인 성질을 가지고 있다. 부동성, 부증성, 개별성, 영속성, 그리고 불가역성이 있다. 땅은 움직이지 않는다. 누가 뭐라 해도 그 자리를 옮겨갈 수가 없고 옮겨올 수도 없다. 그래서 가격이 잘 내려가지도 않는다. 땅은 천년이고 만년이고 언제나 그 자리인데 왜 가격은 오르기만 할까. 그 이유는 이렇다. 시중에는 늘 많은 돈이 움직이고 있기 때문이다. 그런데 회사나 빌딩은 경기나 세월에 의해서 늘 변한다. 경영상황이 좋으면 회사는 발전을 한다. 그러나 경영환경은 늘 변한다. 그렇기 때문에 흥하기도 하고 망하기도 한다. 시내에

즐비한 빌딩도 세월이 흐르면 원래의 모습을 유지하기가 불가능하다. 그러니 절대 변하지 않고 언제나 늘 그 자리를 지키는 땅만이 믿을 수 있는 것이다. 땅은 절대로 그 자리를 떠나지 않는다. 그래서 땅은 당신이 버리지 않는 한 늘 오르기만 한다.

부자라서 땅을 사는 게 아니라, 땅을 사서 부자가 되는 것이다

땅은 어떤 인간의 욕심이나 기술이 발달하더라도 더 만들어낼 수가 없다. 지금도 그렇게 할 수 없지만 천년 만년이 가도 땅은 늘릴 수가 없다. 그래서 땅은 믿을 수가 있는 것이다. 어느 지역을 개발하게 되면 건물은 마구 지을 수가 있다. 필요에 따라서 필요한 만큼 더 지을 수가 있는 것이다. 그러나 땅은 늘 그대로다. 필요하다고 늘릴 수가 없기 때문이다. 그래서 건물이 올라가고 도시가 발전하면 건물가격도 올라가게 된다. 그러나 실상 알고 보면 건물 값이 아니라 땅값이 올라간 것이다. 건물은 세월이 지나면 가치가 떨어지고 결국에는 부수어야 한다. 그리고 다시 개발하여 용적률을 올리고 해서 건물은 늘어날 수가 있다. 그러나 아무리 그 지역이 좋다고 개발하더라도 한정된 땅은 늘릴 수가 없다. 도시는 확장되고 건물이나 아파트 수는 늘어나지만 땅은 늘어나지 않는다. 그래서 늘 땅값은 오르기만 한다. 누구도 더 늘릴 수 없기 때문이다. 이런 말을 하면 혹자는 바다나 하천을 매립하면 땅이 늘어나는 것 아니냐고 말을 할지 모른다. 물론 바다나 하천을 매립하면 늘어나는 것처럼 보일 뿐이지 늘어나는 것은 아니다. 그것은 빌딩을 올리는 것과 같다. 매립한다는 것 자체가 건물을 올리는 것과 같기 때문이다. 우리나라 땅의 넓이는 딱 99,600㎢ 이다. 하천을 매립하든 바다를 메우든 무슨 짓을 해도 절대 넓이는 변하지 않는다. 그래서 땅은 어머니와 같은 것이다.

땅은 개별성이 있다. 하나같이 다 틀리다. 우리나라 땅은 99,600㎢ 이다. 그리고 2,800만여 필지가 있다. 필지마다 다 주인이 다르듯 땅도 똑같은 것이 하나 없다. 모양도 다르고 형태도 다르고 위치도 다르다. 그래서 가격도 다 다르다. 그렇기 때문에 땅은 투자하기 어렵다고 한다. 아파트나 상가나 빌라는 어느 정도 시세가 공개된다. 관계기관에 취득과 등기가 빈번하게 이루어지기 때문에 가격을 정확하게 유추할 수 있다. 그러나 땅은 도무지 가격을 정확하게 알 수가 없다. 같은 모양의 땅이 하나도 없기 때문에 그럴 만도 하다. 그렇기 때문에 가격을 알 수 있는 방법만 알면 블루오션이 따로 없는 것이다. 그 비밀을 알아내는 사람들이 부자가 되는 것이다. 원래 부자라서 땅을 사는 게 아니라 땅을 사서 부자가 되는 경우가 많다. 그 지역 전문가들도 땅값을 정확하게 잘 모른다. 그것은 땅이 가진 개별성 때문에 어느 누구도 정확하게 정할 수 없기 때문이다. 그래서 더 매력이 있는 것이다. 그러나 어느 정도의 가격 선에서 수요와 공급에 의해 가격은 결정된다.

거래되는 가격은 현재 사용되는 실거래가, 땅야, 부동산114 등 앱을 통하여 알아볼 수도 있다. 그러나 개별성이 너무 강해서 그것만으로도 다 알 수는 없다. 그러나 손품을 팔고 발품을 팔면 현재 형성되어 있는 가격을 어느 정도 정확하게 알아 볼 수 있는 방법은 있다. 우선 매도자의 입장에서 서너 곳의 부동산 중개사무실에 전화를 걸어 알고자 하는 지역의 주변 시세를 물어본다. 그리고 이번에는 매수자의 입장에서 서너 곳의 부동산중개사무실에 전화를 걸어 알고자 하는 지역의 주변 시세를 물어본다. 물론 같은 전화기로 매수와 매도 가격을 물어보면 안 된다. 직접 방문하더라도 정확하게 유추하기가 어렵다. 그러니 다른 사람, 다른 전화로 물어보는 게 좋다. 그리고 나서 매도자 입장에서 물어본 가격 중 가장 높은 가격과 매수자 입장에서 물어본 가격 중 가장 낮은 가격의 평균이 그 지역의 가장 정확한 현재의 시세라고 보면 된다. 그것만 알면 어느 정도 시세를 생각할 수 있으므로 투자하는 데 도움이 될 것이다. 개별성 때문에 정확한 값을 어느 누구도 알 수가 없어 망설이는 사람이 많다. 그러나 그 비밀을 아는 사람은 블루오션 시장을 열어가는 것이다.

또 땅은 변하지 않는 영속성이 있다. 땅 위에 건물을 지었다 부수었다 하더라도 땅은 그냥 그대로인채 있다. 또 천년 만년이 지나도 배신하지 않고 하나도 변하지 않은 채 그대로 존재하고 있다. 세상천지 이렇게 변하지 않는 게 또 있을까. 마치 엄마의 마음처럼 절대 자식을 버리지 않는다. 내가 변하지 않는 한 땅은 절대 변하지 않는다. 그래서 언제나 믿고 투자할 수 있는 것이다. 단지 외부상황에 따라 값이 변하는 것이지 본질이 변하는 건 아니다.

땅은 불가역성이 있다. 군대나 직장에서 계급이 있듯이 땅에도 사람들이 계급을 붙여주었다. 사람들이 땅의 쓰임새를 알라고 붙여놓은 등급이다.

가장 낮은 등급은 자연환경보전지역이다. 이 지역은 환경오염방지, 수질·수자원·해안·생태계 및 문화재의 보전과 수자원 보호 목적을 위해 마련하는 지역이다.

환경보전지역보다 한 단계 높은 등급은 농림지역이다. 이름에서도 알 수 있듯이 농업의 진흥과 산림의 보전 육성에 관한 조사와 대책을 위해서 마련된 지역이다.

다음은 농림지역보다 한 단계 높은 관리지역이다. 관리지역에는 보전관리지역, 생산관리지역, 계획관리지역이 있다. 보전관리지역은 자연환경보호, 산림보호, 수질오염방지, 생태계 보전을 위해서는 필요하나 주변지역과의 관계를 고려해 관리하는 지역이다. 이외에도 농업, 어업, 임업, 생산 등을 위해 필요하나 주변지역과의 관계를 고려해 관리하는 생산관리지역. 또 도시지역으로 편입이 예상되는 지역 등 계획적 체계적 관리가 필요한 계획관리지역이 있다.

다음은 최고 높은 단계인 도시지역이다. 도시지역에는 녹지지역,

공업지역, 상업지역, 주거지역이 있다. 녹지지역에는 보전녹지, 생산녹지, 자연녹지지역이 있다. 공업지역에는 준공업, 일반공업, 전용공업지역이 있다. 상업지역에는 근린상업, 유통상업, 일반상업, 중심상업 준주거지역이 있다. 주거지역에는 일반주거, 전용주거지역이 있다.

　땅에는 이렇게 4단계 계급이 있다. 주변지역의 개발이나 개발압력 및 거센 민원 등으로 인해 자연스럽게 자연환경보전지역에서 농림지역, 관리지역, 도시지역으로 한 단계씩 승진을 한다. 그런데 한번 승진을 하게 되면 좌천되는 경우가 없다. 올라가기만 하지 내려오지 않는다. 한 단계씩 올라갈 때마다 땅값은 올라간다. 아니 급등을 하게 된다. 그러니 땅 투자는 사놓고 기다리기만 하면 되므로 그 어떤 재테크 수단보다도 좋다. 이 용도지역의 계급을 잘 아는 부자들은 땅을 사놓고 심심치 않게 민원을 제기하는 등 모든 수단을 써서 등급을 올리려 한다. 한 단계만 올라가도 가격이 오르니까 계급을 올리려고 많은 노력들을 한다. 땅 투자는 절대 배신하지 않는다. 인간은 배신할 수 있어도 땅은 절대 배신하지 않는다. 땅은 어머니와 같이 따뜻하고 포근하며 변함없는 사랑을 느끼게 한다.

　땅이 싸면 조금 넓은 땅을 사서 장기보유하고 있으면서 수익을 창출할 수 있다. 땅이 쌀 때 200평 정도 사두었다가 지가가 상승하면 100평을 팔아서 나머지 100평에 건물을 올릴 수 도 있다. 아니면 500

평을 사두었다가 지가가 올랐을 때 300평을 팔아서 그 돈으로 건물을 지을 수도 있다. 땅값은 금방 솟구쳐 오르는 게 아니고 조금씩 서서히 오르다가 개발계획이 가시화 되거나 결과물이 나오기 시작하면 급등하게 된다. 그게 토지투자의 매력이다. 초기에 미래 전망이 밝은 곳을 싸게 사서 장기 보유하기만 하면 된다. 땅은 어느 시대를 막론하고 지금까지 살아오면서 배신하지 않았다. 상향 흐름을 한 번도 깨지 않았다.

♥ Point

땅은 여러 가지 이유로 절대로 배신을 하지 않는다. 거기에는 한없는 믿음과 언제 보아도 변치 않는 굳건한 신뢰가 바탕이 되어 있기 때문이다. 땅은 다음과 같은 기본적인 성질을 가지고 있다. **부동성**(자리를 옮겨갈 수가 없고 옮겨올 수도 없다), **부증성**(땅은 늘릴 수가 없다), **개별성**(하나같이 다 틀리다), **영속성**(땅 위에 건물을 지었다 부수었다 하더라도 땅은 그냥 그대로인 채 있다), 그리고 **불가역성**(자연환경보전지역에서 농림지역, 관리지역, 도시지역으로 한 단계씩 승진을 한다. 그런데 한번 승진을 하게 되면 좌천되는 경우가 없다)이 있다. 땅은 어느 시대를 막론하고 지금까지 우 상향 흐름을 한 번도 깨지 않았다.

경주 최 부자는 왜 흉년기에는 땅을 사지 말라 했는가?

6

경주 최 부자는 1600년에서 1900년까지 근 300년을 이어온 유명한 부자가문임에는 틀림없다. 그래서 늘 경주 최 부자 이야기가 회자된다. 배울 게 많고 오랜 부자 집안만의 특별한 지혜가 있었기에 최 부자를 공부하게 된다. 그런데 왜 최 부자는 흉년기에는 땅을 사지 말라 했는가. 요즈음처럼 국경이 없는 글로벌한 시대에는 부족한 것이 있으면 바로 수출·입으로 해결이 된다. 그러나 1600년대에는 그럴 수 없었다. 흉년이 들면 먹을 것이 없고 민심이 흉흉해진다. 먹고살기 위해서 논과 밭은 헐값에 나오게 된다. 그때 최 부자는 논과 밭을 사지 않았다. 대신 쌀을 빌려주고 풍년이 들면 그때 갚으라고 했다. 그래서 최 부자는 농민봉기나 전쟁 중에도 해코지를 당하지 않았다. 300년 간 부를 12대 후손까지 고스란히 전달하였다. 통 큰 지혜임에는 틀림이 없다. 거기에서 우리는 더 깊은 지혜를 찾아봐야 한다. 왜 최 부자는 흉년에는 후손들에게 땅을 사지 말라고 했을까. 그는 부자였다. 너무 부자가 되면 민심을 잃게 된다. 엄청난 부자가 쉽게 될 수 있는 흉년기에는 후손들에게 특별히 탐욕을 억제하라는 주의를 주었던 것이다. 너무 부자가 되면 탈이 나는 것을 경계하는 탁월한 지혜였던 것이다.

부자의 비밀은 역발상 투자에 있다

　그러면 부자가 아닌 사람들은 그 비밀을 알면 부자가 된다는 것이 아닌가. 흉년기 즉 금융위기같은 때는 부자 되기가 평소 때보다 쉽다고 했다. 그 당시 최 부자가 말한 흉년기가 오늘날의 IMF고 서브프라임 모기지 사태같은 것이다. 그러면 부자 아닌 사람은 위기를 기회로 삼아야 한다는 것이다. 위기를 기회로 삼아 부를 쌓아 가난을 탈피해야 한다. 그런데 그게 말처럼 그렇게 쉽지 않다. IMF때 학습했던 사람들도 미국의 서브프라임 모기지 사태 때는 학습이 통하지 않았다. 모두들 이번에는 미국에서 온 금융위기이기 때문에 IMF와는 다르다고 해석하고 좌절했다. 오직 한 사람만 늘 책에 나와 있는 역발상 투자를 한 것이다. 피가 낭자할 때 시장에 들어간 사람은 워런 버핏 뿐이었다. 또다시 그런 흉년기가 와도 투자를 결정하기는 쉽지 않다. 똑같은 모습으로 우리 앞에 나타나지 않기 때문이다. 역발상 투자를 하라. 시장에 역행하라. 시장에 피가 낭자할 때 매수하라. 귀에 딱지가 않도록 듣고 다짐을 해도 안 된다. 그래서 행동하는 투자자는 흉년기에 돈을 벌기가 평소보다 쉽다고 한다. 내공을 쌓아라. 미래의 큰 그림을 볼 때 비로소 보이는 것이다. 최 부자가 알고 있었던 지혜를 흉년기 때 발휘하라. 끝까지 토지시장에 남아 이겨라.

최 부자의 지혜를 알고 있던 일부 사람들은 IMF와 2007년 서브프라임 모기지 사태 때 신흥부자가 되었다. 대표적인 기업이 미래에셋이다. 1997년 11월 경 우리나라는 치욕적인 IMF를 맞이했다. 1,000포인트 대였던 주식시장은 300포인트 대까지 폭락하였다. 부동산 시장도 반값 수준으로 떨어져 엄청난 충격을 주었다. 그때 투자를 준비하였던 일부 소수의 사람들이 신흥부자가 되었다. 2007년에 발생한 서브프라임 모기지 사태 때도 그랜드 바겐세일 기간이었다. 불경기일 때는 평소에 볼 수 없었던 좋은 물건들이 시장에 쏟아져 나온다. 그래서 이 시기에 시장에 뛰어든 일부 소수의 사람들은 많은 돈을 벌었다. 시장이 무너지는데 시장에 뛰어든다는 것은 보통 정신으로는 힘든 일이다. 상당한 내공이 있어야 한다. 미래에 대한 큰 그림을 상상할 수 있어야 한다. 초긍정적인 사고로 무장하여 시장을 떠나지 않고 2~3년을 인고할 수 있어야 한다.

흉년기, 즉 세계적인 금융위기같은 기회는 아무 때나 오는 것이 아니다. 흉년기가 아닐 때도 투자수익을 최대한으로 높이기 위해서는 가장 싸게 사야 한다. 문제는 어떻게 최상의 부동산을 최저의 가격으로 사느냐이다. 동일한 부동산을 사는데도 사는 사람마다 매수가격이 천차만별이다. 아파트도 사는 사람마다 가격이 다 다르다. 현 시세대로 사는 사람이 있다. 분양을 받아 사는 사람도 있다. 그리고 급매나 급급매로 사는 사람이 있다. 그리고 꽃놀이패라는 것을 사는 사람도 있다. 꽃놀이패는 분양을 받았던 사람이 개인적인 자금사정으로 급하게 분양권을 처리하는 매물이다. 이때는 계약금 포기뿐만 아니라 4,000만원 정도를 더 얹어 파는 경우도 있다. 그런 것만 사는 사람도 있다. 또 시행사가 자금사정이 좋지 않아 자재대금을 아파트로 대신 주는 경우도 있다. 이것 또한 시장에서는 돈 되는 물건으로 시장가격보다 10~30% 싸게 나온다. 이것만 노리는 사람도 있다. 이때는 거의 반값으로 사는 경우도 있다. 이는 개발정보를 이용하여 개발지역의 빌라 지하층을 싸게 산다. 그리고 전세를 놓아 개발되기를 기다린다. 개발이 되면 조합원 자격을 얻게 되고, 조합원 가격으로 아주 싸게 입주하게 되는 경우다. 시간을 투자하는 행동하는 투자자인 경우다. 몇 천 만원으로 빌라를, 그것도 지하층을 아주 싸게 사서 전세를 놓고 기다리는 시간 투자자인 것이다. 말도 안 되는 가격으로 아파트를 사게 된다. 이것이 재개발 투자다. 시간을 하염없이 기다리는 투자라 성질이 느긋해야 한다.

땅 투자는 아파트와 달리 정해진 기준 시세가 없다. 그만큼 다양한 방법으로 매수할 수 있다는 것이다. 토지 거래 시 공인중개사 사무실에서 현 시세에 협상하여 사는 경우가 있다. 아파트는 가격이 어느 정도 형성되어 있으나 토지는 그런 것이 없어 복잡하지만 매력이 있다. 형성되어 있는 가격이 노출되어 있지 않으니까, 중개사가 제시하는 가격에서 협상을 통하여 구매를 하는 경우가 대부분이다. 투자자들은 주로 책이나 신문, 세미나 강연회, 동호회 등에 참석한다. 취득한 정보를 분석하여 투자하시는 분들이다. 정보가 중복되고 입지적으로 좋은지 파악한다. 지자체나 정부가 계획하고 있는지 등 여러 팩트를 분석하여 답을 찾는다. 답은 사실 간단하다. 문제는 실행이다. 투자를 할 것인가 말 것인가 이것이 문제다. 알다시피 모든 사업계획이 100% 다 성공을 거두는 경우는 많지 않다. 하지만 어느 정도 시간이 지나면 진행되는 게 개발사업이다. 많은 계획들이 가다 서다를 반복하지만 어떻게든 이루어진다. 다 시간이 문제인 것이다. 가장 필요한 것은 시간이다.

끝까지 가서 실패하는 경우는 많지 않다. 버티는 내공만 있으면 별 어려움은 없다. 투자수익이 잘 안 나면 자식한테 물려주면 된다. 그렇지만 결단을 내리는 것은 쉽지 않다. 실행하는 사람은 극소수에 불과하다. 이 극소수의 사람들이 개발정보가 있는 곳을 찾아가 미래를 상상한다. 허허벌판에 들어서게 될 도시의 모습을 그린다. 그리고 그들은 투자를 실행한다. 아주 저렴한 가격으로 넓게 산다. 그리고 세월에 맡겨두고 기다린다. 여러분은 우리나라 땅값이 1964년도에서 2013년까지 50년 동안 무려 3,000배가 올랐다는 사실을 아는가? 1964년도에 1억을 투자하였다면 현재는 3,000억원이라는 어마어마한 금액이 되었다는 것이다. 대한민국에서 5% 정도의 사람들만 그 가능성을 찾아 실행하고 태연하게 기다린다. 그런 사람들이 대한민국의 부자들이고 부자가 될 투자자다.

준비된 사람만이 부를 누릴 수 있다

　세계적인 부자들도 흉년기에 홀로 시장의 흐름에 역행하여 막대한 부를 쌓는다. 워런 버핏같이 시장에 피가 낭자할 때 시장에 뛰어든 세계적인 부자인 멕시코의 통신재벌 카를로스 슬림회장이 그렇다. 아시아의 최고 부자인 홍콩의 리카싱도 그런 사람이다. 이들의 부동산 투자 특색을 보면 특이한 점을 발견할 수 있다. 부동산 투자의 교본을 보여주는 것 같다. 두 사람은 거의 부동산으로 재벌의 기초를 마련하였다. 카를로스 슬림의 경우 부동산으로 돈을 번 아버지한테 경제교육을 받았으며 부모로부터 받은 자금과 타고난 경제 감각으로 어릴 때부터 부동산에 뛰어들었다. 1980년대 멕시코가 우리나라의 IMF같은 외환위기를 맞았을 때 헐값에 나온 기업들과 토지를 대량으로 사들인 것이 적중했다. 그렇게 하여 그의 재산은 엄청나게 불어나 타의추종을 불허한다. 항상 경제지식이나 투자자금을 모으면서 기다려야 한다. 기회가 왔을 때 기회를 놓치지 말자. 미래가치를 보는 눈으로 분석하고 검토하여야 한다. 큰 그림을 보고 투자에 대한 확신이 선다면 외로운 투자를 하여야 한다. 시장의 흐름에 역행하는 외로운 투자를 감행하여 엄청난 수익을 얻자.

아시아 최고 부자인 홍콩의 리카싱도 가난한 서민의 아들로 태어나 어렵게 자랐다. 불굴의 의지를 가지고 자산을 키워 아시아의 최고 부자가 되었다. 그는 힘들 때도 먼 미래를 보았고 미래가치를 보면서 과감한 투자를 했다. 그렇게 하여 오늘의 부를 거머쥘 수 있었다. 1960년대 중국 본토에서 문화혁명이 발생하였다. 그때 많은 홍콩 사람들이 중국의 문화혁명으로 인해 재산상 손해를 볼까봐 그들의 자산을 헐값으로 내다 팔았다. 그는 홍콩의 미래와 경제회복을 믿고 사람들이 불안해서 헐값에 내놓은 부동산을 대량으로 매입하였다. 그렇게 하여 오늘날 홍콩 사람들이 100원을 쓰면 5원이 리카싱의 주머니로 들어간다 할 정도로 부자가 되었다. 이렇듯 부는 행동할 때만 주어지는 것이다. 경주 최 부자가 흉년기에 땅을 사지 말라고 한 말씀의 숨겨진 지혜를 잘 새겨 흉년기에 땅을 사자.

◉ Point

흉년기 즉 IMF, 서브프라임 모기지 사태같은 금융위기 때는 부자 되기가 평소 때보다 10배나 쉽다고 했다. 최 부자의 지혜를 알고 있던 일부 사람들은 금융위기 때 신흥부자가 되었다. 워런 버핏같이 시장에 피가 낭자할 때 시장에 뛰어든 세계적인 부자인 멕시코의 통신재벌 카를로스 슬림회장과 아시아의 최고 부자인 홍콩의 리카싱도 그런 사람이다. 카를로스 슬림의 경우 1980년대 멕시코가 외환위기를 맞았을 때 헐값에 나온 기업들과 토지를 대량으로 사들여 세계적 부자가 되었다. 리카싱도 1960년대 중국 본토에서 문화혁명이 발생하여 홍콩 사람들이 중국의 문화혁명으로 인해 자산을 헐값으로 내다 팔았을 때 대량으로 매입하여 아시아의 최고 부자가 되었다.

우리가 자는 동안에도 땅값은 올라간다

"잠자는 동안에도 돈이 들어오는 방법을 찾아내지 못한다면 당신은 죽을 때까지 일을 해야만 할 것이다"라고 워런 버핏은 말했다. 모든 실물자산은 계속 오른다. 몇 년, 몇 십 년 전과 비교해 보면 확연하게 올라 있음을 실감할 것이다. 하루하루 미세하게 움직이는 가격은 우리가 잘 실감할 수는 없다. 한발 뒤로 물러나 곰곰이 생각해 보면 내 월급만 오르지 않은 것 같고 다른 것은 전부 올라 있다는 것을 느낄 것이다. 식당에 가도 점심 한 끼에 보통 7,000원이고 그런대로 괜찮으면 만원이 넘는다. 또한 우리와 상관 없다고 무관심하게 생각했던 땅값의 오름폭을 알면 놀랄 것이다. 땅은 어지간하면 다 오른다. 자는 동안에도 오르는 것을 멈추지 않는다.

우리 회사가 원주혁신도시로 내려온 것은 2014년 12월 1일이었다. 혁신도시는 주로 지방이전 공공기관으로 이루어졌다. 지역 내 산·학·연·관 사이의 네트워킹을 통해 혁신을 창출하고 확산해 지역발전을 견인하는 지역 거점도시이다. 수도권 중심의 불균형 발전전략에 따른 수도권 집중을 해소하기 위함이다. 낙후된 지방 경제를 지역 특화발전을 통해 활성화함으로써 국가경쟁력을 확보해야 하는 과제를 해결하기 위한 대안의 하나다. 정부는 2005년 이후 수도권에 소재하는 공공기관을 지방으로 이전하였다. 11개 광역시·도에 10개 혁신도시를 건설하는 지역발전정책을 추진하였다. 부산(13개 기관) 해양수산, 금융산업, 영화진흥 등 관련기관, 전북(12개 기관) 국토개발관리, 농업생명, 식품연구 등 관련기관, 경북(12개 기관) 도로교통, 농업기술혁신, 전력기술 등 관련기관, 경남(11개 기관) 주택건설, 중소기업진흥 등 관련기관, 제주(6개 기관) 국제교류, 교육연수, 국세관리 등 관련기관, 대구(11개 기관) 산업진흥 교육, 학술진흥, 가스산업 등 관련기관, 광주전남(16개 기관) 전력산업, 정보통신, 농업기반, 문화예술 등 관련기관, 울산(9개 기관) 근로복지, 산업안전 등 관련기관, 강원(12개 기관) 광업진흥, 건강생명, 관광 등 관련기관, 충북(11개 기관) 정보통신, 인력개발, 과학기술 등 관련기관, 그 외 개별이전 21개 기관이 있다. 현재는 상당수의 기관들이 수도권에서 지방으로 이전하여 정착하는 단계에 있다.

원주혁신도시 출신인 사장님 덕분에 우리 회사는 비교적 다른 기관보다 빨리 이전을 하게 되었다. 국토균형발전 차원에서 국가 주도로 이루어지는 기관들의 이전은 많은 예산이 소요된다. 국가정책 차원의 사업으로 해당기관들은 계획에 따라 비교적 빠른 속도로 이전이 이루어진다. 그러나 적게는 몇 천 명에서 많게는 몇 만 명에 이르기 때문에 도시 형성에 상당한 시간이 소요된다. 그러나 해당 지방도시는 이전되는 기관들의 직원들을 받아들일 시설들이 태부족한 상황이었다. 그래서 지방으로 이전하는 기관들의 직원들은 장기적으로 해당 지역에 정착될 때까지 어느 정도 지원이 이루어진다. 정해진 기간 이내에 이사하는 직원에 대해서는 일부 이사비를 지원한다. 이사를 하는 데 소요되는 2년 간은 회사에서 월 20만 원의 교통비도 지원해 준다.

내가 원주혁신도시로 내려온 것은 2014년 11월 30일이었다. 회사에서 구해준 곳은 콘텔로, 모텔과 콘도의 기능을 하는 모텔같은 외형을 가진 건물이었다. 근거지를 이동한다는 게 그리 쉬운 일은 아니었다. 처음에는 칸막이가 있는 방을 두 명씩 사용하였다. 아침은 두 명이 서로 기호에 맞게 알아서 먹고 점심과 저녁은 회사에서 사 먹을 수 있었다. 처음이라 자는 곳과 사무실 등 모든 게 낯설고 불편했다. 자리가 어느 정도 잡힐 때쯤 혁신도시 내의 모든 부동산을 탐방했다.

원주혁신도시 내에서 개인들이 투자할 수 있는 땅은 단독주택지와 점포용 택지 및 근린생활 용도의 땅이다. 2015년 초 시세는 단독택지는 평당 150~200만원 선이었다. 땅값은 입지나 용적률에 따라서 조금씩 차이가 있었다. 점포용 택지, 일명 이주자 택지라고도 한다. 똑같은 용지를 원주민들에게 분양한 것을 이주자 택지라고 부른다. 점포용 택지는 평당 300~350만원 선에서 형성되어 있었다. 처음 분양할 당시는 평당 70~80만원 선에서 가격이 형성되었다고 한다. 분양 당시에는 사람들의 관심이 없었단다. 입지도 좋고 상당한 미래가치가 있었음에도 불구하고 미분양이 많았단다. 상당기간 50% 정도가 미분양으로 남아 있었다. 그러나 평창올림픽이 2011년 7월에 확정 발표되자 2주 만에 모든 필지가 계약이 이루어졌다고 했다. 현재 단독택지는 평당 300~400만원 선에서 간간히 거래가 이루어지고 있다. 그리고 점포용 택지, 일명 이주자 택지는 600~800만원 선에서 거래가 형성되어 있다.

하나의 필지는 평균 80평으로 이루어져 있다. 2011년 7월 평창올림픽을 기점으로 단독택지는 2.4배 상승하였고, 점포용 택지는 3.1배 정도 올랐다. 8년 만에 2.4배에서 3.1배가 오른 셈이다. 금액으로는 11,500만원을 투자해서 택지는 2억8000만원으로 1억 6500만원이 올랐다. 점포용 택지는 18,200만원을 투자해서 5억 6000만원으로 3억 7800만원이 올랐다. 이것을 8년으로 나누고 일당으로 계산해 보자. 택지는 하루에 56,000원 오른 셈이다. 점포용 택지는 하루에 129,000만원씩 올랐다는 결론이 나온다. 워런 버핏이 말한 그야말로 자는 동안에도 땅값은 쉬지 않고 오르고 있었다. 혁신도시의 땅만 오르는 것은 아니다. 우리나라 대부분의 땅은 조금씩 오른다. 멈추어 있는 것처럼 보여도 개발계획이나 지역 호재가 발표되면 일시에 급등하여 그동안의 멈춤을 단번에 회복하기도 한다. 땅은 그 어떤 재테크보다 뛰어난 투자종목이라는 것에 대하여 나는 하나의 의심도 없다.

내가 원주혁신도시 중개사사무실을 전부 돌아다녔다는 소문을 듣고 1년 선배 한 분이 나를 찾아왔다. 같이 중개사사무실에 가줄 수 있냐고 해서 동행을 기꺼이 해주었다. 일반적으로 사람들은 중개사사무실에 가질 못한다. 가서 아파트 값이나 땅값을 물어보고 싶어도 숫기가 없어서 잘 못간다. 살 것도 아닌데 어떻게 가서 물어보나 싶어서 그냥 인터넷이나 뒤진다. 그러나 실거래는 중개사사무실에서 이루어진다. 때문에 생생한 정보는 중개사사무실이 아무래도 정확하다고 보아야 한다. 내가 보아둔 신뢰할 만하고 비교적 상세한 정보를 갖고 있는 중개사무실 몇 군데를 다녀 보았다. 주로 점심시간이나 퇴근 후에 다녔다. 다니면서 이런 저런 나의 경험을 이야기해 주었다. 땅은 상당히 매력적이고 투자수익도 어떤 것보다 안정적이고 좋다는 것을 말씀드렸다. 그러나 투자 결정은 쉽지 않았다. 자금이 조금 부족한 상태여서 자금운영 방향도 알려드렸다. 부족한 자금은 공동투자나 은행대출을 활용할 수 있으므로 사고자 한다면 방법은 있다. 그러나 투자는 전적으로 본인 책임 하에 이루어지는 것이므로 내 역할은 거기까지였다. 그러나 끝내 투자하였다는 소식은 듣지 못했다.

　많은 사람들이 시간이 지나면 그때 할걸 하고 투자하지 못한 것에 대해서 후회를 한다. 그러면 나는 늘 말한다. 지금도 좋은 기회는 이전과 똑같이 많다. 단지 투자수익이 예전처럼 커지지는 않지만 적지도 않다. 그렇게 투자를 못한 것을 후회하면서도 기회가 있는 지금도 움직이지 않는다. 그렇게 또 세월이 흐르면 또 그렇게 똑같은 후회를 반복하게 된다. 그러나 부자들은 다르다. 그들은 예전과 똑같이 많은 기회들이 있다는 것을 잘 알고 있다. 그래서 그들의 자산은 다른 사람들이 불경기라 할 때 더 많이 늘어난다. 투자는 작은 자금이 들어가는 것이 아니기에 신중하게 생각해야 하는 것은 맞다. 모든 사업은 늘 가다서다를 반복한다. 국책사업까지도 한 번에 계획대로 성공하는 예는 거의 없다. 가만히 생각해 봐라. 언제 전철이 들어온다, 학교가 들어선다 해도 다 시간이 지연되고 늦어지는 사례는 늘 있어 왔다. 그것은 누구의 잘못도 아니다. 외부 경제환경 변화로 원래 계획들이 영향을 받기 때문이다. 누구도 미래를 정확하게 예측할 수는 없다. 모든 예측 전망자료를 분석해 보아도 맞는 게 없다. 단지 과거, 현재, 미래를 분석하여 가장 유사한 방향을 제시할 뿐이다.

　트럼프가 어떻게 나올지 김정은이 어떻게 할지 모른다. 미중관계가 어떻게 풀려갈지 한일관계가 어떻게 될지 아무도 모른다. 단지 경험치로 해석할 뿐이다. 땅이 얼마나 오를지는 정확하게 예측할 수 없다. 그러나 오름을 멈추지 않는다는 것은 확실하다. 땅은 우리가 자는 동안에도 가격이 계속 올라간다. 그러다가 호재를 만나면 가파르게 오른다.

◉ Point

우리나라 대부분의 땅은 조금씩 오른다. 멈추어 있는 것처럼 보여도 개발계획이나 지역 호재가 발표되면 급등하여 그동안의 멈춤을 단번에 회복하기도 한다. 원주혁신도시의 경우를 보면 원주혁신도시 내에서 개인들이 투자할 수 있는 땅은 단독주택지와 점포용 택지이다. 8년 동안 단독택지는 하루에 74,000원 올랐다. 점포용 택지는 하루에 17만원씩 올랐다. 워런 버핏이 말한 그야말로 자는 동안에도 땅값은 쉬지 않고 오르고 있었다. 혁신도시의 땅만 오르는 것은 아니다. 땅이 얼마나 오를지는 정확하게 예측할 수는 없다. 그러나 오름을 멈추지 않는다는 것은 확실하다. 그러다가 호재를 만나면 가파르게 오른다.

큰 부자는
땅에서 난다

2019년 9월 21일 국회 국토교통위원회 소속 민경욱 의원은 국토부 산하 6개 기관으로부터 받은 자료를 분석했다. 최근 5년 간 보상금을 가장 많이 받은 개인은 평택 장안동 일대에 땅을 가진 김모씨도 244억 원을 보상 받았다고 한다. 다음은 망우동에 땅을 소유한 박모씨가 200억원으로 2위를 차지하고, 3위는 고양 덕원지구에 땅을 소유한 소모씨가 197억원을 보상 받았다. 4위는 광주 벽진동 일대에 땅을 소유하고 있는 이모씨가 136억원의 거금을 받았다. 민경욱 의원은 "천문학적인 토지 보상금이 풀리면 보상비는 다시 부동산으로 흘러들어 땅값과 집값을 끌어올리는 등 부동산 시장을 과열시킨다"며 "정부는 토지 보상금의 부작용을 막기 위해 대토보상을 활성화한다는 방침이지만 토지주들의 반발이 심한 만큼 합리적인 방안을 마련해야 한다"고 말했다. 확실히 큰 부자는 땅에서 나온다는 게 맞나 보다.

토지에 대한 보상금을 많이 받은 분들이 어떻게 해서 토지를 소유하게 되었는지는 모르겠다. 하지만 상속을 받았든 투자로 땅을 사서 모았든 큰 부자가 된 것은 사실이다. 땅은 이렇게 장기 보유하게 되면 엄청난 보상을 해준다. 서울에 사시는 분을 제외하고는 모두 농사를 짓는 땅이 아닌가 싶다. 조상대대로 내려오는 농토를 그저 묵묵히 지켜왔다. 주변이 개발되면서 어쩔 수 없이 보상을 받았지만 아쉬움도 있을 것이다. 여기서 민경욱 의원이 걱정하는 것을 잘 헤아려 보자. 보상받은 돈이 다시 부동산으로 흘러 들어가 주변 토지에 영향을 미치는 것을 경계하고 있다. 왜 돈이 다시 토지시장으로 흘러 들어갈까. 다른 많은 재테크 수단도 있을 것이다. 왜 다시 토지에 장기로 묻어 놓으려고 할까. 그건 토지보다 더 좋은 투자 수단이 없다고 보기 때문이다. 땅 투자는 그냥 별다른 지식이나 분석능력이 없어도 되는 편안한 투자인 것이다. 어떻게 보면 게으른 투자다. 그러나 어느 누구도 땅 투자로 인한 수익 창출을 막을 수는 없다. 그리고 땅 투자 수익을 따라가기도 어렵다.

세금을 두려워 마라

보상받은 돈이 다시 부동산으로 흘러 들어가 주변 토지에 영향을 미친다. 영향을 미치는 주요원인 중의 하나는 양도소득세 절세효과가 크기 때문이다. 농지 소재지에 거주하는 거주자가 취득일부터 양도일 사이에 8년 이상 계속하여 직접 자경한 토지를 양도하는 때에는 양도일 현재 농지인 경우 양도소득세 100%를 감면한다. 농어촌특별세 역시 비과세 적용을 받는다. 그리고 4년 이상 농지 소재지에 거주하면서 직접 경작한 농지를 양도하고 양도일부터 2년 이내에 면적 기준(새로 취득하는 농지 면적이 종전 농지의 3분의 2 이상) 또는 가액 기준(새로 취득하는 농지의 취득 가액이 종전 농지 양도 가액의 2분의 1 이상) 중 어느 하나를 충족하는 새로운 농지를 취득한 후 종전의 농지 소재지에 거주하면서 종전 농지를 경작한 기간과 새로 취득한 농지 소재지에 거주하면서 새로운 농지를 계속 경작한 기간을 합산한 경작 기간이 8년 이상인 경우에는 농지 대토 감면을 적용하며, 그 한도는 1억원이다.

보통 사람들이 이야기하기를 토지투자는 양도세가 많아 남는 게 없다고들 한다. 수익이 생기면 세금을 내는 것은 당연한 것이다. 세금을 낸다는 것 자체가 수익이 창출된 것이므로 그 자체로도 좋은 것이다. 물론 세금을 수익에 비해 많이 낸다면 기분 좋은 사람은 없을 것이다. 하지만 합법적으로 절세하는 방법도 많다. 수익이 창출되기 전에 세금이 무서워 투자를 못한다면 구더기 무서워 장 못 담근다는 것과 같다. 교통사고 무서워 차 못타는 것과 비행기 사고 무서워 비행기 못타는 것과 같은 것이다. 합법적으로 양도세를 절감하는 방법은 있다. 증여를 통한 방법, 자경을 통한 방법 등 다양한 방법들이 있다. 양도세를 걱정하기보다는 어디에 어떻게 투자를 해야 할 것인가를 연구하고 고민해야 할 것이다. 양도세보다 투자가 먼저인 이유다.

수원대 부동산학과에 다닐 때 알게 된 유모 부회장은 어디를 가나 포르쉐를 타고 다닌다. 교수님은 유모 부회장은 논물 보러 갈 때도 포르쉐를 타고 간다고 놀렸다. 유모 부회장은 평택에서 조상대대로 농사를 짓는 집안에서 태어났다. 농사를 대를 이어 지으시는 분이다. 평택에서 어릴 때부터 살아 오셨다. 때문에 평택 어느 지역이든지 모르는 땅들이 없을 정도로 땅에 대해 잘 알고 있다. 지금 평택은 상전벽해가 일어나는 곳이다. 평택 전체가 개발되는 것처럼 하루가 다르게 변해가는 도시다. 평택은 삼성에서 100조원, LG에서 60조원을 투자하기로 계획하고 발전하는 도시이기도 하다. 그리고 용산 미군부대가 평택으로 이전하여 하루가 다르게 변화하는 중이다. 이런 개발로 인해 유모 부회장은 부자가 되었다. 유모 부회장의 형제들은 물려받은 재산을 진즉에 팔아서 사업과 집을 사는 데 보태어 썼다고 했다. 그러나 유모 부회장은 묵묵히 농사를 지어왔다. 장기보유에 대한 보상으로 그는 큰 부자는 땅에서 난다는 전형적인 인물이 된 셈이다. 땅은 사서 보유하기만 하면 되는 쉽고 게으른 투자임에 틀림없다. 게으른 투자라는 것은 사놓고 아무 짓도 하지 않고 세월에 맡겨두면 되기 때문에 그렇게 말한 것이다.

[오마이뉴스] 신상호 기자에 따르면 롯데그룹이 서울 명동과 잠실

일대에 보유한 토지 가격이 급등하면서, 25조원 규모의 차액이 발생했다는 조사 결과가 나왔다. 민주평화당과 경제정의실천시민연합은 2019년 10월 11일 국회 정론관에서 기자회견을 열고, 롯데그룹의 토지 가격 변화 분석결과를 발표했다. 조사 대상은 서울 명동과 잠실 롯데월드, 롯데월드타워, 서초동 롯데칠성부지, 부산 롯데호텔 등 5개 토지였다. 롯데는 이들 토지를 총 1,871억원에 취득했다. 취득 시점은 1969~1989년이다. 2018년 기준 이 토지들의 공시지가는 모두 11조 6,874억원으로 집계됐다. 취득 가격에 비해 62배나 급등한 것이다. 공시가격이 아닌 시세는 더 많이 올랐다. 롯데그룹의 5개 토지의 추정 시세는 27조 4,491억원이었다. 취득 가격과 비교하면 무려 147배나 오른 것이다. 토지 가격 급등에 따라 롯데그룹이 챙기는 소득 규모는 25조 8,000억원 수준으로 추산되고 있다. 이는 토지에 부과되는 종합부동산세(최고 세율 적용) 1조 4,000억원을 제외한 금액이다.

롯데그룹은 근 40여년 만에 땅이 147배가 오르는 행운을 안은 것이다. 큰 부자 기업도 땅에서 나온 셈이다. 물론 롯데가 땅 투자로 돈을 벌려고 했다고는 생각하지 않는다. 본업에 충실하며 영업해온 결과일 것이다. 이렇듯 땅은 누구나 소유를 하면서 중장기적으로 보유만 하여도 상상을 초월하는 수익을 만들어 낸다. 땅은 어떤 경우에도 버팀목이 된다. 롯데는 형제간의 경영권 분쟁뿐만 아니라 경북 성주 골프장 사드 배치문제로 중국에 미움을 받아 중국에서 사업을 철수하였다. 롯데는 수조 원의 손실을 입었지만 건재하다. 땅이 든든한 버팀목이 되었던 것이다. 이렇듯 땅은 우리를 배신하지 않는다. 아니 경영환경의 변화로 위기가 찾아와도 확실하게 보호해 준다. 땅이 보험이나 버팀목이 된다는 것은 개인이나 기업이나 마찬가지일 것이다. 땅 투자는 불안한 미래에 대한 확실한 안전보장과 수익을 기대할 수 있는 재테크 수단임에는 틀림이 없다. 부동성과 부증성, 영속성, 개별성, 불가역성이 있는 땅 투자가 우리의 자산을 키우는 유일한 답이다.

부동산은 화폐증가율만큼 인상되는 것을 알 수 있다. 매년 7~8%만큼 화폐량이 증가되면, 10년이 지나면 실물자산 가격은 배로 올라가게 된다. 사실은 화폐가치가 떨어진 것이지 가치가 올라가는 것은 아니다. 물론 입지가 좋은 곳은 늘 가치가 올라간다. 경제를 활성화시키기 위해 화폐량은 지속적으로 증가할 수밖에 없다. 앞으로도 지속적으로 이루어진다. 그러므로 수익을 창출하는 노력을 게을리 해서는 안 된다. 이미 100세시대는 기정사실화되었다. 심지어 재수 없으면 200살까지도 살 수 있다는 말까지 전문가들 입에서 나오고 있다. 이런 시대에 우리가 살고 있기 때문에 하루라도 빨리 노후대책을 위해서는 부동산 투자를 하여야 한다. 1964년에 m^2당 토지의 평균가격은 19원60전이었다. 2013년에는 m^2당 토지의 평균가격은 58,325원으로 약 3,000배가 올랐다. 믿기지 않으면 지금 당장 인터넷으로 토지가격 상승 3,000배를 쳐서 확인해 봐라.

지금은 옛날처럼 그렇게 오르지는 않는다. 그러나 밤낮을 가리지 않고 오르고 있다. 지금은 저금리 시대다. 일본과 유럽의 일부 국가는 마이너스 금리까지 내려가고 있다. 그렇게 되면 낮은 소득과 저금리 때문에 저축만으로는 살기가 힘든 세상이 된다. 든든한 노후 대비는 더욱 힘들어진다. 우리는 최적의 100세시대를 준비해야 한다. 종자돈이 생기면 먼저 토지 투자를 하자. 금리가 내려가면 투자하기에는 더 좋은 조건이 된다. 옛날처럼 수익을 올릴 수는 없다. 하지만 역사는 늘 증명해 왔다. 큰 부자는 땅에서 나온다는 사실을 말이다.

> **◉ Point**
>
> 최근 5년 간 보상금을 가장 많이 받은 개인은 평택 장안동 일대에 땅을 가진 김모씨로 244억원을 보상받았다. 다음은 망우동에 땅을 소유한 박모씨가 200억원으로 2위를 차지하고, 3위는 고양 덕원지구에 땅을 소유한 소모씨가 197억원을 보상 받았다. 4위는 광주 벽진동 일대에 땅을 소유하고 있는 이모씨가 136억원의 거금을 받았다. 상속을 받았든 투자로 땅을 사서 모았든 큰 부자가 된 것은 사실이다. 땅은 이렇게 장기 보유하게 되면 엄청난 보상을 해준다. 어느 누구도 땅 투자로 인한 수익 창출을 막을 수는 없다. 역사는 늘 큰 부자는 땅에서 나온다는 것을 증명해 왔다.

돈은 늘어나도 땅은 늘어나지 않는다

 정부는 경기 활성화와 일자리 창출 및 인프라 구축을 위하여 화폐량을 증가시킨다. 경제 성장이 계속 이루어지면서 그에 따라 통화량은 지속적으로 늘어난다. 우리나라는 매년 7~8% 수준으로 화폐량이 증가하고 있다. 화폐량의 증가로 인해 물가가 인상되고 임금도 인상되는 것이다. 화폐량을 증가시키기 때문에 모든 물건들의 가격은 올라간다. 그런데 정부에서 엄격하게 인상을 규제하는 품목들이 있다. 시중금리는 엄격하게 관리된다. 한국은행 금융통화위원회는 한 달에 한 번씩 열린다. 통화정책방향 결정회의를 열어 기준금리를 결정한다. 모든 경제지표의 방향에 중대한 영향을 미치는 지수로 엄격하게 관리된다. 임금도 엄격하게 규제 관리된다. 매년 12월이면 정부예산편성지침에 따라서 공무원 및 준정부기관 직원들의 임금인상률이 결정된다. 최근 3년 간의 공무원 및 준정부기관 직원들의 임금인상률을 보면 2017년도에 3.5%, 2018년도 2.6%, 2019년도에는 1.8% 인상하였다. 또 정부는 기초생활 필수품들의 가격동향을 엄격하게 관리한다. 이외에도 많은 것들이 자율적인 규제대상들이다. 영원한 진리가 있다. 가격은 수요와 공급에 의해서 결정된다는 것이다.

화폐량이 증가할수록 땅값도 따라 오른다

그러나 신기하게도 부동산 자산들은 정확하게 화폐증가율이 반영되는 경향이 있다. 부동산 자산의 특성상 바로바로 가격에 영향을 미치지는 않는다. 그러나 데이터를 보면 부동산 가격은 화폐증가율이 예외 없이 잘 반영되었다. 거의 모든 생산품은 알게 모르게 화폐증가가 가격에 반영되어 오른다. 사람의 욕심 때문일까 내 것만 오르지 않는 느낌이다. 다른 모든 남의 것들만 오른 것 같은 느낌을 받는다. 내 집값만 오르지 않고 나에게 없는 땅값은 언제 저렇게 올랐는지 하고 느낄 때가 많을 것이다. 많은 사람들이 마음속으로 후회한다. 옛날에 왜 잠실같은 곳에 땅 한 평을 안 샀는지를 후회한다. 다시 그 시절로 돌아간다면 분명 우리나라는 난리가 날 것이다. 너도나도 다 땅과 요지의 아파트를 사느라 난리가 아닐 것이다. 그만큼 화폐증가가 우리가 모르는 사이에 부동산에 엄청난 영향을 미쳤다는 말이다. 지금도 행동하지 않으면 세월이 저만치 흐른 뒤에 또 후회할 것이다. 왜 그때 투자를 하지 않았는지를 말이다. 잘 생각해 보면 어떤 모임에서나 만나게 되는 잘나가는 사람들은 땅으로 아니면 다른 부동산 투자로 인해서 부자가 된 경우를 많이 볼 것이다. 설사 그가 사업으로 부자가 된 것처럼 보여도 그가 갖고 있는 토지나 빌딩으로 인해 자산이 늘어났음을 알아야 한다. 긴 역사에서 알아차려야 한다.

토마스 피케티의 ≪21세기 자본≫에서 저자는 1700년대부터 2010년 초반까지 광범위하게 각국의 자본들을 연구하였다. 그리고 거기에서 얻은 지혜를 세상에 내놓았다. 인플레이션이 계속되는 상황에서 은행에 돈을 맡겨 놓고 마냥 앉아 있기만 한다면 부에 대해 세금을 물지 않더라도 눈앞에서 그 돈의 가치가 조금씩 줄어들어 마침내 아무것도 남아 있지 않게 될 것이다. 부동산이나 주식같은 실질자산에 투자하는 것만으로도 인플레이션이라는 세금은 충분히 완전하게 회피할 수 있다. 인플레이션은 적절하게 다각화된 대규모의 포트폴리오를 보유하는 사람이 단지 규모가 크다는 이유로 아무런 노력도 없이 높은 수익률을 얻는 것을 결코 막지 못한다. 가장 놀라운 사실은 인구의 절반이 거의 아무것도 소유하지 않고 있다는 것이다. 가장 가난한 50%는 예외 없이 국부의 10% 이하를 소유하며, 일반적으로 5% 이하를 소유한다. 이용 가능한 데이터에 따르면 프랑스에서는 가장 부유한 10%가 전체 부의 62%를 장악한 반면, 가장 가난한 50%는 고작 4%만 부를 소유하고 있다고 한다. 미국에서는 상위 10%가 72%의 자산을, 하위 50%는 고작 2%의 부를 소유한다. 부자 상위 9%는 부동산이 전체 부의 절반을 차지한다고 했다. 그는 불평등을 해소하는 올바른 해법은 매년 부과하는 누진적인 자본세라는 것을 제시했다.

2019년 10월 한국은행 금융통화위원회는 기준금리를 1.25%로 0.25% 인하 결정했다. 미국의 금리 동향에 따라 더 내릴 가능성이 있다. 그러므로 피케티는 은행에 돈을 맡겨 놓고 있으면 세금을 물지 않더라도 눈앞에서 그 돈의 가치가 조금씩 줄어들어 마침내 아무것도 남아 있지 않는다고 했다. 부동산같은 실질자산에 투자하여 인플레이션이라는 세금을 회피하라고 일러 주었다. 300년이 넘는 오랜 역사 속을 파헤쳐 깨닫게 된 지혜를 알려준 것이다. 일본이나 유럽의 일부국가는 마이너스 금리를 도입하고 있다. 미국에서는 트럼프대통령이 계속 금리인하를 압박하고 있다. 우리나라도 현 경제불안 상황을 고려해 기준금리를 1.25%까지 내렸다. 일부에선 금리가 내년 이후 0%대로 내려가 우리나라에서도 '제로 금리' 시대가 열리는 것 아니냐는 전망까지 나오고 있는 상황이다. 그렇게 되면 투자자 입장에서는 굉장히 환영할 만한 좋은 상황이다. 한마디로 투자에 날개를 달 수 있다 하겠다.

실물 부동산에 투자하라

모든 나라가 앞다투어 돈을 찍어 낸다. 그 결과 인플레이션과 화폐가치 하락으로 자국의 화폐가치를 바로잡아야 한다는 그럴싸한 명분으로 화폐개혁(Re-denomination)을 하려고 한다. 자기네들이 저질러 놓은 일을 자기네들이 처리하고 다시 돈을 찍어낼 요량인 것이다. 세계 여러 나라가 최근에 실시한 화폐개혁 사례를 보면 그들이 행한 일들을 알 수 있다. 터키는 2005년도에 100만대 1, 루마니아는 2005년도에 1만대 1, 베네수엘라는 2008년도에 100만대 1과 2018년도에 10만대 1, 벨라루스는 2016년도에 1만대 1, 북한은 2009년도에 100만대 1로 화폐개혁을 했다. 이밖에도 여러 나라들이 화폐개혁을 한 사례는 많다. 우리나라도 요사이 화폐개혁을 한다 안한다 말들이 많다. 만약 화폐개혁을 하게 되면 실물자산이 있느냐 없느냐에 따라서 빈부격차는 더 벌어지게 된다. 항간에 나도는 우리나라 화폐개혁설은 100대 1로 할 것으로 추정하고 있다. 100대 1로 하게 되면 1억 원짜리 집이 1백만 원이 되는 것이다. 그러면 어떻게 되겠는가. 값이 엄청 싸 보인다. 그래서 값이 올라갈 가능성이 아주 높다. 그리고 음식 값은 1만 원짜리가 100원으로 변한다. 그러면 아주 싸 보인다. 엄격하게 관리가 안 되면 올리려는 욕망이 강하게 작용할 것이다. 자연스럽게 땅값이 올라도 느낌이 잘 안 오게 된다. 그러면 실물자산이 있는 사람은 더 잘 살게 되고 없는 사람은 비싼 값에 음식 값을 치르게 되므로 빈부격차가 더 벌어지게 된다. 땅 투자를 해야 할지 말아야 할지를 고민할 필요가 없게 되는 대목이다.

우리나라도 여러 차례 화폐개혁을 하였는데 1차는 1905년도에 일본이 우리나라에 대한 경제침탈을 목적으로 하였다. 2차는 1950년도에 전쟁 중 화폐의 교란을 수습하기 위해 등가교환 방식으로 했다. 3차는 1953년도에 인플레이션을 수습하기 위해 100원→1환으로 실시되었다. 4차는 1962년도에 10환→1원으로 실시하였다. 고액권의 발행은 1972년도에 5,000원 권이, 1973년도에 10,000원 권이, 2009년도에 50,000원의 고액권이 발행되었다. 수출로 먹고 사는 우리나라는 특히 화폐증가에 대한 유혹을 더 받을 수 있다. 자국화폐 가치가 떨어져야 수출에 대한 경쟁력이 생기기 때문이다. 경제가 어려울 때는 돈을 뿌려야 한다. 2007년 서브프라임 모기지 사태 때 미국은 2008년부터 2014년까지 4조 5,000억 달러를 뿌렸다. 그렇게 해서 금융위기 이후 부동산가격의 추가하락을 막았다는 평을 듣고 있다. 일본도 2001년부터 2006년까지 40조 엔을 뿌렸다. 2013년부터는 아베 노믹스라는 경제정책으로 무제한 화폐를 찍어내고 있다. 이렇듯 모든 정부가 경제를 살린다는 명목으로 화폐를 더 많이 찍어내고 싶어 한다. 정부는 경기를 활성화시켜 소비 진작과 경제성장을 도모하기 위해 나름 많은 노력들을 한다. 하지만 국민들 입장에서 보았을 때는 행동하지 않으면 내 돈이 사라지는 형국이 된다. 내 돈과 내 자산을 지키기 위해서라도 실물부동산에 투자를 해야 한다. 그래야 온전히 내 노후를 내가 지킬 수 있는 것이다. 돈은 마구 찍어낼 수 있다.

그러나 땅은 어디서도 가져올 수가 없다. 하천을 메우고 바다를 매립해도 절대적인 땅의 크기는 늘어나지 않는다. 그래서 늘 땅값은 오르기만 한다. 이걸 모르면 가난을 벗어나지 못한다. 돈을 찍어내는 만큼 화폐가치는 떨어진다. 오늘의 1천만원으로 살 수 있는 땅은 내일이면 1천만원으로 살 수가 없다. 화폐증가로 인해 화폐가치가 떨어지기 때문이다.

가난을 벗어나기 위해서는 하루라도 빨리 내 땅을 한 평이라도 갖자. 선량한 국민이 투기꾼이 아니고 돈을 마구 찍어내는 주체가 투기꾼인 것이다. 빨리 이런 사실을 깨우쳐야 한다. 안 그러면 평생 죽어라 일해도 남는 게 없다.

정부는 국가 전체를 보고 화폐정책을 운영한다. 하지만 그 피해는 순진한 국민들만 보고 있는 셈이다. 정부를 탓할 수는 없다. 정부는 나라 경제를 향상시켜야 하기 때문에 개인에게까지 맞추어 미세한 정책을 만들 수는 없다. 그러기 때문에 우리는 스스로 움직여야 하는 것이다. 그렇지 않으면 우리는 언제까지나 가난의 굴레에서 벗어날 수 없기 때문이다. 세월이 아무리 흘러도 돈은 늘어나지만 땅은 늘어나지 않는다.

모든 정부가 경제를 살린다는 명목으로 화폐를 더 많이 찍어내고 싶어한다. 정부는 경기를 활성화시켜 소비 진작과 경제성장을 도모하기 위해 나름 많은 노력들을 한다. 하지만 국민들 입장에서 보았을 때는 행동하지 않으면 내 돈이 사라지는 형국이 된다. 돈은 마구 찍어낼 수 있다. 그러나 땅은 어디서도 가져올 수가 없다. 그래서 늘 땅값은 오르기만 한다. 이걸 모르면 가난을 벗어나지 못한다. 가난을 벗어나기 위해서는 하루라도 빨리 내 땅을 한 평이라도 갖자. 안 그러면 평생 죽어라 일해도 남는 게 없다. 그렇지 않으면 우리는 언제까지나 가난의 굴레에서 벗어날 수 없기 때문이다. 세월이 아무리 흘러도 돈은 늘어나지만 땅은 늘어나지 않는다.

2장

당신이 지금 당장
땅을 사야 하는
이유

34년 직장생활을 해보니 땅이 최고였다   ①

흔히들 사업하는 사람들은 월급이 고정적으로 나오는 월급쟁이가 좋다고 한다. 그러나 월급쟁이들은 사업하는 사람들이 부자가 많다고 그들을 부러워한다. 일장일단은 있다. 사업하는 사람들은 큰돈이 들어왔다 나갔다 하지만 일정한 패턴을 유지하지 못하기 때문에 매월 일정한 수입이 있는 월급쟁이가 좋다고 한다. 물론 꾸준하게 들어오는 월급은 불규칙하게 들어오는 돈보다는 확실히 힘은 세다. 그러나 회사는 퇴직하지 않을 정도의 월급만 준다는 사실이다. 정도의 차이는 있지만 그렇게 넉넉하게 월급을 주는 곳은 많지 않다. 흔한 말로 죽지 못해서 다니는 경우가 많다. 돈을 버는 것은 월급의 많고 적음이 아니라 검소한 습관이라는 것은 확실한 사실이다. 제 아무리 많은 월급을 준다 해도 소비가 많으면 돈을 모을 수가 없다. 우리는 늘 검소한 생활을 이야기한다. 돈을 많이 번다고 부자가 되는 것이 아니다. 부자가 되는 것은 얼마나 종자돈을 모으느냐에 달려 있다. 늘 검소한 생활을 강조한다. 소비가 수입보다 많으면 절대로 부자로 살 수 없다. 수입이 소비보다 많을 때 부자로 가는 길이 가까워지는 것이다.

나는 대학 졸업 전인 1985년도에 입사를 하는 행운을 안았다. 1985년 11월에 전국의 100대 기업과 공기업들이 한날한시에 입사시험을 치렀다. 건국 이래 유일무이한 일 같다. 당시 정부는 좋은 인재를 한 기업이 독식하면 안 된다는 취지 아래 한날한시에 시험을 보았다. 면접도 중복되게 볼 수 없도록 정부가 관여를 한 일이 있었다. 고향에서 농사를 짓는 부모님으로부터 학비를 받아 공부를 하였는데 취직을 하지 못하면 큰일이었다. 다행이 합격통지서를 받아 얼마나 기뻤는지 모른다. 하지만 기쁨도 잠시, 회사의 오리엔테이션이 끝나고 첫 발령지로 강원도 삼척에 있는 도계광업소로 가게 되었다. 1986년 1월 1일 시커먼 석탄가루가 날리는 거리를 지나갔다. 직원기숙사에 도착하여 보니 서글프기 짝이 없었다. 거리는 탄가루로 뒤덮여 온통 시커먼 세상처럼 보였다. 그렇게 탄광의 3교대 막장관리자 생활이 시작되었다. 그 당시는 석탄소비가 절정을 이루는 시기로 토요일 일요일도 없이 보름에 한번 일요일날만 쉬고 일했다. 그래서 다른 기업보다는 임금이 높은 편이었다. 정부의 적극적인 지원으로 탄광촌에는 직원사택이 많았다. 다행히 사택을 받아 대학교 때 미팅으로 만난 집사람과 그해 결혼을 할 수 있었다.

탄광을 빨리 벗어나자고 생각하고 열심히 저축하였다. 당시에는 5년짜리 재형저축 이율이 18.5%였다. 지금으로서는 상상이 가지 않는 고이율상품에 매달 10만원씩 저축하였다. 그리고 재형저축 외에 따로 열심히 모은 돈이 800만원정도 되었을 때였다. 강원도 삼척 묵호에 한 증권사가 생겼다. 많은 직원들이 만나면 주식으로 얼마를 벌었네 하면서 동기나 선후배들도 주식 이야기를 많이 하게 되었다. 그렇게 해서 나도 드디어 재테크를 시작하게 되었다. 8백만원을 갖고 집사람과 묵호로 갔다. 증권사에서 계좌를 개설하고 어떻게 주문하는지를 배우고 추천해 주는 몇 종목을 샀다. 그리고 일주일 만에 23만원을 벌었다. 그러나 그것이 마지막이었다. 그날 이후로 주식은 오를 줄은 모르고 내리기만 했다. 모든 게 어설펐다. 지식도 없고 주식이 뭔지도 잘 모르는 채 분위기에 휩쓸렸다. 뛰어든 주식시장은 보기 좋게 주식에 대한 미련을 버리게 해주었다. 800만원을 투자하고 3년 정도 지난 후에 200만원만 남긴 체 600만원은 어디론가 사라져 버렸다. 탄가루를 마시며 위험을 무릅쓰고 갱내에서 일하면서 번 피같은 돈이 그렇게 사라지면서 주식에 대한 미련도 함께 사라졌다. 주식에 대한 미련이 사라지고 난 후 5년짜리 재형저축이 만기가 되어 찾았다. 일부 대출을 발생시켜 전주에 있는 아파트를 1992년에 샀다. 처가집 지인분이 소개를 해준 33평짜리 아파트를 프리미엄을 주고 산 것이다. 지금 생각해 보면 이 또한 어설프기 짝이 없는 짓이었다. 왜 그곳에 샀는지조차 멍할 정도로 서툰 투자였다. 친척분이 전망이 좋으니 사라고 하는 바람에 그냥 믿고 투자랍시고 한 것이었다. 내가 투자한 아파트는 딱 투자한 금액에서 멈추어 오를 줄을 몰랐다.

그러다 1996년 6월 서울 본사로 발령을 받으면서 아파트를 본전에 처분하였다. 그 돈으로 서울 처형네 집 근처 봉천동에 빌라를 전세 얻어 이사를 오게 되었다. 그렇게 서울생활이 시작되었다. 본사는 여의도에 있었으므로 큰 불편함 없이 다닐 수 있었다. 전세를 살다보니 불편한 것이 한두 가지가 아니었다. 무엇보다 계속 전세금을 올려달라고 해서 곤혹스러웠다. 월급은 오르지 않는데 전세금은 몇 백만원씩 올려달라니 속이 뒤집어졌다. 그래서 집을 사야겠다고 마음을 먹었다. 공공기관이 싸게 분양하는 아파트를 청약할 수 있는 주택청약저축통장을 개설하고 매달 10만원씩 입금하였다. 그리고 2년이 지난 후 1998년 8월에 서울도시개발공사에서 분양하는 아파트를 청약하여 입주하게 되었다. 당시 분양가격은 평당 370만원이었다. 실물자산인 아파트는 아주 정확하게 우리나라 화폐증가율 만큼 매년 7%에서 8% 정도로 올랐다. 그 당시 계속 전세로 살고 있었으면 평생 전세를 벗어나지 못했을 것이다. 생각만 해도 끔찍한 일이다. 자기가 살 집은 어떠한 일이 있어도 사야만 한다. 전세나 월세는 화폐증가율을 결코 당하지 못한다. 가끔씩 나타나는 부동산 폭락론자들에게 현혹되어 실물자산을 사지 않는 사람은 영원히 가난에서 벗어나지 못한다. 경제위기가 온다 해도 똑똑한 정부는 2년에서 3년이면 거의 해결한다. 돈을 풀든지 금리를 낮추든지 해서 짧은 시간 안에 벗어난다. 경제위기를 벗어나는 것은 정부를 믿어도 된다. 정부는 돈을 풀어 경제를 살리는 데는 선수이기 때문에 짧은 시간 내에 반드시 극복한다.

땅에 투자해야 되는 이유

여의도에 있던 본사는 1997년 IMF 때 자금사정이 좋지 않아서 팔고 수색으로 이전하게 되었다. 수색으로 이전한 본사는 얼마 되지 않아 대규모 수색 재개발 사업이 진행되면서 또다시 2007년도에 본사를 의정부로 옮기게 되었다. 집에서 의정부로 출퇴근하는 시간은 평균 편도 1시간40분이나 걸렸다. 출근시간을 이용하여 매달 2권의 책을 읽기로 했다. 그런데 이상하게 재테크 관련 책 외에는 잠이 와서 읽을 수가 없었다. 나는 책에서 많은 부자들을 만났다. 부자들은 실천하는 사람들이지 생각만 하는 사람들이 아니었다. 현실이 되는 장수시대를 앉아서 지켜만 보고 있을 때가 아니라고 생각했다. 투자를 하기로 마음을 먹었다. 내게 맞는 것은 주식도 아니고 아파트도 아니고 땅이었다. 부자들은 전부 땅을 가지고 있었다. 땅이 없는 사람들은 사업의 흥망성쇠 시 사라졌다. 부자를 지키는 것은 오직 땅밖에 없다는 생각으로 땅을 사기로 했다. 어디서부터 시작할까. 부자들은 첫째도 입지, 둘째도 입지라 했다. 그렇다면 향후에 대한민국에서 최고의 입지는 어디가 될까. 교통이 좋아야 하고 글로벌 중심지역이 되어야 한다. 대한민국에서 교통이 제일 좋은 곳은 인천국제공항이 있는 영종도라는 답이 나왔다. 항공기, 선박, 철도, 고속공항버스 등 교통의 중심이 바로 영종도로, 최고의 입지라고 생각했다. 그날 이후로 집사람과 나는 일이 없으면 매주 영종도로 놀러 갔다. 부동산 투자는 정확한 정보와 여러 주변의 상황들을 엄밀히 분석하여야 한다. 현장을 여러 번 다녀보면 자연히 어느 정도 감을 잡을 수 있다. 여러 부동산중개사무실에 들러 정보를 스크린하고 분석하여 확신이 설 때 과감하게 투자를 실행했다. 그리고 투자를 한 후에도 시간 있을 때마다 인터넷 검색 등으로 투자지역에 대한 정보를 수집하는 데 심혈을 기울였다. 믿을 만한 부동산중개사무실을 3곳 정도 지정하여 방문할 기회가 있을 때마다 들러 알토란같은 정보를 현장에서 모았다. 식사를 나누면서 이런저런 이야기를 하다보면 사장님들이 고급정보를 많이 준다. 그런 관계를 맺어 놓으면 좋은 투자정보뿐 아니라 좋은 급급매 물건이 나오는 즉시 연락을 해주니까 아주 유용하다. 거기에다가 특수 물건인 경우는 사실 초보자한테는 많은 설명이 필요하게 된다. 이해를 시키기가 어려운 물건들도 많기 때문에 설명하면 알아듣는 사람이나 평소 연을 쌓아 놓은 사람에게 정보를 준다. 그러니 관심지역만 둘러보고 휑 하니 돌아올 게 아니라 부담 갖지 말고 여러 부동산중개사무실을 들러 보는 게 좋다. 그분들은 사실 시간은 많다. 손님들이 없기 때문에 자기가 가지고 있는 물건에 대한 개발상황을 열정적으로 설명해 준다.

여러 부동산중개사무실을 자주 들러보면 그 지역의 전반적인 상황은 그분들보다 더 잘 알게 된다. 그분들은 다 안다. 우리가 자기네 사무실만 들렀다가 돌아가는 게 아니고, 인근의 사무실을 다 들러 물건을 알아본다는 사실을 말이다. 그러다 정말 좋은 물건 소개와 정보를 주시면 식사를 대접한다. 커피나 아이스크림을 사들고 가면 그게 다 연이 되어 좋은 관계를 만들어 주게 된다. 그리고 결국에는 좋은 파트너가 된다.

부동산중개사무실을 방문할 때는 좀 뻔뻔해도 된다. 너무 수줍어하지 않아도 된다. 돈이 적어서 아님 너무 부동산에 대해서 모른다고 지레 주눅 들 필요가 없다. 우리는 초보자니까 그렇게 한발 한발 나가다 보면 어느새 조금씩 자신감이 붙고, 좋은 정보와 지식도 쌓여 간다. 태어날 때부터 전문가는 없다. 그렇게 도전하다 보면 어느새 전문가가 되어 있는 당신을 보게 될 것이다. 생각만 하는 당신이 필요한 게 아니라 행동하는 당신이 필요한 것이다. 34년 간 직장생활을 하면서 둘러보니 주식하는 사람도, 사업하는 사람도, 아파트 사는 사람도 아니었다. 많은 시간이 필요 없고 투자에 대한 판단과 기다리는 인내만 필요한 땅이 최고의 투자라는 것을 알았다. 10년을 기다릴 수 있다면 땅이 인생역전을 시킬 수 있다는 것에는 추호의 의심도 없다.

자기가 살 집은 어떠한 일이 있어도 사야만 한다. 전세나 월세는 화폐증 가율을 결코 당하지 못한다. 가끔씩 나타나는 부동산 폭락론자들에게 현혹되어 실물자산을 사지 않는 사람은 영원히 가난에서 벗어나지 못 한다. 부자들은 실천하는 사람들이지 생각만 하는 사람들이 아니다. 현 실이 되는 장수시대를 앉아서 지켜만 보고 있을 때가 아니라고 생각한 다. 부자들은 전부 땅을 가지고 있었다. 땅이 없는 사람들은 사업의 흥 망성쇠 시 사라졌다. 34년 간 직장생활을 하면서 둘러보니 주식하는 사 람도, 사업하는 사람도, 아파트 사는 사람도 아니었다. 많은 시간이 필 요 없고 투자에 대한 판단과 기다리는 인내만 필요한 땅이 최고의 투자 라는 것을 알았다.

박식한 중개사보다 땅을 사는 부자가 되라

'땅 투자' 하면 대부분은 어렵다고 한다. 정확한 가격을 알 수 없기도 하지만 언제까지 기다려야 할지를 판단하기가 어려워서일 것이다. 그러나 하나하나 알아가다 보면 자연스럽게 많은 것을 알게 된다. 조금 안다고 금방 가서 계약하는 그런 우를 범해서는 안 된다. 큰돈이 들어가는 만큼 관심지역을 먼저 정한다. 현장을 자주 가서 부동산중개사무실에 들러 변동사항을 체크하다 보면 상당한 정보를 접하게 된다. 부동산중개소사무실은 가능한 한 오래되고 경륜 있는 분들이 운영하는 곳을 추천 드린다. 젊은 사람들이 하는 경우는 그리 흔하지 않다. 부담 없이 들러서 관심을 보이면 자기가 알고 있는 것을 슬슬 이야기하게 된다. 물론 예상 투자금액을 있는 대로 알려주는 게 좋다. 투자금액이 많고 적음을 떠나서 다양한 토지들이 존재하는 것이다. 꾸준히 찾다보면 나한테 맞는 물건이 나타난다. 금방 투자하고 수익을 내는 것이 아닌 만큼 천천히 임장하고 체크하고 해도 늦었다는 법은 없다. 물건이 귀해서 금방 다른 사람이 가져갈 수 있다고 유혹해도 절대 넘어갈 필요가 없다. 좋은 물건은 항상 나오게 되어 있다. 돈이 급하게 필요한 사람은 늘 있게 마련이다. 급급매로 나오는 물건을 만나는 것도 큰 행운인 것이다.

부동산 공부를 하려고 하면 처음부터 낯선 용어에 주눅이 들 수 있다. 지목의 종류, 토지이용계획원, 등기부 등본 보기, 용도지역 구분 등 많다. 용도별 건폐율, 용적률 등 복잡하고 처음 듣는 용어에 기가 죽어 재미를 잃을 수 있다. 그런데 그런 것도 알면 좋지만 모르면 필요할 때 찾아보면 된다. 책을 보든지 의문이 갈 때 인터넷으로 알아보면 되는 문제다. 우리는 투자자이지 중개사가 아니지 않는가. 투자자는 큰 그림을 보면서 미래가치를 판단하고 투자를 결정하는 사람이다. 땅을 보고 미래가치를 정확하게 예측하는 것이 중요하다. 상업지로 변하기 전 땅은 그저 구렁도 있고 하천도 있으며 산도 있고 나무도 있다. 그런 곳이 개발이 되면 번화가가 되고 아파트가 들어서기도 한다. 잠실의 뽕나무밭 같은 곳이 지금의 강남 압구정 등 그런 번화가로 변한 것이다. 논과 밭이 도시로 변한 곳에서 살았기 때문에 처음에 땅을 보러 가면 뭐 이런 곳을 소개해 주나 싶을 때도 있다. 그러나 개발할 계획이 잡혀 있다면 문제는 없다. 국책사업이라면 그 계획은 어지간하면 실행된다. 계획이 실행되면 상전벽해가 일어난다. 산이 깎이고 도랑이 메워지고 도로가 생기면서 아파트도 들어서고 도시가 형성된다. 그런 일련의 과정을 직접 겪어본 사람이 있다면 그것은 분명 행운이다. 그런 도시가 형성되는 과정을 봤다면 개발계획이 서있는 현장에 갔을 때 느낄 수 있다. 발전된 도시를 상상하면서 현재의 구렁과 야산이 어떻게 변할지를 예측해 보고 미래가치를 판단하면 된다. 투자자가 중개사처럼 많은 것을 알 필요는 전혀 없다. 그럴 시간에 한곳이라도 더 발품을 팔아라.

요즈음은 공인중개사 시험도 거의 준 고시수준으로 어렵다고 한다. 우리 사무실에도 알게 모르게 퇴직 이후를 위해 공인중개사를 준비하는 사람들이 몇몇 있다. 합격하기가 쉽지 않은 모양이다. 공인중개사 자격증이 있으면 없는 것보다야 좋겠지만 공인중개사 자격증을 딸 만큼 박식할 필요는 없다. 땅을 계약할 때는 공인중개사가 준비해야 할 사항이 많다. 그것까지 투자자가 준비하는 것은 아니고 그럴 필요도 없다. 열심히 공부한 공인중개사분께서 하나 빠짐 없이 잘 챙기신다. 그래서 지역에 오래된 믿을 만한 부동산중개사무실과 친하게 지내는 것도 필요하다. 박식한 중개사를 믿어라. 확인할 중요한 사안들만 집중적으로 확인만 하면 되는 것이다. 부동산에 대해서 많이 알고 관련된 법령이나 개발계획을 많이 안다고 부동산 투자를 잘하는 것은 아니다. 내가 만나본 많은 중개사분들 중에 땅 투자를 직접적으로 하는 사람은 거의 없었다. 물론 중개사법에 의하여 투자를 하는 것이 불법이라지만 투자를 하기로 말하면 제일 완벽하게 하실 분들이다. 투자보다는 좋은 물건을 수요자에게 안내하여 많은 이익 창출을 돕는 것이 그분들의 임무다. 많이 안다는 것과 투자를 잘한다는 것은 차원이 다른 문제다. 쉽게 이야기하자면 분야가 틀린 것이다. 투자자는 상품을 사는 사람이고, 중개사는 좋은 상품을 많이 확보하여 투자자에게 가장 적합한 물건을 소개해 주는 사람이다. 문제없이 양도양수가 이루어지도록 하는 것이다. 우리가 차를 산다고 가정하면 보유자금에 맞추어 먼저 제조사를 선택하고 차종을 선택하면 된다. 차 엔진이 어떤지 타이어 사이즈가 어떤지는 필요할 때 체크하면 되는 것이다. 각종부품에 대해서 잘 알면 좋지만 몰라도 아무 상관이 없고 세세하게 알 필요도 없다. 그것과 마찬가지로 세세한 부분까지 공부하고 접근하려 한다면 현장도 보기 전에 포기할 수밖에 없다. 그것이 안타깝다. 진짜로 중요한 게 무엇인지 판단해야 한다.

　내가 만나본 중개사분들 중에 기억에 남는 중개사가 여러 명이 있다. 제일 처음 영종도에서 만난 중개사분이 있는데 영종대교에서 제일 가까워 가장 먼저 찾아간 부동산중개사무실이었다. 연세가 많으신 분인데 오직 한건이라도 중개할 목적으로 아무거나 막 소개하는 분이었다. 심지어 산속 도랑이 있는 아주 쓸모없는 땅을 소개해 주기도 했다. 한 분은 예쁘게 생긴 S공인중개사 대표이셨는데 진솔하고 솔직한 분이셨다. 그래서 실제로 2건이 거래로 이어졌다. 이 분은 굉장히 싼 물건을 잘도 구해 주셨다. 살 때는 이 분한테 맡기고 팔 때는 이 분에게 주면 안 될 것 같았다. 그런데 수완이 얼마나 좋으신지 물건도 쉽게 구하고 파는 것도 아주 빠르게 진행하시는 능력 있는 분이셨다. 아직도 조언을 주고받는 중개사분이다. 내가 가장 좋아하는 분은 영종도에 위치한 D공인중개사 대표다. 이 분은 건대를 졸업하셨고 분석력과 미래가치를 다른 지역과 비교 밀착 분석하는 등 홈페이지 운영이 돋보이시던 분이다. 아직도 좋은 관계를 유지하고 있다. 영종도를 들를 때마다 식사도 하면서 정보를 주고받고 하는 분이다. 좋은 부동산 중개인을 두는 것은 자산관리에 많은 도움이 된다. 친하고 진솔하게 지내는 것이 중요하다. 중개건수가 아닌 진정으로 부자가 되기를 기원하는 마음에서 물건을 소개해 주고 관리해 주는 그런 중개인을 만나는 것은 행운이자 복인 것이다. 부동산은 복이 있어야 한다. 그래야 자산이 늘어나게 되기 때문이다.

원주혁신도시에 와서 혁신도시 내 거의 모든 중개사 사무실을 들러 봤다. 비교적 진솔하면서 꽤 많은 물건을 갖고 있는 E공인중개사 대표는 처음 만날 때 상당한 고수의 품격이 느껴졌다. 나이는 많지 않았지만 부동산 외길에서 얻은 깊이 있는 내공을 가지신 분이다. 그는 부동산은 기다림의 미학이라면서 장기 투자가 답이라고 역설했다. 그래서 직장동료와 같이 그분과 저녁 식사를 하면서 혁신도시의 역사와 미래가치에 대해서 많은 이야기를 진지하게 나누었다. 지금은 원주혁신도시가 하나하나 모습을 갖추고 발전해 나가는 게 눈에 띌 정도로 발전하였다. 그는 초창기 때는 1년에 한 건도 계약을 못한 적이 있었다고 한다. 하지만 이제는 사람들이 많아졌다. 사람 사는 도시같은 느낌이 들어 내일을 많이 기대하는 것 같다.

   다음은 제가 존경하는 스승님이신 윤정웅 교수님이시다. 윤교수님은 수원대학교 부동산학과 교수님이시면서 평택에서 21세기 부동산 힐링캠프를 운영하신다. 처음으로 뵌 것은 한국경제신문 부동산 칼럼을 통해서였으며 구수한 입담과 삶의 깊이 있는 지혜의 말씀에 매료되어 교수님을 알게 되었다. 그래서 수원대학교 부동산학과도 다니게 되었다. 교수님은 부동산 칼럼뿐만 아니라 부동산 시장의 전망, 법률문제 등 부동산에 대한 다방면의 해박한 지식을 갖추셨다. 인생사 전반에 대한 질의에 대해서도 명쾌하고 빠른 답변을 주신다. 교수님의 칼럼은 수십만 명이 애독하고 있다. 교수님의 칼럼은 구수하고 오랜 세월의 경험과 애환을 엮어서 펼치기 때문에 십년이 넘도록 칼럼을 애독하고 있다. 그리고 내가 추측컨대 대한미국에서 최상위권 토지중개 실적을 올리는 것으로 알고 있다. 토요일에 수업이 있어서 직장 다니면서도 다니기에는 무리가 없었다. 어른 학생들은 토요일에 모여 점심을 함께 먹고 커피를 마시며 부동산 이야기, 돈 버는 이야기를 헤어질 때까지 한다. 돈 걱정을 해야 돈 걱정 없이 산다는 것이 맞는 말인 것 같다.

땅 투자는 지역을 선정하고 현장을 보면서 미래가치를 예측해야 한다. 확신이 섰을 때 투자를 할 것인가 말 것인가 결정한다. 장기로 갈 것인가 단기로 갈 것인가를 결정하는 것이다. 이것이 투자자의 몫이자 책임인 것이다. 디테일한 것까지 알아야 하는 박식한 중개사가 되는 것이 아니다. 큰 그림을 보고 미래를 상상하고 전망하여 올바른 땅 투자를 실행하여 부자로 행복하게 살아가는 것이다.

♥ Point

투자자는 큰 그림을 보면서 미래가치를 판단하고 투자를 결정하는 사람이다. 땅을 보고 미래가치를 정확하게 예측하는 것이 중요하다. 발전된 도시를 상상하면서 현재의 구렁과 야산이 어떻게 변할지를 예측하고 미래가치를 판단하면 된다. 부동산에 대해서 많이 알고 관련된 법령이나 개발계획을 많이 안다고 부동산 투자를 잘하는 것은 아니다. 많이 안다는 것과 투자를 잘한다는 것은 차원이 다른 문제다. 땅 투자는 지역을 선정하고 현장을 보면서 미래가치를 예측해야 한다. 확신이 섰을 때 투자를 할 것인지를 결정한다. 이것이 투자자의 몫이자 책임인 것이다. 디테일한 것까지 알아야 하는 박식한 중개사가 되는 것이 아니다.

땅보다
훌륭한 자산은 없다

땅은 자는 동안에도 올라서 좋다. 대부분의 땅은 시간이 지날수록 그 가치가 상승하게 된다. 통화량 증가와 도시화에 따른 개발압력으로 인해 땅의 가치는 오른다. 개발하여야 할 토지들이 그렇게 많이 남아 있지 않기 때문이기도 하다. 그러므로 땅을 많이 소유하고 있는 지주들은 점점 부자가 될 수 있다. 별다른 노력을 하지 않아도 보유하고 있는 땅 자체가 인플레이션과 국토개발에 따른 영향으로 땅의 가치는 늘 우 상향을 향해서 간다.

땅은 용도가 다양해서 좋다. 아파트면 아파트의 기능이 있고 오피스텔이면 오피스텔의 기능이 있다. 기능을 효율적으로 이용하려 해도 크게 다양화시키기에는 제한적일 수밖에 없다. 오피스텔은 주거기능과 사무실기능, 창고기능으로 사용할 수 있다. 그러나 땅은 다른 부동산과 달리 용도가 무한하다. 용도의 변화에 따라 건폐율과 용적률의 범위 내에서 농사를 짓거나 공장을 지을 수도 있고 아파트를 지을 수도 있다. 근린생활 시설을 지을 수도 있으며 여러 용도에 따라서 효율적으로 사용할 수 있다. 그리고 세월이 아무리 흘러도 그 용도는 항상 그 이상일 것이다.

땅은 절대로 배신을 하지 않아서 좋다. 땅은 움직이지 않는다. 누가 뭐라 해도 그 자리를 묵묵히 지킨다. 그래서 가격도 잘내리지 않고 우상향이다. 땅은 천년이고 만년이고 언제나 그 자리이다. 그러니 절대 변하지 않고 언제나 늘 그 자리를 지키는 땅만이 믿을 수 있는 것이다. 당신이 버리지 않는 한 땅은 당신을 위해 일할 것이다. 당신을 위해서 일만 할뿐 아무것도 요구하지 않는다. 그저 묵묵히 일만 할 뿐이다. 당신이 관심을 가지고 있든 말든 신경 쓰지 않는다. 그러나 땅은 당신이 관심을 가져준 것 이상으로 보답한다. 꺼진 곳에 복토를 한다든지 하천을 잘 메운다든지 경지정리를 하게 되면 언제나 그 이상을 돌려받는다.

땅은 더 만들어낼 수가 없어서 좋다. 천년 만년이 가도 땅은 늘릴 수가 없다. 그래서 땅은 믿을 수가 있는 것이다. 건물은 마구 지을 수가 있다. 필요에 따라서 필요한 만큼 더 지을 수가 있는 것이다. 그러나 땅은 늘 그대로다. 아무리 그 지역이 좋다고 해도 한정된 땅은 늘릴 수가 없는 것이다. 도시는 확장되고 건물이나 아파트 수는 늘어나지만 땅은 늘어나지 않는다. 누구도 더 늘릴 수 없기 때문이다. 우리나라 땅의 넓이는 딱 99,600km^2이다. 하천을 매립하든 바다를 메우든 무슨 짓을 해도 절대 넓이는 늘 그대로다. 그래서 좋다.

땅은 개별성이 있어서 좋다. 땅은 똑같은 것이 하나도 없다. 모양도 다르고 형태도 다르고 위치도 다르다. 그렇기 때문에 투자하기가 쉽지 않다. 그리고 도무지 가격을 정확하게 알 수가 없다. 같은 모양의 땅이 하나도 없기 때문에 그럴 만도 하다. 그렇기 때문에 가격을 알 수 있는 방법만 알면 투자가 어렵지 않다. 그 비밀을 알아내는 사람들이 부자가 되는 것이다. 지역 전문가들도 땅값을 정확하게는 모른다. 그것은 땅이 가진 개별성 때문에 어느 누구도 정확하게 정할 수 없기 때문이다. 그래서 더 매력이 있는 것이다. 가격을 알아내는 방법을 알면 투자하는 데 도움이 될 것이다. 정확한 값을 알 수 없어 망설이는 사람이 많을수록 그 비밀을 아는 사람은 블루오션 시장을 열어가는 것이다.

땅은 영속성이 있어서 좋다. 땅 위에 건물을 지었다 부수었다 하더라도 땅은 그냥 그대로인 채 있다. 또 천년 만년이 지나도 배신하지 않고 하나도 변하지 않은 채 그대로 존재하고 있다. 세상천지 이렇게 변하지 않는 게 또 있을까. 내가 변하지 않는 한 땅은 절대 변하지 않는다. 그래서 언제나 믿고 투자할 수 있는 것이다. 단지 외부상황에 따라 가치가 변화하는 것이지 본질이 변하는 것은 아니다.

땅은 불가역성이 있어서 좋다. 군대나 직장에서 계급이 있듯이 땅에도 계급이 있다. 가장 낮은 등급은 자연환경보전지역이다. 한 단계 더 높은 등급은 농림지역이다. 농림지역보다 한 단계 높은 관리지역이 있다. 다음은 최고 높은 단계인 도시지역이다. 이렇게 4단계 계급이 있다. 주변지역의 개발이나 개발압력으로 자연스럽게 자연환경보전지역에서 농림지역, 관리지역, 도시지역으로 한 단계씩 승진을 한다. 그런데 한번 승진을 하게 되면 좌천되는 경우가 없다. 한 단계씩 올라갈 때마다 땅값도 올라간다. 그러니 땅 투자는 사놓고 기다리기만 하면 되므로 그 어떤 재테크 수단보다도 좋다. 초기에 미래 전망이 밝은 곳을 싸게 사서 장기 보유하기만 하면 되는 것이다. 땅은 지금까지 살아오면서 오름을 한 번도 멈추지 않았다.

토지투자도 절세하는 방법이 있어서 좋다. 토지투자는 양도세가 많아 남는 게 없다고들 한다. 하지만 합법적으로 절세하는 방법도 많다. 농지 소재지에 거주하는 거주자가 취득일부터 양도일 사이에 8년 이상 계속하여 직접 자경한 토지를 양도하는 때에는 양도일 현재 농지인 경우 양도소득세 100%를 감면하고, 농어촌특별세 역시 비과세 적용을 받는다. 그리고 4년 이상 농지 소재지에 거주하면서 직접 경작한 농지를 양도하고 양도일부터 2년 이내에 면적 기준(종전 농지의 3분의 2 이상) 또는 가액 기준(종전 농지 양도 가액의 2분의 1 이상) 중 어느 하나를 충족하는 새로운 농지를 취득한 후 종전의 농지 소재지에 거주하면서 종전 농지를 경작한 기간과 새로 취득한 농지 소재지에 거주하면서 새로운 농지를 계속 경작한 기간을 합산한 경작 기간이 8년 이상인 경우에는 농지 대토 감면을 적용받는다.

땅은 소유할 수 있어서 좋다. 주요 선진국을 비롯한 우리나라는 개인이 부동산을 소유할 수 있는 권한이 있다. 우리나라를 포함한 20개국 이상의 국가들만이 사유재산을 인정받는다. 20여 개국을 제외한 나머지 나라들은 소유권을 인정해 주지 않기 때문에 부동산을 임차하여 사용한다. 그 대신 임차기간이 50년 정도로 비교적 긴 기간을 준다. 거의 사유재산과 같이 50년 간 임차를 받아 운영하다가 기간이 만료되면 재임차를 할 수 있는 장치는 있다. 사유재산을 인정해 주지 않는 나라의 일부 부유층은 해외로 눈을 돌려 소유권을 인정해 주는 국가에 투자를 한다. 그래서 중국을 포함한 일부 국가들의 부유층이 호주나 영국 등에 투자를 감행하여 부동산을 폭등시킨 일이 최근에 있었다. 그래서 호주에서는 중국인의 호주투자를 억제하였다. 그런데 우리나라는 사유재산을 인정하여 땅을 소유할 수 있으니 이 또한 좋지 아니한가.

또 땅은 감가상각이 없어서 좋다. 건물이나 자동차는 감가상각이 있어 공식적으로 자산의 가치가 떨어지는 것이다. 건물은 40년, 자동차는 7년 간 자산 가치를 감가상각 한다. 그 말은 건물은 40년 뒤에 자산가치가 0이 된다는 것이다. 그런데 땅은 감가상각이 없을 뿐만 아니라 오히려 가격이 오르는 귀중한 자산인 것이다. 그래서 땅보다 좋은 자산은 없다는 것이다. 명심할 일이다. 감가상각이 일어나는 소비성자산은 멀리해야 하는 이유이다.

땅은 정확하게 화폐증가율이 반영되어 좋다. 데이터를 보면 부동산 가격에는 화폐증가율이 예외 없이 잘 반영되었음을 알 수 있다. 화폐량증가가 부동산에는 엄청난 영향을 미쳤다. 지금도 행동하지 않으면 세월이 저만치 흐른 뒤에 또 후회를 할 것이다. 왜 그때 투자를 하지 않았는지를 말이다. 사업으로 부자가 된 것처럼 보여도 그가 갖고 있는 토지나 빌딩으로 인해 자산이 늘어났음을 알아야 한다. 긴 역사에서 알아차려야 한다. 인플레이션이 계속되는 상황에서 은행에 돈을 맡겨 놓고 마냥 앉아 있기만 한다면 부에 대해 세금을 물지 않더라도 눈앞에서 그 돈의 가치가 조금씩 줄어들어 마침내 아무것도 남아 있지 않게 될 것이다. 부동산이나 주식같은 실질자산에 투자하는 것만으로도 인플레이션이라는 세금은 충분히 완전하게 회피할 수 있다.

내 돈과 내 자산을 지키기 위해서라도 실물부동산에 투자를 하여야 한다. 그래야 온전히 내 노후를 내가 지킬 수 있는 것이다. 오늘의 1천만원으로 살 수 있는 땅은 내일이면 1천만원으로 살 수가 없다. 화폐량증가로 인해 화폐가치가 떨어지기 때문이다. 가난을 벗어나기 위해서는 하루라도 빨리 내 땅을 한 평이라도 갖자. 안 그러면 평생 죽어라 일해도 남는 게 없다. 우리는 스스로 움직여야 하는 것이다. 그렇지 않으면 우리는 언제까지나 가난의 굴레에서 벗어날 수 없기 때문이다. 땅을 사라! 땅보다 훌륭한 자산은 없다.

Point

땅은 자는 동안에도 올라서 좋다. 별다른 노력을 하지 않아도 보유하고 있는 땅 자체가 인플레이션과 국토개발에 따른 영향으로 그 가치는 늘 우 상향을 향해서 간다. 땅은 용도가 다양해서 좋다. 땅은 그 자리를 옮겨갈 수도 없고 옮겨올 수도 없다. 그래서 가격이 잘 내려가지도 않는다. 토지투자도 절세하는 방법이 있어서 좋다. 농지 소재지에 거주하는 거주자가 취득일부터 양도일 사이에 8년 이상 계속하여 직접 자경한 토지를 양도하는 때에는 양도소득세 100%를 감면하고, 농어촌특별세 역시 비과세 적용을 받는다. 또 땅은 감가상각이 없다. 늘 오르기 때문이다. 가난을 벗어나기 위해서는 하루라도 빨리 내 땅을 한 평이라도 갖자. 안 그러면 평생 죽어라 일해도 남는 게 없다.

나는 당신이
작은 땅이라도 가졌으면 좋겠다

　보건복지부가 2019년 7월 공개한 자료에 따르면, 한국인의 기대수명은 평균 82.7세로 2017년 기준 남성은 79.7세, 여성은 85.7세까지 살 수 있다고 한다. 박영숙, 제롬글렌 테드고든의 ≪유엔미래보고서 2025≫에서는 2030년이면 인간의 평균수명이 130세가 되고 2035년이 되면 영원한 수명 연장도 가능해질 수 있다고 전망했다. 미래는 나노로봇을 인간의 몸속으로 넣어 수술도 하고 항노화신약의 개발로 인간의 수명은 굉장히 늘어날 게 분명해 보인다. 인간이 130살까지 산다면, 40살에서 90살까지는 인생의 황금기라 생각된다. 어떻게 보면 이것은 눈부시게 발달한 과학이 준 선물인지도 모른다. 좋게 보면 늘어난 수명만큼 인생을 보다 여유 있게 설계 할 수도 있다.

김창경 한양대학교 과학기술정책학과 교수님은 유튜브를 통하여 놀랍게 발전하는 크리스퍼란 의학기술에 대하여 설명하셨다. 김교수님은 재수가 없으면 200살까지 산다는 제목의 유튜브 강연에서 밝혔다. 몇 년 전에 유전자를 치료할 수 있는 크리스퍼란 유전자가위가 발명되었다. 병이 발병하기 전에 병의 근본 원인을 치료할 수 있기 때문에 무병장수할 수 있다고 한다. 이 유전자가위는 암, 에이즈 등 불치병도 쉽게 치료할 수 있다고 했다. 시력도 2.0으로 올려주고 대머리도 유전자 치료로 없앨 수도 있고 IQ도 높일 수 있다고 했다. 체력도 강철같이 만들 수도 있다고 한다. 섬뜩하기도 하지만 값이 저렴하여 많은 사람들이 부담 없이 혜택을 볼 수 있을 것이라 했다. 의학계에서는 다들 그렇게 전망하고 있다.

이 신기술은 인류의 미래 먹거리를 해결해줄 수도 있다고 한다. 육질이 풍부한 소나 돼지, 닭 등 축산의 생산성을 획기적으로 개선시킨다. 미래의 먹거리 제공으로 기아 개선과 삶의 질도 빠르고 풍부하게 개선시킬 수 있다 하니 기대가 된다. 전문가들은 향후 바이오산업이 아마존, 구글, 애플, 페이스북 등 인터넷을 기반으로 하는 산업보다 더 번창할 수도 있다고 전망한다. 바이오산업은 장기골드 트랜드라고 많은 분들이 이야기한다. 바이오산업과 더불어 로봇, 인공지능, 나노산업도 인간이 살아가는 데 많은 도움을 주리라 생각된다. 1인 1로봇 시대는 정말 빠르게 우리 곁으로 오고 있다. 인공지능까지 탑재한 로봇은 장애가 있어 불편하신 분에게 꼭 필요하다. 위험한 장소에도 사람을 대신하여 일들을 하듯 많은 변화가 있으리라 본다.

100세시대, 돈이 돈을 버는 구조를 만들어라

장수시대는 우리가 어떻게 대처하느냐에 따라서 행복하고 즐거운 여정이 될 수도 있고, 아니면 긴 세월을 억지로 연명하면서 죽지 못해 살아야 할 수도 있다. 오늘 하루를 어떻게 살아가느냐에 따라서 우리의 노년이 많이 달라지리라 본다. 축복으로 생각되는 장수시대도 쾌락을 추구하고 귀한 시간을 소홀히 보내게 되면 늙도록 일을 해야 할지도 모른다. 2017년 통계청이 발표한 60세 이상 노인부부들의 70%가 쉬고 싶어도 쉴 수 없다고 한다. 장수시대의 어두운 그늘도 있다는 냉엄한 현실을 직시하여 하루라도 먼저 장수시대를 대비해야 행복한 삶을 영위하리라 본다. 평균수명이 늘어나게 되면 병원치료 비용이 자연히 늘어나게 될 것이다. 그러니까 보험을 들 때도 늘어나는 수명을 감안하여 넉넉하게 최대한 길게 100세 이상까지 보장 받을 수 있도록 해야겠다.

늙어서 고생하지 않으려면 젊고 건강할 때 돈을 벌고, 그 돈을 이용하여 돈이 돈을 버는 구조를 만들어야 한다. 워런 버핏은 "잠자는 동안에도 돈이 들어오는 방법을 찾지 못한다면 당신은 죽을 때까지 일을 해야만 할 것이다"라고 늘 이야기했다. 나이가 들면 노동으로 수입을 창출하기는 점점 어려워지게 된다. 그러니 돈이 알아서 일을 하게 하는, 돈에 대한 공부를 하지 않으면 돈으로 인한 경제적 문제로부터 자유롭지 못할 것이다. 한 살이라도 젊었을 때, 그리고 근로소득이 있을 때 차곡차곡 자산을 쌓아, 그 자산이 나를 대신하여 일하게 하여야 될 것이다.

인플레이션이 계속되는 상황에서 은행에 돈을 맡겨 놓고 마냥 앉아 있기만 한다면 부에 대해 세금을 물지 않더라도 눈앞에서 그 돈의 가치가 조금씩 줄어들어 마침내 아무것도 남아 있지 않게 될 것이라 했다. "부동산이나 주식같은 실질자산에 투자하는 것만으로도 인플레이션이라는 세금은 충분히 완전하게 회피할 수 있다" 라고 피케티는 지혜를 알려주었다. 세계 각국의 정부가 경제 활성화를 위해 시중에 돈을 풀게 되면 인플레이션이 발생한다. 통화당국이 지나친 인플레션이 되지 않도록 관리를 하겠지만 시중에 풀린 자금은 화폐가치를 떨어뜨리게 되어 가격이 올라가는 것처럼 보인다. 실질적으로는 화폐가치의 하락이라고 보면 된다. 그러니 통장 속의 돈은 눈앞에서 가치가 차츰차츰 줄어들어 소비를 하지 않았는데도 소비한 것과 같이 사라져 가는 것이다. 종자돈을 모으기 위해서는 일정기간 단시간에 자동계좌이체를 통한 방법으로 모으는 것도 괜찮다. 그러나 장기적으로 목돈을 통장에 맡기는 것은 심각히 고려해 봐야 한다. 피케티의 말대로 부동산이나 주식같은 실물자산에 투자를 하여 화폐량증가로 인한 피해를 막아야 한다. 아니 내 자산을 정부정책에 대응하여 지켜내야 한다.

피케티는 여러 선진국들의 자본의 흥망성쇠를 근 300년 간의 방대한 자료를 통해 밀착 분석했다. 자본에 관한한 존경할 만한 대가다.

부동산과 주식을 볼 때 부동산은 안정적이다. 그러나 주식은 사실 그다지 안정적인 투자가 아니다. 왜냐하면 주식으로 돈을 번 사람이 거의 없기 때문이다. 주위를 둘러보아도 주식으로 돈을 벌었다는 사람보다는 거의가 엄청난 자산적 손실을 입은 사람들이 아주 많다. 한국의 샐러리맨들이 어렵게 살아가는 이유도 주식으로 돈을 벌 수 있을까 해서 누구나 한번쯤은 시장에 참여했다 실패했기 때문이다. 언제나 마이너스 실적만 있으니 좋은 투자 수단은 아닌 것 같다. 그 덕분에 한국의 샐러리맨들은 아끼고 아껴서 피같은 종자돈을 주식시장이 삼켜버려 자산증식을 어렵게 했다. 개인투자자가 산 종목은 어쩌면 그렇게 마이너스 손이 작용하는지 알 수가 없다. 신기할 정도로 비참하게 만든다. 그래서 부동산을 사야 한다.

부동산도 여러 종류가 있다. 그러나 그 중에서도 땅은 정말 믿음직한 재테크 수단이다. 내 자산을 지켜줄 든든한 일꾼이라는 것은 추호의 의심도 없다. 대부분의 부자들은 부자라서 땅을 산 것이 아니다. 땅을 사서 부자가 된 것이다. 언론이나 세미나나 강연이나 친목모임에서나 어디에 개발정보가 있다는 소리를 들으면 시간이 있을 때 놀러가는 기분으로 현장을 둘러보고 정보도 알아볼 필요가 있다. 주변상황이나 정보의 진위가 어느 정도 윤곽이 나타나면 시세가 저렴할 때 아주 싼 가격으로 조금은 넓은 땅을 사서 가져갔으면 한다. 국책사업이라면 확률은 아주 높다고 보아야 한다. 정부주도 사업은 가장 안정적이라고 볼 수 있다. 그렇게 투자를 해 놓으면 언젠가는 큰 보상을 받을 것이다. 투자를 할 때는 반드시 전문가 두세 명한테 자문을 받는 게 좋다. 혼자 판단하고 결정하는 우를 범하지 않길 바란다. 전문가가 그냥 전문가가 아닌 것이다. 다 실력이 있고 믿을 수 있다고는 볼 수 없기 때문에 두세 사람 정도면 어느 정도 안정적으로 볼 수 있다. 아는 전문가가 없는데 어디서 물어본단 말인가 하고 반문할 수 있는데 다수의 땅 거래를 성공적으로 해본 사람이면 전문가다. 아는 지인이나 친척 중에 성공한 사업가분이나 아주 부자인 분은 거의 전문가다. 부자들은 거의 대부분 땅이 많다. 그래서 많이 알고 전망도 잘하고 정보도 많다. 그런데 아주 경계해야 할 전문가는 잘 살지도 못하는 사람이 전문가라고 말하는 사람이다. 이런 사람한테는 자문을 받으면 안 된다. 아무리 많이 알아도 자문을 받으면 안 된다. 성공한 경험이 많아야 한다. 성공한 경험도 없고 부자도 아닌 경우는 사기꾼이기 때문이다. 현재 상태에서 부자인 사람에게 자문을 받아야 한다. 과거의 부자는 안 된다. 그 또한 사기꾼이 되었을 가능성이 있기 때문이다. 겉치레가 부자가 아닌 실질적인 알부자를 말하는 것이다. 그리고 부동산 중개인 중 성실하고 진실한 분들의 자문을 참고하는 것도 괜찮다. 부자 중개인이면 더 좋다. 부자들은 돈을 보는 눈이 다르다. 그들의 눈은 늘 미래를 향해 있기 때문이다.

    땅은 투자기간을 적어도 10년 이상으로 생각하는 게 좋다. 그러면 반드시 보답하게 된다. 신문지상이나 언론에서 어디가 뜨고 폭등한다는 것은 10년 전에 들어가서 진을 치고 기다린 사람들의 잔치라고 보면 된다. 금방 사서 일확천금을 노려서는 안 된다. 길게 보고 투자하고 다른 생업에 종사하다보면 전화벨이 울릴 것이다. 땅을 팔라고 하면 그게 축복의 신호탄인 것이다. 이렇게 생각하면 더 좋다. '내 생전에 안 되면 자식 대에는 되겠지.' 그러면 만사 OK다. 그런 사람을 땅도 축복해 줄 것이다. 그렇게 생각해 주는데 땅도 반드시 보답해 준다. 땅의 축복을 받길 바란다. 그래서 나는 당신이 작은 땅이라도 가졌으면 좋겠다.

Point

    2017년 통계청이 발표한 60세 이상 노인부부들의 70%가 쉬고 싶어도 쉴 수 없다고 한다. 장수시대의 어두운 그늘도 있다. 한 살이라도 젊었을 때, 그리고 근로소득이 있을 때 차곡차곡 자산을 쌓아. 그 자산이 나를 대신하여 일하게 하여야 한다. 인플레이션이 계속되는 상황에서 은행에 돈을 맡겨 놓고 마냥 앉아 있기만 한다면 부에 대해 세금을 물지 않더라도 눈앞에서 그 돈의 가치가 조금씩 줄어드는 것과 같다. 부동산 같은 실질자산에 투자하는 것만으로도 인플레이션이라는 세금은 충분히 회피할 수 있다. 부동산도 여러 종류가 있다. 그러나 그 중에서도 땅은 정말 믿음직한 재테크 수단이다. 대부분의 부자들은 부자라서 땅을 산 것이 아니다. 땅을 사서 부자가 된 것이다. 그래서 나는 당신이 작은 땅이라도 가졌으면 좋겠다.

나는 돈이 없어도
땅을 산다

"겨울에 밀짚모자를 사고 여름에는 밍크코트를 사라"는 말들을 한 번씩은 들어 보았을 것이다. 밀짚모자나 밍크코트는 여름이나 겨울이나 그 자체의 본질적 가치는 변하지 않는다. 단지 계절에 따라서 그것의 수요가 많아졌다, 적어졌다 할 뿐이다. 밀짚모자는 겨울에는 아무도 거들떠보지도 않지만, 여름이 되어 한여름 불볕더위가 찾아오면 드디어 본연의 가치를 인정받게 된다. 날씨가 아주 더워지거나, 수요가 많은 해변가같은 곳에서는 그 본래의 가치 이상으로 귀한 몸이 된다. 그래서 한겨울에 밀짚모자를 싸게 사서 한여름에 제값을 받고 팔게 되면 많은 수익을 볼 수 있다.

가치투자에 대한 이해를 좀 더 쉽게 설명하자면, 여기에 아주 디자인도 세련되고 밍크 품질도 좋은 밍크코트가 있다고 가정해 보자. 밍크코트의 생산단가, 광고비, 기업이익 등을 고려했을 때 200만원에 판매하는 게 적정하다. 그러면 그 가치는 200만원이라고 볼 수 있다. 그런데 추운 겨울이 와 한파가 몰아치게 되면 밍크코트 특유의 보온성과 세련된 디자인으로 공급보다 수요가 많아지게 된다. 가격은 자연히 오르게 되어 300만원이라 해도 팔린다. 밍크코트는 본질적인 가치인 200만원보다 고평가 되었다고 볼 수 있다. 그러나 여름이 되면 공급에 비해 수요가 급격하게 줄게 되어 찾는 사람이 없다. 이럴 때 밍크코트 회사는 공장운영과 직원들의 임금을 해결하기 위해 가격을 대폭 낮추어 100만원 정도로 공급을 한다. 그럴 땐 본질적인 가치인 200만원보다 아주 싸게 팔게 된다. 이때 사둔다. 가치 이하에서 사서 보유하고 있다가 가치를 제대로 평가받을 수 있을 때 팔면 많은 수익을 얻을 수 있다. 이것이 워런 버핏이 늘 주장하는 '가치에 투자하라'는 것이다.

이럴 경우에는 사실상 리스크는 제거된 상태라고 보면 된다. 계절이라는 것은 갑자기 바뀌지 않기 때문이다. 비교적 안전한 투자라고 볼 수 있다. 잘 알다시피 1997년 11월에 우리나라가 국가부도 위기를 맞았다. 우리나라 기업들의 해외부채 증가와 대 일본과의 불편한 관계에서 채무 연장을 해주지 않아 국가부도 위기에 직면하게 된 것이다. 정부는 국제통화기금인 IMF에 자금을 빌려 만기가 돌아온 해외부채를 해결하였다. 이때 실질적인 상황은 국가가 망하는구나 싶을 정도로 자금이 돌지 않았다. 하루에도 수백 개의 기업이 부도가 났다. 그리고 대출이자도 하루가 다르게 오르더니 1금융권 이율이 26%까지 치솟기도 하였다. 달러 가치는 800원에서 1,800원까지 치솟았다. 그당시 주식이나 부동산시장은 극도의 불안과 공포로 인해서, 주식은 거의 70% 가까이 폭락을 하였고 부동산 가격도 거의 절반수준으로 떨어졌다. 일부 사람들은 라면과 물을 사재기할 정도로 시장과 사회의 분위기는 험악하고 불안했다. 미리 국가부도 위기를 감지한 일부 사람들은 현금을 동원하여 달러를 샀고 고점에 이르자 이를 다시 되팔아 상당한 이익을 챙겼다. 나라의 경제 사정이 불안해지면 안전자산인 금, 달러, 엔화가 크게 오르는 이유도 같은 맥락이다. 이때 가치투자에 대한 이해와 정보를 가지고 있던 일부 가치투자자들은 강남으로 달려가 반값으로 떨어진 아파트나 토지를 구입하였다. 말은 쉽지만 시장의 공포로 모두가 움츠리고 겁에 질려 있을 때, 가치투자를 한다는 것은 그리 쉬운 일은 아니다.

그러나 가치는 언젠가는 제대로 된 평가를 받는다는 소신으로 가치투자를 실행한 현명한 투자자들은 그에 걸맞는 상당한 보상을 받았다. 일부 전문가들이 말하기를 경제가 공포에 질려 있어 불안으로 떨때 투자를 하면 평소보다 10배는 돈 벌기가 쉽다고 한다. 여러분이 알다시피 우리 국민들은 대단한 국민이다. 나라가 부도 위기에 직면하자 금 모으기 운동과 집안에 있던 외화를 모두 들고 나와 국가부도를 막기 위한 대국민 운동에 적극 참여했다. 그렇게 하여 IMF로부터 거의 3년 만에 많은 것을 안정화시켰다. 300포인트까지 떨어진 주가 지수는 1,000포인트까지 회복되었다. 달러 가치도 1,000원 정도로 안정화되었다. 끝 모르게 떨어질 줄 알았던 아파트, 토지 시장도 거의 회복이 되었다. 많은 사람들이 실직과 기업 부도로 고통을 겪었다. 금융시장의 구조조정과 기업의 무차별 외화부채 문제는 안정되었다. 불안한 금융은 시스템적으로 체크되고 관리되는 큰 성과도 있었다.

그러나 가장 큰 수혜를 본 사람들은 시장은 반드시 회복된다는 확신을 갖고 일부 가치투자를 실행한 분들이다. 우리나라의 IMF상황과 유사한 예로 미국에서도 2007년도에 발생한 서브프라임 모기지사태가 있다. 서브프라임 모기지사태는 미국에서 발생하였지만 그 영향력은 대단해 전 세계가 미국과 거의 동시에 혼란스러운 상황으로 빠졌다. 그 당시에도 주식이나 부동산 시장은 폭락을 하게 되었다. 그러나 전 세계적으로 자금을 푸는 화폐양적완화 정책으로 세계가 하나같이 협력하여 사태를 수습하였다. 그 당시에도 시장의 공포를 이기지 못하는 사람들의 투매로 주식시장과 부동산시장은 폭락에 폭락을 거듭하였다. 그러나 세계적인 가치투자의 대가인 워런 버핏만이 나 홀로 주식을 쓸어 담고 있었다. 세계의 모든 이목이 그의 투자 성과에 지대한 관심들을 갖고 지켜보았다. 시장이 워낙 공포로 휩싸여서 많은 사람들이 이번만은 결코 쉽게 회복되지 않으리라 보고 워런 버핏의 패배를 전망했다. 그러나 결과는 여러분도 잘 알다시피 가치투자를 기본으로 하는 정석같은 그의 투자가 가장 큰 수혜를 입었던 것이다.

글로벌 시장은 항상 여러 변수들이 조화를 이루고 상호작용을 하면서 성장해 간다. 그러나 영국의 브렉시트 문제나 미중패권전쟁, 한일 무역 분쟁 등 여러 문제들로 인해 예기치 않은 방향에서 위기가 촉발될 수도 있다. 끝없이 추락하는 경제상황, 주식시장의 붕괴, 부동산시장의 폭락 등 동시다발적으로 발생하게 되면 여지없이 시장은 공포에 휩싸인다. 그리고 자금시장이 경색되고 대량 실업과 부도사태 등이 발생하여 도저히 복구될 것 같지 않은 상황으로 몰리게 된다. 그러나 그러한 시장 상황도 글로벌 시장의 단결된 노력으로 거의 3년 만에 해결되었다. 세계적인 협력노력도 대단하다. 이럴 때 적합한 투자 금언이 있다. "시장이 공포에 휩싸여 있을 때는 탐욕을 부리고, 시장이 탐욕스러울 때는 공포를 느껴라." 그렇다. 가치투자의 기본은 가치를 정확하게 분석하는 능력이다.

시장은 위기인 동시에 기회이기도 하다. 그러니 우리는 폭락론자에게 속지 말고 시장에 적극적으로 참여하여야 한다. 그렇지 않으면 인플레이션에 내 자산이 먹힐지도 모른다. 그러니 돈이 없더라도 땅 투자를 위한 현장 답사나 부동산 시세를 꾸준히 추적 체크해야 한다. 한편으로는 자동계좌이체를 통한 종자돈을 꾸준히 만든다. 그러다 내게 맞는 물건이 나왔을 때는 적극적으로 검토 분석하여 투자를 감행하는 것이다. 은행의 존재 이유는 투자자에게 대출을 해주는 커다란 설립목적이 있다. 자기가 감당할 수준의 자금은 은행대출로 레버리지를 일으켜 투자를 하는 것도 규모의 경제에서는 필요하다. 꼭 내 수중에 있는 돈만으로 투자하려고 하면 절대로 잘 할 수가 없다. 우리나라의 화폐증가율은 연평균 7~8% 수준이다. 우리의 임금 인상률은 2~3% 이다. 돈을 벌어서 실물자산을 살 수 있을 것 같은가? 어려운 문제다. 역사가 증명했다. 노동생산성은 자본생산성을 절대로 따라가지 못한다는 것을 명심해야 한다. 여기 마음에 드는 5,000만원짜리 땅이 있다고 하자. 그런데 내 수중에는 4,000만원 밖에 없다. 일 년을 죽어라 벌어서 5,000만원을 가지고 내년에 가면 그 땅이 5,000만원으로 그대로 있을 확률은 거의 없다. 우리가 벌어들인 돈보다 땅값은 더 올라 있을 가능성이 높다. 거의 5,300~5,400만원이 되어 있을 것이다. 자본생산성은 늘 높기 때문이다. 책에서 만나본 부자들 중 절반은 부채를 좋아하지 않았고 자수성가한 절반의 부자는 부채를 활용하여 자산을 불리는 것을 권장하였다. 이것은 호불호가 있어서 강요할 수 있는 문제는 아니다. 단지 우리가 감내할 정도의 수준이라면 부채를 활용해 보라는 것이다. 1원 한 푼이라도 부채가 싫다면 하면 안 된다. 하지만 부채를 어느 정도 감내할 수 있다면 과감하게 시도해야 한다. 실행으로 움직일 때 결실을 얻을 수 있다.

나는 비교적 마이너스 통장을 많이 활용한다. 일단 마음에 드는 물건이 나타나면 내가 가진 돈과 마이너스 통장을 활용하여 매수를 한다. 그러고 나서 마이너스 통장을 메운다. 그래서 늘 마이너스 통장은 비어 있다. 땅이 주는 매력에 빠져서 그렇다. 땅은 늘 자리를 지키며 화폐량의 증가를 거뜬히 소화하기 때문이다. 지금이 아닌 10년 20년 뒤에 커다란 결실을 가져다 줄 땅을 사랑한다. 소문만 있을 때는 땅이 싸다. 그 대신 결실을 보기까지는 오래 기다려야 한다. 그러나 착공을 한다든지 건물이 올라가면 벌써 가격은 비싸져 있다. 비싼 대신 짧은 기간에 적은 수익은 얻을 수 있다. 안전하고 확실하다. 그러나 남는 게 없고 이익도 많지 않다. 그러나 소문은 있는데 움직임이 없으면 가격은 싸다. 기다리는 시간이 장난이 아니다. 그러나 기다리는 것이 좋다. 돈은 없지만 기다리면 되기 때문에 난 오늘도 땅을 보러 간다.

Point

겨울에 밀짚모자를 사라. 그리고 여름에는 밍크코트를 사라. 가치 이하에서 사서 보유하고 있다가 가치를 제대로 평가받을 수 있을 때 팔면 많은 수익을 얻을 수 있다. 이것이 워런 버핏이 늘 주장하는 '가치에 투자하라'는 것이다. "시장이 공포에 휩싸여 있을 때는 탐욕을 부리고, 시장이 탐욕스러울 때는 공포를 느껴라". 가치투자의 기본은 가치를 정확하게 분석하는 능력이다. 시장은 위기인 동시에 기회이기도 하다. 돈이 없더라도 땅 투자를 위한 현장 답사나 부동산 시세를 꾸준히 추적 체크해야 한다. 소문은 있는데 개발움직임이 없으면 가격은 싸다. 그러나 기다리는 시간이 장난이 아니다. 돈은 없지만 기다리면 되기 때문에 난 오늘도 땅을 보러 간다.

평범한 땅 부자의 비밀노트

얼마가 있어야 부자라고 생각하느냐는 질문에 대체적으로 많은 답변은 40억원이라고 한다. 어느 누구에게도 구속받지 않고 자유롭게 자기결정권을 가지며 마음대로 지출해도 전혀 부담이 없을 때가 대체로 40억원 정도라고 한다. 그리고 부자가 어떻게 되었는지에 대한 대답은 사업, 상속, 저축, 재테크, 월급 등의 순위로 나타났다. 총자산이 얼마정도 있어야 부자라고 생각하느냐는 질문에 10억원 이상이라고 한 응답자가 40%, 20억원 이상이라고 한 응답자가 20%였다. 이렇듯 사람에 따라서 부자의 기준은 달라질 수 있다. 그리고 개인의 수입과 자산은 늘 비례하여 증가하지도 않는다. 많은 고소득자들이 파산하는 경우가 허다하고 고소득자 중 일부는 수익이 단절되었을 때 바로 노숙자가 되는 경우도 흔하게 보았을 것이다. 부자를 정하는 정확한 기준은 없다. 일반적으로 돈에 전혀 구애를 받지 않고 살아갈 때가 자산이 평균 40억원 정도일 때란다. 40억원은 적지 않은 자산의 규모이다. 그러나 부자는 모든 사람들의 로망이다. 외형적으로는 부자를 싫어하는 것처럼 보이지만 부자로 사는 것은 모든 사람들의 희망이다.

부의 기준도 시대 상황에 따라 상당히 유동적이라 생각한다. 사실 정확한 기준이란 없다. 조사하여 발표하는 기관들에 따라 차이가 있을 수 있다. 그러나 옛날부터 흔하게 부자라고 하면 백만장자를 떠올릴 수 있다. 백만장자는 어떻게 보면 대한민국의 부자 기준에 맞는 것 같다. 상위 10%의 순자산이 11억원 정도이니까 백만장자라고 볼 수 있겠다. 또 다른 기준으로 부자란 자기가 하고 싶은 일을 아무 때나 할 수 있는 사람이다. 항상 수입이 지출보다 많은 사람을 부자라고 할 수 있다. 사람이 살아가는 데 부가 전부는 아니다. 하지만 하기 싫은 일을 노예처럼 하고 사는 것은 아니다. 자기가 하고 싶은 일을 언제든지 할 수 있는 부자로 사는 게 좋은 것이다.

돈의 속성을 알아야 돈이 모인다

열심히 근검절약하고 노력하여 부를 모으려면 돈의 성질에 대해서도 잘 알고 있어야 된다. 돈은 늘 수익성, 안정성, 유동성에 따라 움직인다. 돈은 수익이 생기는 곳에는 귀신같이 모이는 경향이 있다. 떼이지 않는 안전한 곳에 모이는 성질도 있다. 그리고 원할 때 바로 바로 현금화할 수 있는 곳에 모이는 성격을 가지고 있다. 돈의 성격을 알아야 돈을 다스릴 수 있다. 돈도 세상의 이치대로 자기를 사랑하는 사람한테 간다고 한다. 그러니 돈을 아껴주고 사랑해주어 들어온 돈이 나가지 않게 해야 한다. 그리고 돈이 돈을 벌어오게 만들어야 한다. 돈이 들어오면 아끼고 사랑하여 쉽게 나가지 않도록 보살펴야 한다. 오래 머물면서 숙성되어 불어나게 해야 한다. 우선 당장 수입의 10% 이상을 자신을 위하여 투자하여야 한다. 먼저 자기에게 투자해야 한다. 10%는 거의 느끼지 못할 정도의 규모다. 체감하기 어려운 이 10%의 효과는 실제로 생활에 적용해 보면 아주 큰 효과를 볼 수 있다. 지금 당장 여러분의 실수입에서 10%를 저축한다 해도 생활에 별 지장을 주지 않는다. 그렇게 적게나마 시작하여 종자돈을 만들어 나가야 한다. 금수저로 태어났다면 몰라도 한 단계 부를 키우기 위해서 반드시 필요한 과정이다. 누구에게 의지할 수도 없다. 반드시 자동계좌이체를 통한 종자돈 마련을 추천한다. 쉽고 게으른 방법처럼 보이나 그 운영의 힘은 무엇보다도 세다. 어떤 의지도 자동계좌이체 방법을 이기지 못한다. 인간이 발명한 방법 중 종자돈을 모으거나 부자가 되는 가장 쉬우면서도 강력한 힘이 있다.

자신을 위해 돈을 써라

많은 사람들이 말하기를 항상 근검절약하면서 사는데도 돈은 항상 부족하단다. 저축할 돈이 없다고 푸념들을 많이 한다. 아마 거의 모든 사람들이 다 그럴 것이다. 그러나 먼저 자기에게 투자를 하고 남는 돈으로 생활하여야 한다는 것이다. 그러나 많은 사람들은 남을 위한 투자를 먼저 하기 때문에 자기에게 투자할 돈이 없게 된다. 대부분은 수입이 생기면 카드대금에 전월세, 통신비, 외식비, 정부에 세금을 먼저 주고 나면 남는 게 별로 없다. 정작 자신을 위한 투자를 할 수 없는 상황이 생기는 것이다. 남을 위해 지출하고 남는 돈을 모으려고 하니 거의 불가능하게 돈이 모이지 않는다. 돈을 모으고 싶다면 당장 수입의 10% 혹은 20% 이상을 자신을 위한 종자돈부터 저축하고 남는 돈으로 생활하는 습관을 들여야 한다. 그렇지 않으면 돈 모으는 일은 요원할 것이다. 쓰고 남는 돈으로 저축한다는 말은 저축을 하지 않겠다고 말하는 것과 같다. 단지 방법을 반대로 할 뿐이다. 먼저 저축하고 남는 돈으로 쓰게 되면 아주 효과를 거둘 수 있다.

일전에 신문기사에서 봤는데, 비교적 잘 나가는 골드미스가 직장에서 업무적으로 스트레스를 받아 직장을 그만두려 하였다. 막상 집 어치우려 하니 직장생활 6년 만에 남은 것이라고는 오피스텔 보증금밖에 없더란다. 그렇다고 돈을 펑펑 쓴 것도 아니고 적은 연봉도 아닌데 이게 무슨 엿같은 인생이란 말인가 자괴하면서 밤새 울었단다. 스트레스를 많이 받아 그곳에서 일하고 싶지 않았지만 당장 그만두지 못하는 초라한 자신을 용납할 수가 없었단다. 부끄러움과 수치심으로 밤잠을 설친 후 마음을 모질게 먹고 자기 월급의 70%를 자동계좌이체를 걸어두어 먼저 저금을 하였다. 그리고 남는 돈으로 살아가기로 결심을 하였단다. 마음을 다잡아 지름신도 없애고, 수전노같은 생활로 3년을 모은 결과 1억이라는 종자돈을 모았단다. 자기 딴에는 늘 아껴 쓰고 남는 돈을 모으면서 검소하게 살았다고 생각하였단다. 그렇지만 돈을 모으지 못한 종전의 6년과 저축을 먼저 하고 남는 돈으로 생활한 3년과의 차이를 비교했을 때 성과는 거금 1억원의 차이가 생겼다는 것이다. 작은 차이, 작은 실천이 모여서 큰 성과를 만든다.

이와 같은 시행착오를 겪지 않으려면 목표가 있어야 한다. 목표 없이 사는 사람은 목표를 가지고 살아가는 사람을 위해서 일해야 한다. 무엇보다 중요한 것은 목표를 구상하였다면 반드시 적어서 수첩에 넣고 다니면서 자주 확인하고 마음을 다잡아야 한다는 것이다. 반드시 목표를 써야만 한다. 1979년 하버드대학교 경영대학원을 졸업하는 학생들을 대상으로 실시한 조사결과를 보면 삶의 목표가 무엇이냐를 묻는 질문에 졸업 후 여행을 다녀와서 목표를 설정하겠다는 학생이 84%였고, 목표는 있으나 글로 쓰지 않고 마음속에 갖고 있었던 학생이 13%였다. 그리고 구체적인 목표와 단계별 계획을 글로 적은 3%의 학생이 있었다. 그로부터 10년 후 이들의 삶을 추적해본 결과 84%는 그저 평범한 삶을 살고 있었다. 목표는 있으나 글로 쓰지 않고 마음속에 갖고 있었던 13%의 학생들은 84%의 평범한 사람들보다 2배 이상의 소득수준을 가지고 있었다. 구체적인 목표와 단계별 계획을 글로 적은 3%의 학생들은 나머지 97%의 사람들과 비교 시 10배 이상의 수입을 갖고 있었다고 한다. 빈자와 부자는 여러 면에서 확연한 차이를 드러낸다. 목표를 가졌느냐 갖지 않았느냐 글로 적었느냐 적지 않았느냐가 무엇보다 큰 영향을 주었다. 명확한 목표가 있으면 일의 진행 속도나 성과에서 많은 차이를 가져온다. 그 차이가 쌓여서 엄청난 결과를 가져오게 되는 것이다. 목표가 행동을 이끌어 열심히 살게 만들기 때문이다.

종자돈을 만들고 때를 기다려라

목표달성을 위하여 열심히 모으면서 살면 궁색해 보일지 모르지만 불어나는 예금 잔고를 생각하면 늘 든든하다. 종자돈은 어느 누구도 만들어 주지 않는다. 아끼고 절약하여 한푼 두푼 모아야만 한다. 부를 창출하는 방법은 무수히 많다. 우리에게 주어진 많은 시간들을 꾸준히 활용하고 늘 목표를 염두에 두고 생활한다면 상당한 부를 갖게 될 것이다. 종자돈이 만들어지는 동안 부동산재테크 관련 책도 보자. 세미나나 강연도 찾아다니면서 여러 정보들을 모은다. 정보들을 분석하고 체크하면서 관심지역을 선정하여 꾸준하게 체크한다. 그리고 마음에 드는 개발호재구역에 매물이 결정되면 전문가와 상의하여 투자를 결정한다. 종자돈의 규모에 맞추어 땅을 사놓고 세월을 기다린다. 땅은 환금성은 부족하나 가격이 내려가는 경우가 드문 비교적 안전한 투자다. 땅이 주는 상당한 시세차익의 매력으로 말미암아 부자들은 거의 다 상당히 많은 땅을 보유하고 있다. 사업상 필요하여 마련한 땅이지만 화폐량증가를 그대로 흡수하여 땅값이 올라 부자가 된다. 그리고 사업상 위기가 찾아와도 땅은 보험적 성격으로 사업을 지켜내는 또 다른 장점도 있다.

부자가 되려면 토지에 대한 관심과 애정을 가져야 한다. 토지는 화폐증가량을 그대로 흡수함으로써 인플레이션을 가장 잘 방어한다. 토지는 아파트와 달리 정해진 가격이 없어 투자에 어려움은 있다. 그렇지만 꾸준한 관심과 관련도서를 통해 지식을 습득하고 강좌나 세미나를 통해 실력을 키워 나간다면 그렇게 어렵지 않다. 좋은 정보가 포착되면 믿을만한 전문가와 충분히 상의해 투자에 대한 확신이 생겼을 때 투자를 실행하여 결실을 누리면 된다. 자격증 따는 노력의 반만 들여도 상당한 수준의 경지에 도달한다. 오를 수 있는 땅 투자로 밝은 미래를 맞이하라. 그 과정에 평범한 땅 부자의 비밀이 있는 것이다.

♥ Point

돈은 늘 수익성, 안정성, 유동성에 따라 움직인다. 부자들은 돈의 성격을 잘 알고 다스린다. 부자들은 돈을 모으기 위해 먼저 자기에게 투자를 하고 남는 돈으로 생활을 한다. 부자들은 분명한 목표를 가지고 있다. 분명한 것은 반드시 목표를 써야만 한다는 것이다. 빈자와 부자는 여러 면에서 확연한 차이를 드러낸다. 목표를 가졌느냐 갖지 않았느냐, 목표를 글로 적었느냐 적지 않았느냐가 무엇보다 큰 영향을 주었다. 명확한 목표가 있으면 일의 진행속도나 성과에서 많은 차이를 가져온다. 세미나나 강연도 찾아다니면서 여러 정보들을 모은다. 정보들을 분석하고 체크하면서 관심지역을 선정하여 꾸준하게 체크한다. 이런 과정들에 평범한 땅 부자의 비밀이 있는 것이다.

50년 간 땅값이 3,000배 오른 곳이 대한민국이다

롯데그룹이 서울 명동과 잠실 일대에 보유한 토지 가격이 급등하면서 25조원 규모의 차액이 발생했다는 것을 앞에서 언급했었다. 롯데그룹이 해당자산을 취득한 시기는 1969~1989년이다. 취득가격에 비해 62배나 급등한 것이다. 공시가격이 아닌 시세로는 1,871억원을 투자하여 27조 4,491억원이 되었다. 취득 가격과 비교하면 무려 147배나 오른 것이다. 토지 가격 급등에 따라 롯데그룹의 차익 규모는 25조 8,000억원 수준이다. 이는 토지에 부과되는 종합부동산세를 제외한 금액이다. 25조는 2020년 우리나라 예산의 5%에 해당하는 숫자이다. 147배가 올랐다고 하는데 이것은 급등한 것이라고 보기는 어렵다. 어지간하면 그렇게 올랐다. 1억원을 투자하였다면 147억원이 된다. 7억원을 투자하였다면 1,029억원이 된다. 이것이 규모의 경제다. 그래서 부자들은 값이 쌀 때 은행대출을 발생하여 조금 더 넓게 산다. 그래서 수익을 극대화시키는 것이다. 그리고 하루라도 빨리 시장에 진입하는 것이 더 많은 수익을 창출하는 것은 어쩌면 당연한 결과인지도 모른다. 초기시장 진입은 싸게 골라잡을 수 있다.

얼마 전, 5년 만에 땅값이 100배 상승했다고 뉴스를 달군 적이 있다. 세계적 컨설팅사인 맥킨지가 2025년까지 세계 7대 부자도시가 될 도시들을 발표했는데 1위 카타르 도하, 2위 노르웨이 베르겐, 3위 노르웨이 트론헤임, 4위 한국 화성시, 5위 한국 아산시, 6위 독일 라인루르, 7위 중국 마카오가 차지했다. 이 중 화성이 4위로 뽑히면서 관심을 끌었다. 삼성뿐만 아니라 현대, LG 등 대기업체가 들어가 있는 등 개발이 대대적으로 진행되고 있는 영향이 크다고 볼 수 있는 곳이다. 그래서인지 경기도 화성시 반송동 일대 땅값이 2004년에 공시지가가 51,800원이었던 것이 2009년에 5,200,000원으로 올라 5년 만에 무려 100배나 상승하였다. 화성 동탄 메타폴리스 근교의 토지다. 아산이 5위를 차지했다. 주위에 대형 산업단지가 많고 평택항과 가깝다는 지리적 이점이 있기 때문이다. 평택항은 중국과 가장 가까운 교역항으로 우리나라 제1위의 항구로 자리할 수 있을 정도로 대대적으로 개발 중이다. 화성, 평택, 아산은 평택을 중간에 두고 세계 4, 5위권 자리를 잡은 형세다. 얼마 가지 않아 이들 삼각벨트는 근접거리의 개발로 인한 상호작용으로 지가 오름세가 상당기간 이어질 가능성이 높다.

2025년에 세계 7대 부자도시가 우리나라에 두 곳이나 예상된다니 아주 고무적이고 꿈만 같은 일이다. 분명 그리 될 것이다.

10년 전쯤 공기업 경영평가를 본격적으로 받기 전에 사전 설명을 위해 평가위원들을 찾아다니면서 설명을 드려야 했던 적이 있다. 지금은 단체로 지정된 곳에서 여러 기관이 한 번에 사전설명회를 한다. 하지만 그때는 그렇지 않고 일일이 위원들을 찾아다니면서 설명을 하여야 할 때다. 그 당시 영남대학교에 평가위원 한 분이 계셔서 관리본부장과 회사 관련팀장들이 영남대학교를 방문하게 되었다. 약속시간보다 일찍 도착하여 기다리고 있을 때 영남대학교 출신인 관리본부장께서 말씀하시길 옛날에는 교정 앞에 보이는 땅이 논과 밭이었다 했다. 그런데 지금은 상전벽해가 일어나 많은 논밭들이 너무나 변하고 몰라볼 정도라 했다. 그 당시 논밭은 평당 몇 천원이라 했다. 그런데 지금은 전부 수백만 원이란다. 어림잡아 4,000배가 올랐다. 땅은 사놓고 긴 시간을 기다리다 보면 팔라고 하는 사람들이 하나 둘 있다. 지금은 개인정보보호 때문에 함부로 못하지만 얼마전만 해도 공인중개사 무실에서 문자로 연락이 온다. '우리 고객 분께서 사장님이 소유하고 계신 땅에 관심이 많습니다. 혹여 관심이 있으시면 연락해 주시면 고맙겠습니다.' 땅 투자는 사놓고 생업에 종사하고 있으면 된다. 땅 부자들은 늘 이렇게 투자한다. 부자들은 돈이 생길 때마다 땅을 사둔 것이 어느 날 큰돈이 되었다고 한다. 그렇게 한 것이 그들을 부자로 만들어 주었다.

한국은행에 따르면 한국의 m^2당 평균 지가는 1964년 19.6원에서 2013년 58,325원으로 2,976배가 올랐다. 경제개발이 본격화한 1964년과 2013년 한국의 평균 땅값 차이다. 같은 기간 명목 토지자산 가액은 1조 9,300억원에서 5,848조원으로 3,030배 증가했다. 국내총생산(GDP) 성장 속도(1,933배)보다 훨씬 가팔랐다. 쌀(50배), 연탄(56배), 휘발유(78배)같은 생필품 가격 변화와 비교하면 차이가 더 크다. 산업화·도시화에 따른 개발에 '부동산 투기'라는 사회적 현상이 더해진 결과다. 한국을 '부동산 공화국'이라 부르는 이유다. 이런 상황은 지금도 마찬가지다. 국부의 89%를 부동산이 차지한다. 여전히 현금보다 부동산 보유가 부의 척도이자 관리법이다. 조태형 한은 경제통계국 팀장은 "1968년 이후 경인고속도로, 경부고속도로같은 도로 설비와 산업단지 인프라가 확충됐고 강남 개발도 본격화되며 땅값이 상대적으로 크게 올랐다"며 "1980년대 후반 등 소위 '3저 호황'으로 주택가격이 급등세를 나타낸 점도 1991년 지가 상승률이 정점을 찍은 데 영향을 줬다"고 설명했다. 1968년(59.8%), 1989년(38.9%) 지가 상승률이 크게 높았던 것도 같은 이유에서였다. 지가가 하락한 시점은 1990년대 초반과 1998년 외환위기 두 차례다. 1990년대 초반엔 1980년대 주택가격 폭등에 따른 기저효과와 정부의 토지초과이득세, 공시지가 제도 도입과 같은 규제가 영향을 미쳤다고 한은은 분석했다.

땅값은 지속적으로 오르기는 해도 이렇게 엄청나게 상승하리라고는 생각지 못했다. 땅값이 골고루 올랐다고 보면 된다. 그러나 땅 가격의 속성상 아무 곳에나 오르지는 않는다. 하여 아무 곳에나 사면 다 오르는 것은 아니라는 것을 알아야 한다. 내가 살았던 깡촌의 논밭도 지금은 평당 몇 십만원씩 한다. 수백 배는 올랐다고 봐야 한다. 그러니 많이 오른 곳은 상상이 가지 않을 정도로 올랐을 것이다. 문제는 사람들이 이제까지 올랐으니까 지금은 오르지 않을 것으로 생각할 수 있다는 것이다. 그러나 토지 가격은 그냥 조용히 있지를 않는다. 화성의 예만 보아도 10여년 남짓 전이다. 그런데도 5년 만에 100배가 올랐다. 물론 행운을 가졌던 분들이 그 수혜를 보았을 것이다. 근자에 화성 연쇄살인사건 문제로 그 일대 땅값에 대한 기사에서 보면 화성 일대가 신도시 개발과 전철 · 도로 개발 등으로 평당 1,000원이었던 땅값이 300~500만원에 거래된다고 한다. 3,000배에서 5,000배가 올랐다. 그 기사를 본 많은 분들은 씁쓸하거나 분통이 터졌을 수도 있다. 열심히 살았는데 왜 이렇게 가난하기만 할까 불평불만이 있을 수 있다. 그것을 해결할 수 있는 방법은 달리 없다.

노동으로 벌어들이는 수입은 언제나 자본으로 벌어들이는 수익을 따라갈 수 없다는 것을 하루라도 빨리 깨달아야 한다. 300년 이상을 연구한 결과에서 증명된 사실이다. 노동생산성은 절대 자본생산성을 따라갈 수 없다. 계속 가난하게 살고 싶지 않으면 하루라도 빨리 종자돈을 만들어내 땅 한 평이라고 사야 하는 것이다. 불평불만으로 해결되는 것이 아니다. 빨리 깨달아 행동하고 실천해야 한다.

지금 바로 행동하라

욜로다 소확행이다 하면서 진정한 행복을 찾는다고 거기에 신경을 더 많이 쓰고 있을 때, 앞으로 당신이 일해야 하는 시간은 그에 비례해서 점점 늘어나게 될 뿐이다. 빠른 시장 진입만이 유일한 탈출구다. 젊은이들이 욜로를 외칠 때 뭐라 이해시킬 수가 없었다. 현재 자신의 행복을 가장 중시하고 소비하는 태도를 뭐라 할 수가 없다. 젊음도 한때니까 금방 철이 들 것으로 믿는다. 대한민국의 건실한 젊은이들이니까. 어느 정도 즐겼으면 이젠 시작해야 한다. 한 번도 가보지 않은 장수시대에 욜로와 소확행을 조금씩 양보해야 할 때다.

대한민국도 ㎡당 평균 지가가 1964년 19.6원에서 2013년 58,325원으로 2,976배가 올랐다. 같은 기간 명목 토지자산 가액은 3,030배나 증가했다. 이렇듯 땅은 정확하게 화폐증가율이 반영된다. 지금도 행동하지 않으면 세월이 저만치 흐른 뒤에 또 후회를 할 것이다. 은행에 돈을 맡겨 놓고 마냥 앉아 있기만 한다면 부에 대해 세금을 물지 않더라도 눈앞에서 그 돈의 가치가 조금씩 줄어들어 마침내 아무것도 남아 있지 않게 된다. 부동산이나 같은 실질자산에 투자하는 것만으로도 인플레이션이라는 세금은 충분히 완전하게 회피할 수 있다고 했다. 그렇다. 내 돈을 내 자산을 지키기 위해서라도 실물부동산에 투자하여야 한다. 그래야 온전히 내 노후를 내가 지킬 수 있는 것이다. 오늘 천만원으로 살 수 있는 땅은 내일이면 천만원으로 살 수가 없다. 하루라도 빨리 내 땅을 한 평이라도 갖자. 그리고 느긋하게 기다리자. 50년 간 땅값이 3,000배가 오른 나라가 대한민국이다. 그 저력을 믿어보자.

Point

한국은행에 따르면 한국의 ㎡당 평균 지가는 1964년 19.6원에서 2013년 58,325원으로 2,976배가 올랐다. 경제개발이 본격화한 1964년과 2013년 한국의 평균 땅값 차이다. 같은 기간 명목 토지자산 가액은 1조 9,300억원에서 5,848조원으로 3,030배 증가했다. 국내총생산(GDP) 성장 속도(1,933배)보다 훨씬 가팔랐다. 쌀(50배), 연탄(56배), 휘발유(78배)같은 생필품 가격 변화와 비교하면 차이가 더 크다. 땅값은 지속적으로 오르기는 해도 이렇게 엄청나게 상승하리라고는 생각지 못했다. 이렇듯 땅은 정확하게 화폐증가율이 반영된다. 하루라도 빨리 내 땅을 한 평이라도 갖자. 그리고 느긋하게 기다리자. 50년 간 땅값이 3,000배가 오른 나라가 대한민국이다.

3장

초보자도
바로 땅을 살 수 있는
7단계 비법

땅 조금만 알면 월급쟁이도 부자 될 수 있다

　꿈을 이루는 가장 좋은 방법은 목표가 있어야 한다는 것이다. 가슴으로 느끼고 손으로 적고 발로 뛰어야 한다. 꼭 글로 적어야 한다는 것을 잊지 말자. 목표에 초점을 맞출 때 성과가 차츰차츰 당신에게로 다가올 것이다. 굳건한 목표는 여러분의 항해에 든든한 길잡이가 될 것이다. 예를 들어 당신이 미국을 가기로 작정하고 비행기 조종석을 잡았다고 하자. 비행하는 도중에 강한 기류에 흔들릴 수도 있을 것이다. 앞도 보이지 않는 먹구름을 만날 수도 있을 것이다. 그럴 때는 일시적으로 궤도를 약간씩 벗어날 수도 있을 것이다. 미국으로 간다는 목표가 확실하게 서 있다면 도중에 만나는 문제는 문제가 아니다. 문제를 만나더라도 명확한 목표가 있다면 금방 목표대로 방향을 잡게 된다. 그렇게 궤도가 수정되면서 멈추지 않고 나아간다면 당신은 미국에 도착하게 될 것이다. 하지만 명확한 목표가 없다면 어떻게 될까. 기류의 흐름을 따라 목표나 목적지 없이 이리저리 폭풍우에 휩쓸리면서 나아갈 것이다. 결국에는 연료가 바닥나 어딘가에 추락하든지, 낯선 땅에 착륙할 것이다. 그만큼 명확한 목표설정이 중요한 이유이기도 하다. 명확한 목표, 그것이 당신의 인생항로를 지켜줄 것이다.

목표를 정하고 늘 생각하고 행동하라

흔들리지 않는 의지로 기필코 목표를 달성해야 한다. 그날까지 쭉 힘차게 나아가 소망하는 모든 것을 달성해야 한다. 측정할 수 있고 달성해야 할 날짜를 가진 명확한 목표를 적어서 가슴속에 간직하고 추진하여야 한다. 그렇게 하였을 때 엄청난 생활의 변화와 성과들로 만족한 삶을 살게 된다. 지금 바로 실행해야 한다. 3일 이내에 목표를 적어 가슴에 품고 다니지 않으면 과거와 결별하지 못한다. 그저 그런 삶을 살게 된다. 선택과 결단이 필요한 시간이다. 부디 목표 없이 살아온 과거와 결별하고 흔들리지 않는 목표 설정으로, 밝은 미래와 손잡고 행복하고 축복받는 삶을 살아가길 바란다. 탐험가 존 고다드는 열다섯살이던 어느 날 나일강 탐험, 킬리만자로산 등반, 비행기 조종사 등 127개의 목표를 글로 적었단다. 그가 인생의 목표를 적은 지 40년 만에 비행기 조종사가 됨으로써 목표를 거의 다 이루었다 한다. 나일강 탐험, 킬리만자로산 등반, 비행기 조종사 등 어느 것 하나 예사롭지 않았다. 글로 적어 놓고 늘 목표를 생각하고 또 생각했다. 그렇게 함으로써 실천방법을 찾게 되었다. 그것이 습관이 되고, 신념과 믿음이 되어서 그 많은 목표들을 달성하게 된 것이다.

　나는 당신의 목표 중에 땅 한 평이라도 갖고자 하는 목표가 있기를 바란다. 우리는 급변하는 시대에 살고 있다. 현실로 다가온 장수시대, 이것이 축복인가, 비극인가를 두고도 말들이 많다. 그러나 현실적으로 굉장한 속도로 인간의 수명은 늘어나고 있다. 우리 주변을 둘러보아도 확연하게 수명이 늘어나고 있다. 그것에 대한 아무런 대비가 없다면 장수시대는 축복이 아니라 비극이라고 보아야 할 것이다. 우리가 장수시대를 어떻게 대처하느냐에 따라서, 오늘 하루를 어떻게 살았느냐에 따라서 행복하게 사느냐, 아니면 죽지 못해 사느냐가 판가름난다. 통계청이 발표한 자료에도 우리나라 60세 이상 노인부부들의 70% 정도가 쉬고 싶어도 쉴 수 없다고 한다. 장수시대의 어두운 그늘이다. 이런 비극적인 일도 있다는 냉엄한 현실을 직시하여야 한다. 하루라도 빨리 장수시대를 대비해야 한다. 늙어서 고생하지 않으려면 젊고 건강할 때, 돈을 벌어 그 돈이 돈을 버는 구조로 만들어야 한다. 나이가 들면 노동으로 수입을 창출하기가 점점 어려워진다. 그러니 돈이 알아서 일을 하게 하는 구조로 만들어야 한다. 한 살이라도 젊었을 때, 근로소득이 있을 때 차곡차곡 쌓아서 노후를 대비하여야 한다.
　노후대비보다도 더 월급쟁이들을 위협하게 될 인공지능 로봇이 온다. 인공지능 로봇들이 대거 개발될 것으로 보여 정부 차원의 대책이 있어야 한다. 우리도 마음을 단단히 먹고 준비해야 할 것이다. 2025년이면 인공지능 로봇들이 대거 등장할 것으로 전문가들은 보고 있다. 인공지능 로봇들이 현재의 일자리를 40% 이상 대체할 수 있다고 하니 걱정하지 않을 수 없다. 인공지능 로봇의 등장도 무시할 수 없는 위협이지만 자율주행차도 편리한 대신 많은 일자리를 대체하게 될 것은 자명한 일이다. 교사, 기자, 회계사, 변호사, 통역사 등 수많은 자리가 그들로부터 위협을 받을 것으로 전망된다. 또한 세계 최저의 출산율은 기성세대를 떠받쳐줄 역할에도 많은 공백이 올 것으로 보여, 연금만 믿고 마음 놓고 여유 있게 살기에는 뭔가가 불안해 보인다. 처음으로 걸어가는 역사다. 장수시대와 4차 산업시대, 그리고 최저 출산율 등 몇 중고를 헤쳐 나갈 지혜가 어느 때보다도 요구된다. 그러나 너무 걱정할 필요는 없다. 미리미리 조금씩 대비를 하면 알차고 행복한 세상이 될 것이다. 위협과 기회가 공존하는 시기이다. 현명한 판단으로 슬기롭게 대처하자.

실물 부동산에 투자하고 때를 기다려라

'지피지기면 백전백승'이라 했다. 대비해야 할 상대는 장수시대라는 것을 알고 있다. 그러나 정작 알아야 할 나를 잘 모르는 경우가 많다. 현재 상황에서 밀려오는 파고를 견디기에 충분하다면 문제될 게 없다. 그러나 그렇지 않다면 미리 준비를 해야 한다. 자신이 잘 아는 분야에 노력을 집중하여 대비하는 것도 좋은 방법이다. 그러나 딱히

대책이 손에 잡히는 게 없다면, 땅 투자를 하라. 재산증식 수단으로는 땅 투자만한 것이 없다는 생각이 든다. 34년 동안 직장생활을 하면서 둘러보니, 주식하는 사람도, 사업하는 사람도, 아파트 사는 사람도 아니었다. 많은 시간을 필요로 하는 게 아니다. 투자를 하고 세월을 기다리는 인내만을 필요로 하는 땅 투자가 최고라는 것을 알았다. 10년 이상을 기다릴 수 있다면 땅이 인생역전을 시킬 수 있다는 것에는 추호의 의심도 없다. 우리나라의 m^2당 평균 지가가 1964년에서 2013년까지 50년 동안 2,976배나 올랐다. 같은 기간 명목토지자산 가액은 3,030배 올랐다. 지금 행동하지 않으면 또 세월이 흐른 뒤에 후회를 할 것이다. 은행에 돈을 맡겨 놓으면 돈의 가치가 조금씩 줄어들어 마침내 아무것도 남아 있지 않게 된다. 내 돈과 내 자산을 지키기 위해서라도 실물부동산에 투자를 하여야 한다. 그래야 온전히 내 노후를 내가 지킬 수 있다. 하루라도 빨리 내 땅 한 평이라도 갖자. 그리고 느긋하게 기다리자. 50년 간 땅값이 3,000배가 오른 명백한 증거를 우리나라는 갖고 있다. 땅을 사라고 정부가 나서서 홍보하지 못하는 것을 대신한다.

내 재산을 지켜주고 키워줄 사람은 이 세상에 없다. 우리 스스로가 빨리 터득하고 알아가야 한다. 어렵다고 생각하면 어렵고, 쉽다고 생각하면 쉬운 것이다. 심각한 상황이 다가오기까지는 아직 많은 시간이 있다. 장수시대를 대비해야 할 시간이 아직은 많다는 뜻이다. 지금부터라도 토지투자 관련 서적을 읽어 보자. 그리고 각종 경제신문이나 언론사에서 주최하는 재테크 강연회도 다녀보자. 배움을 즐기면 늙지도 않는다 하였다. 찾아보면 유 · 무료 강연회와 세미나도 많다. 소풍 가듯이 무료 세미나나 강연회에 참가해 보자. 감이 오기 시작하면 유료 세미나나 강연회도 가끔씩 참여해 보자. 유료는 깊이가 있고 집중도가 높아지는 장점이 있다. 그리고 TV에 나오는 부동산 방송도 드라마 보듯이 자주 즐겨 보자. 그러면 어느새 준전문가 수준의 실력을 갖추게 될 것이다. 부동산 중개인처럼 많이 알 필요가 없다. 그렇게 알려고 하면 토지를 보러 가기도 전에 질리게 된다. 많이 아는 것과 투자를 하는 것은 별개의 문제다. 제발 휴일에도 회사 걱정일랑 하지 마라. 휴일에까지 회사를 걱정하지 않아도 회사는 잘 굴러간다. 오히려 회사 구성원이 열심히 노력해서 부자로 살아가는 것을 회사는 싫어할 이유가 없다. 당당하게 맡은 바 업무를 열심히 하는 직원은 못사는 직원이 아니다. 자산이 뒤를 든든하게 받쳐주는 사람이 더 성과를 낸다는 것을 회사는 알고 있다. 회사는 노력하는 직원을 더 좋아한다. 오히려 자기계발 없이 늘어지는 직원을 좋아할 리 없다. 자기계발로 당당하게 업무를 하는 직원을 선호한다.

토지투자 준비가 되어 있으면 현장으로 가보자. 어디서부터 시작할까. 부자들은 첫째도 입지, 둘째도 입지라 했다. 입지와 좋아하는 지역, 관심 있는 지역을 중심으로 정확한 정보와 여러 주변의 상황들을 철저히 분석해 보자. 현장을 여러 번 다녀보면 자연히 어느 정도 감을 잡을 수 있다. 여러 부동산중개업소도 자주 들러보자. 자주 다니다 보면 그 지역의 전반적인 상황을 많이 알게 된다. 부동산을 방문할 때는 좀 뻔뻔해도 된다. 너무 수줍어하지 않아도 된다. 투자할 돈이 적다고, 아니면 부동산에 대해서 너무 모른다고 지레 주눅이 들 필요가 없다. 우리는 초보자니까 그렇게 한발 한발 나가다 보면 어느새 조금씩 자신감이 붙고, 좋은 정보와 지식도 쌓여가게 된다. 그러다 마음에 드는 물건을 만나게 되면 전문가와 상의하여 투자를 해보자. 종자돈의 규모에 맞추어 땅을 사놓고 세월을 기다려라. 그러면 세월이 당신을 부자로 만들어줄 것이다.

Point

내 재산을 지켜주고 키워줄 사람은 이 세상에 없다. 지금부터라도 토지투자 관련 서적을 읽어 보자. 그리고 각종 경제신문이나 언론사에서 주최하는 재테크 강연회도 다녀보자. 무료 세미나나 강연회에 참가해 보자. 감이 오기 시작하면 유료 세미나나 강연회도 가끔씩 참여해 보자. 그리고 TV에 나오는 부동산 방송도 자주 즐겨보자. 그러면 어느새 준전문가 수준의 실력을 갖추게 될 것이다. 토지투자 준비가 되어 있으면 현장으로 가보자. 입지와 좋아하는 지역, 관심 있는 지역을 중심으로 정확한 정보와 여러 주변의 상황들을 철저히 분석해 보자. 여러 부동산중개업소도 자주 들러보자. 그러다 마음에 드는 물건을 만나게 되면 전문가와 상의하여 투자를 해보자. 그러면 세월이 당신을 부자로 만들어줄 것이다.

땅 투자는 공부가 아니라 실행이다

'구슬이 서 말이라도 꿰어야 보배'라 했다. 개인이나 단체나 회사는 어떤 일을 실행하기 전에 계획을 구상하고 검토를 한다. 수많은 계획들이 검토로만 끝나고 사라지는 경우가 많다. 사업이나 투자의 부적격성으로 인해 계획을 버리는 것은 당연하다. 그러나 절차가 좀 복잡하다는 이유로, 아니면 귀찮다는 핑계로 좋은 투자 건을 미루는 것은 기회를 잃게 되는 것이다. 기회가 왔을 때, 그것을 끈질기게 물고 늘어져 미흡한 부분은 보완하고 확인해야 한다. 수집된 정보들을 집중적으로 분석하여 가부를 결정해야 한다. 가부가 결정되면 즉각적으로 실행을 추진해야 한다. 기회라는 것은 그렇게 자주 오는 것이 아니다. 그렇다고 다시는 기회가 없다는 것도 아니다. 모든 투자에는 시기가 중요하다. 고급정보의 유효기간은 그리 오래가지 않는다. 좋은 정보는 찾기도 힘들지만 옥석을 가리기도 쉽지는 않다. 정말 좋은 투자정보라고 해도 그것을 실천하는 사람은 얼마 되지 않는다. 그렇기 때문에 부자들은 많지 않다. 부에 대한 열정을 다하는 사람들이 많다면 부자는 지금보다는 훨씬 많을 것이다. 그러나 부자는 그렇게 많지 않다. 세계 부자 84명의 자산이 전 세계 자산의 50%를 차지한다. 사실 부자가 된다는 것은 쉬운 일이 아니다. 부자가 되고 싶다는 열망이나 의지가 없다면 부자는 결코 되지 못한다. 저절로 부자가 된 사람은 유산을 상속 받은 사람을 제외하고는 없다. 부자에 대한 열망이 아주 중요한 요인임은 분명하다. 항상 부를 생각하고 부에 대한 열의가 있을 때 부자가 만들어지는 것이다. 부에 대한 관심이 없는 사람에게 좋은 정보나 투자물건은 관심 밖의 일이 된다. 부자가 아닌 사람들은 자기가 하고 싶지 않은 일도 해야만 하는 게 현실이다. 돈에 영혼을 팔아야 하고 미래는 늘 불안하다. 비굴하게 살지 않으려면 부를 모아야 한다. 그런 마음으로 무장이 되어 있을 때 누군가에게 좋은 정보나 투자물건 제안이 오면 관심을 갖고 적극적으로 보게 된다. 물론 기획부동산이나 근거 없고 믿을 수 없는 정보라면 무시해야 한다. 그러나 귀한 정보의 가능성이 있다면 현장 확인 등 정보를 확인하는 노력이 반드시 따라야 한다.

좋은 정보나 물건도 가만히 앉아 있으면 들어오지 않는다. 소중한 사람들과의 만남이나 부동산 관련 동호회나 세미나, 강연 등을 통해서 수집되어진다. 수집된 정보를 확인하고 검토한 후 실행을 하는 것이다. 그저 검토만 하고 실행을 하지 않으면 부가 알아서 찾아오지도 않는다. 정보에 대해 확인할 수 있는 모든 것을 체크하여 미래가치가 충분하다면 실행을 주저해서는 안 된다. 실행을 마음먹었으면 자금 계획을 체크하고 문제가 없다면 투자를 실행한다. 미래가치가 있고 그 분야에 식견이 있는 전문가의 의견이 좋다면 실행을 늦출 이유가 없다. 항해를 위해 항구를 박차고 나가는 것이다. 물론 100% 완벽한 사업은 없다. 완벽한 계획도 서다 가다를 반복한다. 그런 것에 대한 경험들이 쌓여서 투자근육이 만들어지기 때문에 결코 밑지는 장사는 아니다. 기필코 성공을 이루어내는 분석과 계획 추진으로 완벽한 성공을 이루시길 바란다. 그러나 설혹 실패하였다고 해도 좌절할 필요도 없다. 그 실패는 반드시 성공을 끌고 온다. 다방면에 대한 경험은 인생을 살아가는 데 정말 다양한 위기나 기회의 상황에서 우리를 지혜롭게 지켜내게 된다.

실패도 경험이다

나는 2006년도에 거여·마천 뉴타운지역에 무허가 건물을 산 적이 있다. 무허가 건물이지만 조합원 지위만 확보되면 되기 때문에 문제는 없었다. 그러나 무허가란 것만으로 그 가치가 저평가되어 있어서 싸게 구입할 수 있었다. 그러나 재개발사업법이 바뀌면서 무허가 건물 소유주에 무조건 주어지던 입주권이 무허가건물과 무허가건물이 점유해 있는 토지의 주인이 다를 경우 조합원 입주권이 1장만 주어지는 것으로 바뀌어 2018년도에 청산을 당하는 쓰라린 경험을 한 적이 있다. 그러나 오랜 기간 동안 무허가 건물을 가지면서 그래 인해 많은 소중한 경험들을 하게 되었다. 정상적인 물건만 다루었다면 겪지 않을 많은 경험을 하게 되었다. 그 중에 지금도 기억에 남는 충격적인 경험 하나는, 위례신도시 입주권과 관련하여 비닐하우스와 벌통도 입주권이 주어진다는 것이었다. 무허가 건물은 1981년 12월 31일 이전에 세워진 건물이라는 확인을 받으면 법적으로 보호를 받을 수 있다. 그러나 비닐하우스와 벌통도 일정 요건만 충족하면 입주권을 준다는 것이었다. 황당하다는 생각까지 들었다. 그러나 그것도 재산권을 가지는 입주권으로 거래를 한다는 것이 내겐 정말로 충격이었다. 우리가 일반적으로는 생각지도 못한 것들이 상품으로 시장에 거래가 된다는 것이 놀라웠다. 아는 만큼 보인다는 것을 그때서야 알았다.

그런 경험을 접하다 보니 살아가는 데 많은 도움이 되었다. 왜냐하면 투자금이 많지 않은 사람은 투자금을 줄이기 위해 여러 가지 노력을 하게 된다. 남들이 꺼리는 물건, 결국 저평가 받을 수밖에 없는 물건에 관심을 가지게 된다. 값이 거의 절반 수준이니까 법적으로 문제만 없다면 그것은 아주 효과적이다. 거의 절반가격에 같은 지위를 가질 수 있어 투자효과를 배로 올릴 수 있기 때문이다. 그러나 거기에는 많은 지뢰가 있으므로 초보자는 투자하지 않는 게 좋다. 그런 지뢰밭을 통과하게 되면, 다른 투자에서도 강하고 효율적으로 투자수익을 얻을 수 있다. 적은 비용으로 최대효과를 이루어 내는 것이다. 그런 독보적인 지식을 갖추기 위해서는 철저한 관련 지식과 전문가의 도움이 있어야 한다. 항상 예기치 않은 문제들이 곳곳에 도사리고 있기 때문이 다. 그러나 그런 길을 자주 걷다보면 남들이 따라올 수 없는 독보적인 지식을 갖게 된다. 그것은 곧 경쟁자가 거의 없음을 뜻한다. 경쟁자가 없으면 보다 쉽게 많은 수익을 달성할 수 있는 블루오션시장을 만들 수 있는 것이다. 자기만의 블루오션의 세계는 여러분이 무언가를 위해 실행할 때에만 얻을 수 있는 중요한 자산이다.

직접 부딪쳐 도전하여 얻은 경험과 지식은 아무도 흉내낼 수 없는 값진 보석이 된다. 도전하라. 검토만 할 게 아니라, 실행하는 자만이 성과를 거머쥔다. 작은 투자부터 하나하나 체질을 개선해 나가야 한다. 어떠한 난관이나 위기도 기회라는 생각으로 도전하라. 좋은 기회는 예상보다 빨리 다가올 것이다. 기회가 오면 온 정열을 쏟아 과감하게 투자를 실천하라. 그러한 실행이 여러분의 부를 가득 모아주게 된다. 토요일이나 일요일이나 밤이나 낮이나 여러분을 위해서 수익을 만들어 주는, 그런 부를 모으기 위해서는 철저한 분석과 검토, 그리고 검증을 통한 실행이 필요하다는 것을 명심하라. 항구에 있는 배는 안전하다. 그러나 안전한 항구에만 있기 위해 배가 만들어진 것은 아니다. 대양으로 나가는 것이다. 그리고 거기에서 꿈을 이루어야 한다. 그렇다고 무작정 대양으로 나가서는 안 된다. 먼 대양을 항해하기 위해서는 준비해야 할 것이 있다.

최소한 관련도서를 10권 정도는 읽어 보는 게 좋다. 정말 도움이 되는 책이 있다. 그것을 찾아서 읽어 보면 효과를 볼 수 있다. 그리고 각종 언론사에서 주관하는 재테크관련 세미나에도 적극적으로 참석하는 게 좋다. 그리고 어느 정도 내공을 쌓은 뒤에는 유료 재테크 강연도 들어봐라. 경제 분야 TV 방송도 자주 보고 조금씩 영역을 넓혀 나가는 게 좋다. 그렇게 하면 투자를 판단하는 데 많은 도움이 된다. 땅 투자는 한 번에 많은 돈이 투여되므로 전문가의 도움이 절대 필요하다. 자신감으로 전문가의 도움 없이 진행하다 보면 예기치 않은 곳에서 문제를 일으켜 수습하기에 애를 먹을 수 있다. 그러한 시행착오를 많이 겪어본 경험자들이 그러한 오류를 줄여줄 수 있다. 전문가라고 해서 비용이 많이 들어가는 게 아니다. 여러분의 이웃 중에서도 성공한 땅 투자 경험이 있는 분들이 있을 것이다. 그들이 준전문가다. 그들에게서 자문을 받아도 좋다.

자문은 반드시 투자에 성공한 분이라야 한다. 실패한 사람에게는 절대 자문을 구하지도 말고 받지도 말아라. 성공한 사업가에게도 좋은 자문을 받을 수 있다. 성공한 사업가들은 거의 모든 분야에서 남들과 다른 내공과 경험을 가지신 분들이라 많은 도움이 된다. 마찬가지로 실패한 사업가에게는 조언을 구하지도 말고 받지도 말아야 한다. 실패했다고 다 나쁜 것은 아니다. 그들 중에서도 더 값지고 지혜가 넘치는 조언을 받을 수 있는 분이 있다. 그러나 자칫 당신을 이용하려는 사람이 있을 수도 있기 때문이다. 실패를 겪고 일어선 분들이라면 더 없이 좋은 지도를 해줄 것이다. 기억하라 현재 상태에서 성공한 분들에게 자문을 받아야 한다는 사실을 말이다. 그들이 겪은 시행착오를 사전에 검증받음으로써 사고를 미연에 방지할 수 있기 때문이다. 이러한 일련의 과정을 무리 없이 진행한다면, 당신의 부를 안전하게 키워갈 수 있을 것이다. 공부만 하지 말고 실행하여 성공하는 토지 투자자가 되길 바란다.

📍 **Point**

'구슬이 서 말이라도 꿰어야 보배'라 했다. 그저 검토만 하고 실행을 하지 않으면 부가 알아서 찾아오지 않는다. 실행을 마음먹었으면 자금 계획을 체크하고 문제가 없다면 투자를 실행한다. 기필코 성공을 이루어내는 분석과 계획 추진으로 완벽한 성공을 이루길 바란다. 그러나 설혹 실패하였다고 해도 좌절할 필요가 없다. 실패는 반드시 성공을 끌고 온다. 직접 부딪쳐 도전하여 얻은 경험과 지식은 아무도 흉내낼 수 없는 값진 보석이 된다. 실행하는 자만이 성과를 거머쥔다. 기회가 오면 온 정열을 쏟아 과감하게 투자를 실천하라. 공부만 하지 말고 실행하여 성공하는 토지 투자자가 되길 바란다.

투자금액보다 중요한 것은 투자기간이다 ③

살다보면 이상하게도 내 월급만 오르지 않고, 주위의 모든 것들이 올라 있는 것을 느꼈을 것이다. 내 월급과 주요 관리대상 생필품은 쥐꼬리만큼 올랐다. 그런데 땅, 아파트, 수익성부동산, 주식은 크게 올라서 속상할 때가 많을 것이다. 이는 정부에서 일자리 창출과 공공 인프라 건설 등을 위해서 매년 7~8%의 화폐를 증가시키기 때문이다. 화폐량증가는 그대로 실물자산의 가격인상으로 연결된다. 아파트나 토지, 주식 등은 화폐증가율만큼 인상되는 것을 알 수 있다. 매년 7~8%만큼 화폐량이 증가되어 10년이 지나면 실물자산 가격은 거의 배로 오른다. 주위를 둘러보면 이런 가격인상 현상을 실감할 수 있다. 지방이든 수도권이든 아파트나 토지, 주식 가격을 보면 상당히 올랐다는 것을 느낀다. 그것이 다 화폐량증가에 의한 것이며, 앞으로도 지속적으로 이루어질 상황들이다. 그러므로 수익을 창출하는 노력을 게을리 해서는 안 된다.

저금리시대 투자는 부동산이 답이다

이미 100세 시대는 기정사실화되었다. 심지어 재수 없으면 200살까지도 살 수 있다는 말까지 전문가들 입에서 나오고 있다. 이런 시대에 우리가 살고 있기 때문에 하루라도 빨리 노후대책을 위해서는 부동산 투자를 고려해야 한다. 심심찮게 언론에서는 연금이 언제쯤 고갈된다느니 한다. 심지어 2050년 경에는 고갈된다느니 말들이 많다. 그런 일이 일어나기야 하겠냐마는 만에 하나 그런 일이 발생한다면 비극이 아닐 수 없다. 그러니 내 운명은 내가 책임진다는 생각으로 종잣돈이 생기게 되면, 부동산에 대한 투자를 적극 고려해 보아야 된다. 토지가격은 50년 간 거의 3,000배 정도 올랐다. 상상하기 어려울 정도의 오름이다. 어딘가에는 지금도 오르는 토지들이 있다. 아주 많이 오르지는 않겠지만 적어도 10년에 두 배 정도 오르는 것은 흔하고 흔하다. 사실은 10년에 두 배가 오른다는 것은 오르지 않은 것과 같다. 그것은 사실 화폐량의 증가에 따른 화폐가치의 하락영향이기 때문이다. 그러니 10년에 배 이상은 올라야 올랐다고 할 것이다.

지금은 저금리 시대다. 일본과 유럽의 몇 나라는 마이너스 금리까지 내려가고 있다. 그렇게 되면 낮은 소득과 저금리 때문에 저축으로는 살아가기가 더 힘든 세상이 된다. 든든한 노후 대비는 더욱 힘든 일이다. 최적의 100세 시대를 대비하기 위해서는 종자돈이 생기면 먼저 토지를 사놓고 기다려야 할 것이다. 수익을 3,000배 이렇게 올릴 수는 없겠지만, 그래도 7~8% 화폐증가율 이상은 올라갈 것이다. 먼저 투자를 해서 노후를 든든하게 대비하는 것이 좋다. 일부 전문가는 우리나라 부동산 자산 비율은 다른 나라보다 높다고 한다. 향후 점차적으로 부동산 자산이 금융자산 쪽으로 흘러간다고들 이야기한다. 우리나라같이 국토면적이 적은 나라는 그렇게 쉽게 바뀌지는 않을 것이다. 아직까지 우리나라의 주식시장에서 수익을 올린다는 것은 굉장히 어렵다고 본다. 주식으로 수익을 올렸다는 사람을 거의 만나보지 못했다. 물론 기관투자가들이나 외국인투자자인 경우에는 막대한 자금력과 정보력을 바탕으로 수익을 올렸을 것이다. 그러나 정보력이 약한 개인투자자는 거의 수익을 올리지 못하고 있는 것이 현실이다. 물론 개중에는 수익을 올리는 전업 투자자분도 있을 것이다. 월급쟁이들은 과중한 업무와 시간부족으로 인해 주식투자가 자유롭지 못한 게 현실이다. 그런 측면에서 본다면 부동산 투자는 좀 더 하기 쉬운 재테크 수단이라고 본다.

요즈음은 부동산 정보의 상당부분을 인터넷이나 휴대폰으로 확인이 가능하다. 매물분석하기가 엄청 쉬워지고 편리해졌다. 투자경험은 시간이 필요하지만, 부동산 투자관련 지식은 책이나 유튜브, 세미나, 강연 등을 통해서 비교적 짧은 시간에도 많은 정보를 얻을 수 있다. 일단은 장기적인 목표설정으로 심기일전 마음을 굳게 먹고 종자돈을 차분히 모은다. 부동산 관련 도서, 세미나, 강연 등을 통해서 지식과 정보를 쌓는다. 주말에는 투자 관심지역을 돌아다니면서 정보를 꾸준히 모은다. 그러면 상당한 살아 있는 정보들을 접하게 될 것이다. 투자지역 선정은 첫째도 입지, 둘째도 입지, 셋째도 입자라는 점을 명심하자. 값이 싸다고 시골 산이나 임야, 논과 밭에 투자하면 팔기가 어렵고 수익도 기대하기 어렵게 된다. 입지를 선정할 때는 좋은 인프라를 갖출 지역이 어디인지, 미래가치가 상승할 지역이 어디인지를 고려해야 한다. 수도권으로 진입하기가 쉬운 입지인지, 글로벌 비즈니스 환경에서 발전가능성이 있는지를 판단하여야 한다. 마음이 끌리는 지역을 선정한 후에 지도를 보면서 깊게 생각하여 두세 곳으로 압축한다. 그리고는 선정된 곳을 놀러 다니는 셈치고 주말에 시간 날 때마다 다녀본다. 갈 때마다 부동산중개사무실도 두세 군데 들른다. 그렇게 자주 다니다 보면 그 지역의 대략적인 윤곽이 잡힌다.

좋은 정보를 얻으려면 부동산 중개인과 친해져라

시간이 흐르면 그 지역 어지간한 부동산중개인보다 전반적인 부분은 더 많이 알게 된다. 지역 부동산중개인은 주변의 시세나 발전가능성을 잘 알고 있다. 매물의 좋고 나쁨에 대해서도 누구보다 잘 알고 있다. 그러나 그 지역 전체의 그림은 그리기가 어렵다. 처음에 부동산 중개사무실에 가면 투자금이 얼마인지, 어떤 부동산에 관심이 있는지를 묻는다. 그럴 때는 곧 얼마 정도가 생길 것 같아 이것저것 알아보고 있다고 한다. 좋은 매물이 있으면 투자를 할까 하여 돌아다니고 있다고 말한다. 그러면 부동산중개인은 이것저것 설명도 하고 물건을 보여주기도 한다. 그럴 땐 일단 메모를 해두자. 투자를 해보지 않아서 당장 결정하기가 쉽지 않아, 좀 더 둘러보고 결정하겠다고 한다. 그리고는 다른 부동산도 들러 본다. 이렇게 일주일에 두세 곳 정도의 부동산 중개사무실을 둘러보면 적당하게 하루가 간다. 그러고 나면 여기저기서 심심치 않게 만났던 부동산중개인들로부터 좋은 물건이 나왔으니 한번 들러 보라고 연락이 온다. 그러면 주말에 약속을 하고 물건을 보러 간다. 갈 때 계약도 안하는데 자꾸 성가시게 해서 미안하다는 생각이 들면 음료수라도 한 병 사들고 가면 된다. 그분들은 찾아주는 사람과 물건을 봐줄 누군가 있다는 사실을 좋아한다. 좋은 물건이 있으면 계약으로 연결되니 자주 찾아간다고 미안하게 생각할 필요가 없다.

그런데 주의할 점은 계약을 절대 서두르면 안 된다는 것이다. 어떤 부동산은 초보라고 아무 곳이나 추천하고, 발전가능성이 있다고 거품을 물고 설명도 한다. 여러 중개사무실을 둘러보면 자연히 공부가 되고, 여러 번 자주 다니다 보면 전체적으로는 내가 더 많이 알 수도 있다. 서두르거나 쫄 필요가 없다. 여기저기 많이 둘러보고 눈을 키워야 한다. 그런 후에 좋은 매물이 있으면, 믿을 만한 전문가한테 물어보고 최종 결정하여 계약하면 된다. 자꾸 다니다 보면 이것이다 싶은 게 나타난다. 왠지 마음에 끌리고 머릿속에 자꾸 떠오르면 좀 더 세심하게 체크해볼 필요가 있다. 아파트나 상가는 인터넷에 시세가 어느 정도 나와 있고 실거래가 있어서 체크가 가능하다. 하지만 토지는 정확한 시세를 알기가 쉽지는 않다. 이럴 때는 '땅야' 등 앱을 통해서 알아볼 수도 있다. 만약 그런 앱에서도 알 수 없다면, 부동산 세곳에 전화를 해서 살려고 하는 사람처럼 시세를 물어본다. 그리고 시차를 두고 이번에는 팔려고 하는 사람처럼 해서 주변시세가 어떻게 되는지를 물어본다. 그렇게 해서 나온 여섯 개의 시세를 모두 더하고 6으로 나누면 그게 그곳의 시세에 가장 가깝다고 보면 어지간히 맞다. 주변에 부동산 중개사사무실이 많지 않을 때에는, 사는 사람의 입장에서 물어 보았을 때 가장 낮게 시세를 말하는 중개인이 좋고, 팔려는 사람 입장에서 보았을 때는 가장 높게 말하는 중개인이 좋다. 이 둘의 평균값이 그 지역의 적절한 시세다.

일반적으로 중개인들의 입장은 살려고 하는 사람한테 전화가 오면 시세를 높게 부른다. 그것은 가격협상 시 중개인 입장에서 조금 낮추어 주어 계약을 성사시킬 수 있기 때문이다. 그리고 팔려고 하는 사람한테서 전화가 오면 시세를 낮게 알려준다. 그것 또한 계약을 유도할 때 약간 높여주면 성사시키기 쉬워서 그러는 것이다. 꼭 기억하라. 시간이 있을 때 관심지역을 가볍게 여행하듯이 다녀보고 확신이 서면 믿을 만한 전문가에게 물어보고 투자를 하자. 100세 시대다. 재수가 없으면 200살까지도 살지 모르는 시대이다. 하루라도 빨리 땅 사놓고 기다려라. 기대 이상의 수익이 생길지도 모른다. 모든 투자의 최종 결정과 책임은 여러분의 몫이다. 그러니 경험과 지식을 쌓아 성공적인 투자가 되도록 늘 노력해야 한다. 어느 누구도 내 재산을 알아서 키워주거나 지켜주지는 않는다. 장수시대에 수명이 늘어나면 자연히 의료비도 늘어나게 된다. 수입이 있는 지금 여러 가지 대비책을 세우지 않으면 오래 사는 것이 축복만이 아닐 수도 있다. 하루라도 빨리 마련한 당신의 땅 한 평이 세월이 흘렀을 때 당신을 지키는 든든한 버팀목이 될 것이다. 큰돈이 중요한 게 아니다. 가능한 한 빨리 투자하라. 긴 세월에 맡겨서 알아서 스스로 크게 하는 것이 중요하다. 세월이라는 시간에 투자를 하는 것이다.

Point

여기저기 많이 둘러보고 눈을 키워야 한다. 그런 후에 좋은 매물이 있으면, 믿을 만한 전문가한테 물어보고 최종 결정하여 계약하면 된다. 자꾸 다니다 보면 이것이다 싶은 게 나타난다. 왠지 마음에 끌리고 머릿속에 자꾸 떠오르면 좀 더 세심하게 체크해볼 필요가 있다. 100세 시대다. 재수가 없으면 200살까지도 살지 모르는 시대이다. 하루라도 빨리 땅을 사놓고 기다려라. 기대 이상의 수익이 생길지도 모른다. 하루 빨리 마련한 당신의 땅 한 평은 세월이 흘렀을 때 당신을 지키는 든든한 버팀목이 될 것이다. 가능한 한 빨리 투자하라. 긴 세월에 맡겨서 알아서 크게 하는 것이 중요하다. 세월이라는 시간에 투자를 하는 것이다.

좋은 땅은 가까운 곳에 있다

　조금만 관심이 있어도 어디에 투자를 해야 할지 어디가 좋은 곳인지를 알 수 있다. 주요 방송사에서는 가끔씩 어느 지역에 어떤 국책사업이 진행되는지를 자세히 알려준다. 그리고 종종 지자체의 대형 개발소식도 잘 알려준다. 방송사보다는 신문사에서는 더 자주 접할 수 있다. 대형 개발계획들이 연일 터진다고 할 정도로 많은 정보들이 쏟아진다. 그리고 TV방송의 경제분야 방송채널에서는 매일 여러 물건들이 소개되고 있다. 모두가 다 좋은 것은 아니지만 그래도 관심을 가지고 꾸준히 보는 게 좋다. 그렇게 하면 개발 사업에 대한 지식의 근육이 커지게 되기 때문이다. 많은 것을 접하다 보면 자연스럽게 잘 모르는 용어나 지역에 대해서도 알게 된다. 정부와 지자체의 수많은 개발계획들을 자연스럽게 접할 수 있다. 관심을 가지면 보이고 관심이 없으면 보이지 않는다. 그것이 세상의 이치이고 본 모습이다. 그래서 이런 말이 있다. '듣고 싶은 것만 들리고 보고 싶은 것만 보인다.' 관심과 흥미가 없으면 보이지도 들리지도 않는다. 그러나 이제는 관심을 가질 때다. 긴 장수시대를 맞아 우리는 천천히 그리고 꾸준히 준비를 해야 하기 때문이다. 장수시대로 인해 늘어난 생존시간만큼 준비할 것도 많지만, 준비할 충분한 시간도 있다. 그러기에 그동안 관심이 없어 다른 사람의 잔치로만 알고 지나쳤던 대형 개발사업들을 보고, 새로운 기회를 잡을 수 있는 묘안을 찾기 바란다.

먼저, 세상을 떠들썩하게 했던 몇 가지 개발사례들을 보자. 지금도 부동산시장을 뜨겁게 달구는 지역으로 이따금씩 언론에 오르내리는 세종시를 보자. 세종특별시는 정부종합청사가 있는 곳이다. 2012년부터 종로에 있는 정부청사와 과천청사에 있던 많은 부처들이 이전을 한 곳이다. 1977년 박정희 정부에서 2년여 동안 전문가들을 파견하여 수도이전 대상지를 찾았다. 그때 최종적으로 선정된 곳이 공주군 장기면, 즉 현 세종시 일대였다. 그러나 수도이전에 따른 막대한 재정과 대형 개발사업의 어려움 등으로 유야무야 되었다. 그러다가 다시 2002년 민주당 노무현대통령 후보가 충청권 이전 공약을 하였다. 그러나 헌법재판소의 위헌 판결로 다시 수면 아래로 가라앉았었다. 2008년 이명박 정부에서도 우여곡절을 겪었지만 2012년 7월 1일 세종특별시가 탄생되었다. 1977년부터 지금까지 계속 사람들의 주요 관심 대상지가 되었다. 수십 년 동안 지가 상승률은 수위를 달리고 있다. 사업시행기간 중에도 토지시장에서는 수많은 일들이 일어났을 것이다. 소문이 확정되는가 싶다가 취소가 되기도 한다. 대형 국책사업이지만 가다 서다를 반복한다. 그러나 정부를 믿어야 한다. 정부주도 사업은 가다 서다를 반복해도 꾸준히 앞으로 나아간다. 그래서 국책사업은 항상 눈여겨봐야 하는 이유다.

다음은 평택을 들여다보자. 평택에 있는 주한미군기지 험프리스의 시작은 1919년 일본군에 의해서 비행장이 건설되었던 것이 최초작업이었다. 이후 미공군비행장으로 사용되었다. 용산 미군기지 반환 문제로 본격 건설하기 시작하여 2013년부터 미군부대들이 속속 이전했다. 2019년 현재는 거의 모든 미군부대의 이전이 완료된 상태다. 그리고 진위에 있는 LG전자 평택공장은 1983년 금성사 평택공장으로부터 시작되었다. 2005년경에는 모든 LG휴대폰 공장을 통합해서 평택시 진위면 디지털 파크단지로 옮기게 되었다. 현재는 LG전자 최대사업장으로 성장하고 있다. 삼성전자는 최근에 평택시에 위치한 고덕 산업단지에 세계최대규모인 최첨단 반도체 라인을 건설 중에 있다. 2015년에 착공하여 본격적인 라인 가동에 들어가는 계획을 착착 진행하고 있다. 이들 개발사업으로 인해 평택의 발전 속도는 굉장히 빠르게 진행되고 있다. 2020년에 90만 명의 도시로 성장한다는 계획을 갖고 있으며, 100만 도시로의 성장이 전망된다. 삼성평택 공장은 최근의 한일

무역전쟁의 영향으로 주춤하는 모습을 보였으나, 최근에 그것을 헤쳐 나가는 당당한 모습을 보여, 또다시 활기를 찾는 도시로 변했다. 3개의 큰 발전 동력이 있다. 거기에 평택항의 발전은 서해안시대를 주도하고 있다. 대 중국 물류기지 항구역할뿐만 아니라 자동차 수출입물량 처리 1위 항구로서 나날이 발전하고 있다.

엊그제인 것 같은데 벌써 1년을 훌쩍 지나간 평창동계올림픽은 평창에서 17일간 펼쳐진 23회 동계올림픽이다. 평창은 여러 번의 도전에서 실패를 거듭했다. 2003년에는 체코에서 열린 IOC총회에서 패했다. 2007년 과테말라에서 열린 IOC총회에서는 두 번째로 패했다. 3수 끝에 2011년 7월에 남아프리카공화국 더반에서 열린 IOC총회에서 드디어 동계올림픽 개최지로 선정되었다. 평창올림픽 스타디움은 2015년 12월 착공하여 2017년에 완성했다. 여러 번의 도전과 실패는 올림픽 유치관계자들의 몫이었다. 그러나 주변의 땅값은 그 가능성에 따라 오르락내리락 하느라 정신이 없었을 것이다. 단기 투자자들은 당시에 많은 상처를 받았을 것이다. 특히 강원도 권역들은 평창올림픽을 계기로 상당한 움직임들이 많았다. KTX가 개통되고 고속도로도 보강되면서 엄청난 변화가 일어났다. 이런 대형 국책사업은 대대적인 정부지원 하에 신속하게 이루어지는 것으로서 다른 국책사업과 차이가 있다. 기간의 한정성 때문이다. 정해진 기간을 지켜서 주요시설을 완성하지 못하면 국가적인 망신을 당하기 때문에 반드시 지켜져야 하는 국책사업이었다. 또한 남북단일팀 구성으로 인해 막혔던 남북관계와 미국과 북한과의 관계개선에 상당한 영향을 주기도 한 국제적 행사였다.

≪인천관광공사≫의 자료를 보면 인천국제공항은 1992년 영종도와 용유도 사이의 매립공사를 시작으로 총 공사기간 8년 4개월에 걸쳐 2001년 3월 29일 개항하였다. 2004년 GT Tested Awards가 시작된 이래, 11년 연속 세계 공항서비스평가에서 1위를 차지했다. 연간 여객 6천만 명 이상을 처리하는 공항은 전 세계에서 인천공항을 비롯해 7개에 불과하다. 인천공항은 급증하는 항공 수요에 대응하기 위해 2008년 6월 탑승동과 제3활주로 등을 증설하는 2단계 건설 사업을 완료했다. 이어 2009년 6월부터는 제2터미널과 제2교통센터 등을 신축하는 3단계 건설 사업으로 제2여객터미널이 2018년 1월 개통되었다. 4단계 사업은 제2터미널 확장과 제4활주로 신설, 진입도로·계류장 확충이 핵심이다. 2023년까지 4단계 사업이 완료되면 인천공항의 여객처리 능력은 연간 1억 명까지 늘어난다. 인천국제공항사업의 공사는 1992년부터 2023년까지 진행되는 사업이다. 그 기간 내내 방송을 오르내리면서 개발 사업을 알려준다. 주요 언론사에서는 공사가 착공될 때마다 새로운 시설이 오픈될 때마다 그 정보를 세세하게 알려준다. 그렇게 미개발지들이 개발 압력을 받으면서 영종도 일대가 변해가고 있다.

앞에서 언급한 4개 도시의 개발사업은 예를 들기 위한 것이다. 그 외에도 대형 국책사업이나 지자체 사업들이 너무나 많다. 그런데 그런 사업들이 아무도 모르게 비밀리에 진행된 사업은 하나도 없다. 오히려 여러 홍보매체를 통하고 주요 언론사를 통하여 홍보를 하면서 진행된 사업이었다. 우리가 아주 잘 알고 익숙한 장소에서 많은 일들이 일어났고 아직까지도 진행 중이다. 어떤 사업이라도 시작을 하기 전에 계획이 잡히고 소문이 나고, 착공을 하게 되는 일련의 과정들을 겪는다. 지금은 교통의 발달로 인하여 전국 어디라도 몇 시간 내에 도달할 수 있다. 이런 호재 지역들은 두고두고 회자되면서 발전에 발전을 거듭한다. 보통 몇 십 년씩 진행되는 장기사업들이다. 이들 지역은 매년 발표하는 지가상승률에서 늘 상위권에 올라 있다. 대형사업으로 도시가 하나하나 채워지는 데는 상당기간이 소요된다. 그 과정들이 늘 뉴스를 타다 보니까 사람들의 관심을 항상 받게 된다. 그러므로 투자를 하려는 사람들이 항상 존재하게 된다. 그러니까 늘 관심지역으로 분류가 되어 지가상승률이 높을 수밖에 없다. 관심이 있는 지역을 유심히 살펴보면 그 속에는 언제나 거래가 존재한다. 관심지역에 대한 알찬 정보를 제공하는 블로그나 카페를 즐겨찾기 해놓자. 관심을 가지면 상당히 알찬 고급정보와 투자정보를 얻게 된다. 자주 블로그나 카페에 들어가서 확인만 해도 그 지역에 대한 진주같은 정보를 접하게 된다.

이들 지역은 수도권 어느 지역에서나 한두 시간 만에 도달할 수 있는 지역이다. 아주 가까운 곳에 있는 지역들이다. 이들 지역 외에도 화성, 당진 그리고 최근에 SK하이닉스가 대규모 투자를 결정한 용인지역도 아주 가까운 곳에 위치해 있다. 그렇다. 투자하기 좋은 땅은 멀리 있었던 것이 아니다. 아주 가까이에 있었던 것이다. 단지 투자에 대한 우리들의 마음이 먼 곳에 있었을 뿐이다. 관심을 가지면 가까운 곳에 투자하기 좋은 땅들이 많다. 투자에 대한 관심을 가져보자. 그러면 보석같은 땅이 당신에게로 올 것이다.

♀ Point

조금만 관심이 있어도 어디에 투자를 해야 할지, 어디가 좋은 곳인지를 알 수 있다. 주요 방송사에서는 가끔씩 어느 지역에 어떤 국책사업이 진행되는지를 자세히 알려준다. 아무도 모르게 비밀리에 진행된 사업은 하나도 없다. 오히려 여러 홍보매체를 통하고 주요 언론사를 통하여 홍보를 하면서 진행된 사업이었다. 관심을 가지면 상당히 알찬 고급정보와 투자정보를 얻게 된다. 수도권 어느 지역에서나 한두 시간 만에 도달할 수 있는 지역이다. 투자하기 좋은 땅은 멀리 있었던 것이 아니다. 단지 투자에 대한 우리들의 마음이 먼 곳에 있었을 뿐이다. 관심을 가지면 가까운 곳에 투자하기 좋은 땅들이 많다. 투자에 대한 관심을 가지면 보석같은 땅이 당신에게로 올 것이다.

땅 투자 성공 불변의 법칙

부자들은 항상 경제지식과 정보를 모으는 것이 생활화된 사람들이다. 각종 신문사에서 주최하는 유·무료 부동산 트랜드쇼, 머니쇼, 강연, 세미나에 참여한다. 그곳에서 따끈한 정보와 새로운 경제 흐름을 보고 듣고 하면서 실력을 쌓아간다. 그들의 열정은 보통사람들과는 조금 다르다. 정보를 들었을 때 그것을 이해하고, 일반적인 분석이 가능한 정도의 실력이면 된다. 조그마한 관심이 큰 차이를 만든다. 일상적인 투자활동에서 필요한 상식을 알아두면 빠른 투자판단에 많은 도움이 된다. 몇 가지만 알아도 투자를 판단하는 데 많은 도움이 된다. 가령 부동산을 매입할 때, 매입 후 리모델링이 필요하다고 판단되면, 리모델링 비용은 매매가의 15% 이내가 가능한지를 판단하여 매수를 고려한다. 투자를 할 때는 투자수익률이 아주 중요하다. 요즈음은 투자 수익률이 5%만 되어도 좋은 투자라고 할 정도로 경제성장률이 둔화되었다. 정부는 경기가 둔화되자 경제에 활력을 불어넣기 위해서 금리를 낮추고 돈을 풀었다. 그러므로 5% 정도는 괜찮은 수익률로 보는 것이다. 현장에서 투자 수익률이 얼마일 때 투자금이 배로 불어나는지를 추정해야 할 때는 72법칙을 활용한다. 빠른 투자판단을 위해 알아두면 좋다. 예를 들어 투자금 1억원을 수익률이 8%가 되는 부동산에 투자하였을 경우, 투자수익 1억원을 모으는 데는 9년(72÷8%)이란 기간이 소요된다. 연 5%라면 14.4년(72÷5%)이 소요된다고 보면 된다. 매수를 위한 현장조사 시 빠른 투자판단이 필요할 때가 있다. 그럴 때 판단기준을 많이 알면 알수록 투자오류를 줄일 수 있다.

부를 모으는 데 가장 중요한 것은 투자에 투여하는 시간이다. 많은 주식투자자들이 큰돈을 벌지 못하는 이유가 이 시간이라는 중요한 투자요소를 과소평가하기 때문이다. 오마하의 현인 워런 버핏은 10년 이상 투자하지 않을 종목이라면 30분도 갖고 있지 말라고 할 정도로, 장기투자를 권한다. 그러나 많은 직장인들을 보면 어렵게 번 자금으로 쉽게 빨리 돈을 벌려고 주식시장에 들어가, 단타 매매 등 단기로 운용하다가 손실을 보는 경우를 많이 보았다. 기관이 아닌 개인이 주식으로 돈을 벌었다는 사람을 만나보기 어려운 이유가 단기투자의 영향이라고 본다. 하루라도 빨리 장기로 투자를 하면 복리효과가 더해져 많은 성과를 올릴 수 있는 것도 투입된 시간의 효과다.

게리, 토마스의 ≪돈의 심리학≫에서 투여시간의 중요성을 알려주는 좋은 예를 소개해 보면 "질과 존은 대학을 막 졸업한 21세의 쌍둥이이다. 질은 취직하자마자 곧바로 한 달에 50달러씩을 뮤추얼펀드에 투자하기 시작하여 결혼할 때까지 8년 간을 계속 투자했다. 결혼으로 인해 질은 더 이상 투자를 하지 않고, 기 투자한 돈만 굴렸다. 존은 29세가 되어서야 투자의 필요성을 느끼고 질과 똑같은 뮤추얼펀드에 50달러씩을 65세 퇴직할 때까지 37년 간 계속 투자했다. 존의 총 투자액은 2만2,200달러가 되었다. 한편 질의 총 투자액은 4,800달러였다. 1년 평균 수익률이 10%였다고 하면 65세에 쌍둥이가 손에 쥐는 돈은 어느 쪽이 많을까. 답은 질이 더 많다. 질의 돈은 24만 4,985달러이고, 존의 돈은 20만7,925달러였다." 이 얼마나 놀라운 일인가.

단지 8년 일찍 시작하여 8년 간만 투자를 하였을 뿐인데, 성과는 37년 간을 투자한 사람보다 많다니, 시간의 중요성을 간과해서는 안 되는 이유이다. 그러므로 돈을 모아야겠다는 결심은 빠르면 빠를수록 좋다. 종자돈을 만들어 투자로 이어주는 시기를 빨리 결정해야 함을 잊어서는 안 된다. 그러기 위해서는 매일 하나 이상의 경제신문을 가벼운 마음으로 읽어보자. 각종 강연회, 세미나, 대학교와 연계해서 진행하는 부동산학과나 경매관련학과도 다녀보자. 그리고 재테크나 자기계발 관련 서적도 많이 읽어보자. 유망지역의 개발정보, 분양정보 등 하나하나 접하다 보면 경제지식도 쌓이고 돈 되는 정보도 보이게 된다. 그런 후에 종자돈이 마련되면 전문가 의견도 들어보고 투자를 실행하면 된다. 정보나 지식을 찾다보면 좋은 인맥도 만날 수 있고 귀한 정보도 듣게 된다. 하지만 아무리 많은 정보나 고급정보가 있다 하더라도 투자를 망설이고 실천하지 않으면 다 그림의 떡이다.

정보수집 및 분석하는 법을 익혀라

하나의 실패도 없이 다 성공만 하기는 쉽지가 않다. 실패를 할 수도 있다. 실패에서 더 많은 것을 배울 수도 있다. 실패가 두려워 아무것도 시도하지 않는다면 당장은 안전할지 모른다. 그러나 긴 인생여정을 살아가기에는 생활비가 턱없이 부족할 수도 있다. 그 부족함을 채울 다양한 방법과 지식을 습득하여 성공하는 투자를 하여야 한다. 설사 실패를 하였다 하더라도, 거기에서 더 많은 것을 배우고 경험하여 더 전진할 수 있는 용기를 가져야 한다. 실패를 줄이기 위해서는 시간적 여유가 있을 때 차분히 정보를 수집하고 분석하는 방법을 배워야 한다. 미리미리 준비를 하면 좋다. 특히 땅 투자에 대한 관심을 갖고 지식과 정보를 쌓아보자. 땅은 일단 사놓고 그냥 가만히 두어도 저절로 알아서 돈이 되는 최고의 재테크 수단이다. 많은 땅 투자 경험자들이 말하기를, 땅은 기다리면 기다릴수록 돈이 된다고 한다. 땅은 많은 기다림을 요구한다. 땅 투자는 끈기를 필요로 한다. 그러나 수익은 확실하다. 돈을 벌면 땅이나 부동산을 사자. 땅은 스스로 알아서 자라기 때문이다.

내 자산을 인플레이션으로부터 지키기 위해서는 실물부동산에 투자를 하여야 한다. 땅 투자 시 몇 가지 고려해야 할 사항이다.

1. 향후 인구가 늘어나고 교통이 편리한지 여부를 본다.
2. 땅의 모양은 정사각형이나 직사각형인 것이 좋다.
3. 도로변에 있는지와 도로가 사도인지, 공로인지 확인해야 한다.
4. 주변에 혐오시설이 있는지 여부를 본다.
5 잡종지, 자연녹지, 관리구역인지 여부를 본다.
6. 토지의 경사는 15도 이하인지를 본다.
7. 계곡이나 하천으로부터 500미터 이상 떨어져야 한다.

늘 땅값은 오르기만 한다. 이걸 빨리 알지 못하면 가난을 벗어나지 못한다. 가난을 벗어나기 위해서는 하루라도 빨리 내 땅을 한 평이라도 가져야 한다. 빨리 이런 사실을 깨우쳐야 한다. 안 그러면 평생 죽어라 일해도 남는 게 없다. 부자로 살기 위해 입지 좋은 땅을 사자. 우리나라 땅은 한 사람당 580평씩 가질 수 있다. 적어도 580평은 갖도록 하자.

50년 간 땅값이 3,000배가 오른 나라가 대한민국이다. 열심히 살았는데 왜 이렇게 가난하기만 할까 불평불만하고 있을 때가 아니다. 그것을 해결할 수 있는 방법은 달리 없다. 하루라도 빨리 노동으로 벌어들이는 수입을 자본으로 바꾸어 자본이 일을 하게 해야 한다. 노동으로 벌어들이는 수익은 언제나 자본으로 벌어들이는 수익을 따라갈 수 없다는 것을 깨달아야 한다. 주요 선진국의 300년 자본 역사를 연구한 결과에서 증명된 사실이다. 노동생산성은 절대 자본생산성을 따라갈 수 없다. 계속 가난하게 살고 싶지 않으면 하루라도 빨리 종자돈을 만들어, 내 땅 한 평이라도 사야 하는 것이다. 불평불만으로 해결되는 것이 아니다. 빨리 깨달아 행동하고 실천해야 한다. 그렇게 부의 추월차선에 올라타야 한다. 당신의 자산을 알아서 키워주고 보호해줄 사람은 이 세상에 단 한사람도 없다. 오직 당신만이 그 일을 할 수 있다. 그러나 용기를 가져라. 먼저 걸어간 성공한 사람들의 발자국을 따라 가라. 그 발자취 속에 지혜가 있고 길이 있다.

토지투자 공부를 한다고 해서 공인중개사 자격증을 딸 만큼 박식할 필요는 없다. 땅을 계약할 때는 공인중개사가 많은 부분을 준비한다. 그것까지 투자자가 준비하는 것은 아니고 그럴 필요도 없다. 열심히 공부한 공인중개사 분께서 하나 빠짐 없이 잘 챙기신다. 박식하고 친절한 중개사를 믿어라. 그러나 등기부등본은 꼭 세 번 확인해야 한다. 계약할 때, 중도금 치를 때, 그리고 잔금 치를 때는 꼭 확인하여야 한다. 등기부등본을 통해 소유주와 계약자가 동일한 사람인지를 반드시 확인해야 한다. 그 외 확인할 중요한 사안들만 확인만 하면 되는 것이다. 부동산에 대해서 많이 알고 관련된 법령이나 개발계획을 많이 안다고 부동산 투자를 잘하는 것은 아니다. 많이 안다는 것과 투자를 잘한다는 것은 차원이 다른 문제다. 쉽게 이야기해 분야가 틀린 것이다. 잘 알면 좋지만 몰라도 아무 상관이 없고 많이 세세하게 알 필요도 없다. 세세한 부분까지 공부하고 투자하려 한다면 현장도 가보기 전에 포기할 수밖에 없다. 그것이 안타깝다. 진짜로 중요한 게 무엇인지 알아야 한다. 땅 투자 성공 불변의 법칙은 하루빨리 투자를 실천하는 것이다. 매일 검토하고 분석하는 것이 아니라 시장에 들어가 지긋이 세월을 즐기는 것이 땅 투자에서 성공하는 길이다.

📍 Point

부를 모으는 데 가장 중요한 것은 투자에 투여하는 시간이다. 많은 투자자들이 큰돈을 벌지 못하는 이유가 시간이라는 중요한 투자요소를 과소평가하기 때문이다. 하루라도 빨리 장기로 투자를 하면 복리효과가 더해져 많은 성과를 올릴 수 있는 것도 투입된 시간의 효과다. 많은 땅 투자 경험자들이 말하기를 땅은 기다리면 기다릴수록 돈이 된다고 한다. 땅은 많은 기다림을 요구한다. 계속 가난하게 살고 싶지 않으면 하루라도 빨리 종자돈을 만들어, 내 땅 한 평이라도 사야 하는 것이다. 땅 투자 성공 불변의 법칙은 하루빨리 투자를 실천하는 것이다. 매일 검토하고 분석하는 것이 아니라 시장에 들어가 지긋이 세월을 즐기는 것이 땅 투자에서 성공하는 길이다.

흔들리지 않는 땅 투자 법칙 ⑥

대개 땅은 사놓으면 오른다. 그리고 별다른 행위를 하지 않아도 땅은 알아서 스스로 오른다. 그러다가 개발계획이 현실화되는 징조가 보이거나 실제로 움직임이 나타나면 급등을 한다. 이러한 변화들을 자세히 보면 공통적으로 나타나는 단계별 급등의 패턴이 있다. 3단계로 분류할 수 있고, 좀 더 세분화하여 여러 단계로 분류할 수도 있다. 단계별로 더 세분화시켜 전략을 마련할 수도 있다. 하지만 모든 개발사업이 유사한 지가상승의 패턴을 보인다. 이런 단계별 상승의 영향은 어찌 보면 인간 본성의 변화를 보여주는 것과 같다. 즉 인간의 심리가 작용하여 만들어 낸 영향이라고 보면 된다. 외부의 영향에 따라 인간의 본성이 움직이는 심리적 상태를 분류해 보면 크게 변화하는 부분을 잡아낼 수 있는데 이를 크게 3단계로 나누어 볼 수 있다. 원래 개발되기 전의 토지는 산과 구릉지 논이나 밭으로 되어 있다. 용도에 따라서 쓰임새가 따로 있다. 그런데 어느 날 대규모 민원이나 국민적 요구에 의해 해결해야 할 큰 현안사항이 발생하면, 그것을 해결하기 위한 계획이 수립된다. 대형 개발사업인 경우 계획수립도 상당한 시일이 요구된다. 그리고 여러 주요 정책입안자나 관계자들이 일련의 공정을 점검하게 된다. 점검 소홀로 진행과정에 큰 문제가 발생되면 막대한 재정적 손실과 국민으로부터의 지탄을 받기 때문에 신중하게 접근하게 된다.

이런 과정이 길어지면 길어질수록 관계자나 주위 사람에 의해 그 계획이 조금씩 알려지게 된다. 물론 일반인들이 이 과정에 소문을 듣기는 거의 불가능하다. 정보유출에 대한 처벌도 엄중하기 때문에 기밀사항이 쉽게 노출되지는 않는다. 그러나 알다시피 돈이 되는 이런 중요한 정보가 완벽히 비밀을 장기간 유지하기는 어렵게 된다. 그렇게 해서 계획들이 아름아름 전해지면 용기 있고 경험이 있는 사람들이 움직이게 된다. 일부에서부터 움직임이 일어나게 된다. 일반적인 지가 3단계 상승법칙 즉 발표, 착공, 완공의 단계를 거치게 된다. 단계별로 확연히 구별되는 패턴을 보인다. 그리고 단계별로 나타나는 패턴을 읽을 수 있다면 실패하지 않는 투자를 할 수 있다. 이런 단계별 과정은 거의 불변이다. 거의 유사한 패턴을 보이기 때문에 단계별 특색을 잘 알고 투자에 임해야 성공적인 투자가 된다. 현재 진행되는 단

173

계가 어딘지를 잘 알고 각 단계에 따른 최적의 대응을 함으로써 시행착오를 줄일 수 있다. 다른 투자와 달리 땅은 적정단계에 진입하면 자연히 오른다. 다음 단계로 진입하기 전에는 안정기를 갖고 움직임을 멈추는 듯 고요할 때도 있다. 그러다 다음 단계로 진입하게 되면 또 오르기 시작한다. 오르는 단계가 되면 반드시 오른다. 단계별로 나타나는 인간의 심리는 세월의 변화에도 변함이 없다.

첫 번째, 소문에서 개발계획 발표단계이다.

앞에서 말한 계획들이 아름아름 소문으로 전해지고 그 정보를 접한 사람들은 이런저런 소문을 확인하기 위해 움직이게 된다. 그 소문은 더욱 확산이 되어 나아간다. 정보를 얻은 사람이 직접 움직일 수 없는 처지라면 믿을만한 사람을 내세워 토지를 사게 되는 것이다. 외지 사람들이 하나 둘 와서 땅을 조용히 산다. 때 묻지 않은 순수한 시골사람들은 시세보다 높게 준다니 일부 돈이 필요한 사람들은 논과 밭을 판다. 평소 팔고 싶어도 팔지 못했던 사람들이 먼저 팔고나면 싸게 살 토지들이 점점 사라지게 된다. 개발계획 정보에 가장 접근되었던 일부 사람들이 어느 정도 거래를 한 상태가 된다. 그러고 나면 눈치가 빠른 일부 주민들 사이에 소문이 난다. 마을이장이 여기저기 소문의 진상을 살피게 되고 지역 중개업소도 어느 정도 감을 잡게 된다. 조용했던 지역의 땅값이 서서히 움직이게 된다. 확실하게 공식적으로 밝혀지지 않은 정보를 근거로 움직이는 것이기 때문에 그렇게 요동치지는 않는다. 그러나 주민들이 값을 높게 불러도 거래가 꾸준히 이루어진다.

　과거에는 이런 대형 개발계획이나 신도시 건설계획 정보를 흔하게 접할 수 있는 공무원이나 지체 높은 어르신들이 이러한 땅들을 사 모았다. 그래서 고위공직자 청문회를 보면 땅으로 수십 수백 배를 번 사람들이 곤욕을 치르는 광경을 볼 수 있었다. 일반인들이 이런 정보를 알기는 거의 불가능하다. 그리고 설사 알았다 하더라도 토지거래 성공경험이 없는 사람들은 나서기가 쉽지 않다. 이때 시장에 진입한 사람들은 그야말로 돈벼락을 맞는다. 어느 정도 개발계획이 검토되었고 시행에 문제가 없게 된다. 시간을 끌면 끌수록 부작용이 우려될 때 개발계획이 발표가 된다. 저녁뉴스와 일간지를 통해서 발표가 되면 이제는 전국의 부동산 투자자들이 움직이기 시작한다. 개발지역은 한정되어 있고 수요자가 늘어나면서 땅값이 폭등하기 시작한다. 이때 보통 땅값이 3배 정도 오른다. 그러나 일반인들은 투자를 하기가 쉽지 않다. 개발이 발표된 현장에 가보면 산도 있고 도랑도 있고 해서 엄두가 나지 않는다. 이런 허허벌판이 언제 공사해서 도시가 생길까 하고 의구심이 들어 투자를 못한다. 사지 않더라도 현장을 가봐야 하는 이유이다. 세월이 흐른 뒤 도시가 형성되고 발전된 모습을 직접 가서 보아야 전체 과정이 눈에 들어오기 때문에 경험을 해야 한다.

두 번째는 착공단계이다.

개발계획이 발표는 되었지만 생각보다 빠르게 진행되지는 않는다. 토지매입과정에서 마찰이 있을 수도 있다. 환경단체나 주민들의 반발도 있을 수 있다. 자금문제도 있을 수 있다. 이렇듯 모든 사업계획이 완벽하게 진행되지는 않는다. 그렇게 문제해결로 시간이 흐르는 동안 손 바뀜도 일어난다. 빨리 효과가 나지 않는다고 세월을 이기지 못하는 투자자는 시장을 빠져 나간다. 그렇게 몇 년 동안 아무 소식이 없던 계획들이 어느 날 갑자기 움직이기 시작한다. 대형트럭들이 흙먼지를 날리며 분주하게 밤낮으로 움직이고, 포크레인들이 모여들고, 크레인이 세워지고, 밤낮없이 공사가 이루어진다. 개발사업의 착공 소식이 또 다시 매스컴을 통해 알려지면서 많은 전국의 투자자들이 다시 땅을 사기 위해 몰려온다. 하지만 이때는 매물이 없다. 그래서 착공 소식이 전해지면 가격이 급등하게 된다. 이때는 일반투자자들이 많이 몰려온다. 착공 전에는 보이는 것이 없어 불안해서 시장진입을 하지 못했다. 그러다가 착공을 하게 되면 눈앞에 일어나는 현실을 보고는, 안전하다고 생각하여 시장에 들어오게 된다. 많은 수익은 없으나 투자 위험도가 낮아져 일반투자자들이 시장에 많이 진입하는 단계다. 애석하게도 이때도 많은 매물이 없다. 수요가 많아져 가격은 또 3배 정도 폭등하게 된다. 토지 가격은 투자위험성이 높을 때는 상대적으로 싸다. 그러나 투자위험이 제거되면 가격은 올라가게 된다. 그래서 월급쟁이들은 부지런히 움직여 가격이 저렴할 때 시장에 진입해야 한다.

그것만이 월급쟁이를 벗어나게 하는 유일한 길이다.

마지막, 완공단계이다.

완공이 가까워지고 도시가 어느 정도 윤곽이 나타나면 매물들이 없어지게 된다. 비싼 가격에 거래들이 간간히 이루어지기도 한다. 개발되기 전의 산과 구릉지 논이나 밭이 도시의 형태를 갖추면서 허허벌판의 모습은 온데간데 없다. 신도시가 화려하게 모습을 드러낸다. 용도구역 변경으로 농사만 지었던 땅들이 빌딩을 지을 수 있는 상업지가 되어 가격이 폭등한다. 이때는 일반 소액 투자자들은 접근이 어려운 시장이 된다. 가격이 엄청나게 뛰었기 때문에 사실상 소액으로 투자할 수 있는 시기는 이미 지나가고 말았다. 아파트 입주가 끝나고 상권은 서서히 형성된다.

땅 투자를 하는 사람들은 위 3단계 중 어느한단계에서 투자를 하게 된다. 사업이 순조롭게 진행된다면 소문과 개발계획 발표단계에서 시장에 진입하는 것이 가장 효과적이다. 하지만 소문에서 개발계획 발표단계는 소문으로 끝나버릴 수도 있다. 그래서 토지가격이 아주 저렴하다. 돈이 많지 않은 월급쟁이들이 인생역전을 할 수 있는 단계이기도 하다. 하지만 그만큼 리스크도 있음을 감안해야 한다. 착공단계는 어느 정도 윤곽이 드러난 상태로 위험성이 상당히 해소된 상태이다. 가격이 이미 많이 반영되었다고 보아야 한다. 완공단계는 일반투자자들은 접근하기 어려운 큰 자금이 필요한 단계다. 1단계이면서 국책사업으로 진행되는 지역은 정말로 보물단지와 같은 것이다. 월급쟁이한테는 딱이다. 각 단계별로 뉴스가 나오고 일간지에 홍보가 되면 많은 사람들이 투자를 위해서 모여든다. 그래서 가격이 일시적으로 폭등한다. 그러나 1~2개월이 지나면 소강상태로 접어들면서 일시에 올라갔던 가격이 주춤하면서 일정폭 내리게 된다. 관심지역의 믿을만한 블로그나 카페를 예의주시하면 간혹 급급매가 나오는 것을 보게 된다. 처음부터 기회를 잡지 못했다면 이런 침체기를 이용하여 시장에 진입하는 것도 좋은 방법이다. 3단계 지가 상승법칙을 잘 살펴 투자를 한다면 절대로 실패하지 않는 성공한 투자가 될 것이다.

● Point

개발계획이 현실화되면 공통적으로 나타나는 단계별 급등의 패턴이 있다. **첫 번째, 소문에서 개발계획 발표단계** – 개발계획이 발표가 되면 땅값이 폭등하기 시작한다. 이때 보통 땅값이 3배 정도 오른다. **두 번째, 착공단계** – 개발사업의 착공 소식이 매스컴을 통해 알려지면서 수요가 많아져 가격은 또 3배 정도 폭등하게 된다. **마지막, 완공단계** – 신도시가 화려하게 모습을 드러내면 가격이 폭등한다. 땅 투자를 하는 사람들은 위 3단계 중 어느 한 단계에서 투자를 하게 된다. 사업이 순조롭게 진행된다면 소문과 개발계획 발표단계에서 시장에 진입하는 것이 가장 효과적이다. 돈이 많지 않은 월급쟁이들이 인생역전을 할 수 있는 단계이기도 하다. 하지만 그만큼 리스크를 감안해야 한다.

돈이 없을 때는
돈이 다니는 길목에 매복하라

7

겨울에 밀짚모자를 사라. 밀짚모자는 겨울에는 아무도 거들떠보지도 않는다. 그러나 여름이 되어 불볕더위가 찾아오면, 드디어 본연의 가치를 인정받게 된다. 날씨가 아주 더워지거나, 수요가 많은 해변가에서는 그 본래의 가치 이상으로 귀한 몸이 된다. 그래서 한겨울에 밀짚모자를 싸게 사서 한여름에 제값을 받고 팔게 되면 많은 수익을 볼 수 있다. 돈이 없는 월급쟁이는 이와 같은 틈새시장을 노려야 한다. 가치 이하의 가격에 사서 보유하고 있다가 가치를 제대로 평가받을 수 있을 때 팔면 된다. 워런 버핏이 늘 주장하듯 가치에 투자를 해야 한다. 1997년 IMF 금융위기 때의 시장상황은 '국가가 이런 식으로도 망하는구나' 싶을 정도로 자금이 돌지 않았다. 하루에도 수백 개의 기업이 부도가 났다. 대출이자도 하루가 다르게 올랐고 부실대출로 인한 수많은 종금사와 은행들도 문을 닫고 말았다. 달러 가치도 2,000원대를 넘볼 정도로 불안했고 명동의 사채시장과 암달러 시장은 돈을 구하려는 사람들로 아침부터 저녁까지 북새통을 이루었다. 당시 주식이나 부동산시장도 극도의 불안과 공포로 인해 많은 기업들이 주식시장에서 사라졌다. 부동산가격도 크게 하락하였고 많은 기업과 개인들의 파산으로 부동산 경매물건이 넘쳐나기도 했다. 이때 가치투자에 대한 이해와 정보를 가지고 있던 일부 가치투자자들은 강남으로 달려가 거의 절반으로 떨어진 아파트나 토지를 구입하였다.

가치는 항상 제대로 된 평가를 받는다는 소신으로, 가치투자를 실행한 현명한 투자자들은 그에 걸맞는 상당한 보상을 받았다. 시장이 공포에 질려 있어 불안으로 떨 때, 투자를 하면 평소 때보다 10배는 돈 벌기가 쉽다고 했다. 끝 모르게 떨어질 줄 알았던 아파트, 토지 시장도 거의 회복이 되었다. 가장 큰 수혜를 본 사람들은, 시장은 반드시 회복된다는 확신을 갖고 움직였던 일부의 사람들이다. 가치투자를 실행한 사람들이다. 2016년도에 개봉한 〈빅쇼트〉란 영화는 2007년 미국의 서브프라임 모기지 사태의 실화를 주제로 한 영화다. 서브프라임 모기지 사태는 미국에서 발생한 초대형 모기지론 대부업체가 파산하면서 촉발한 금융사태. 주택저당채권을 과다하게 파생시켜 상품화하면서 금융부실을 키워 파산하였다. 이 사태로 인해 국제금융시장이 공황상태에 빠졌었다. 금융권의 주택저당채권이 현장 확인도 없이 무조건 발행하는 것을 보고, 주인공들은 부실채권 발생으로 금융시장이 붕괴될 것을 예측하였다. 그들은 모기지 채권의 과다한 파생상품으로 인한 금융시장 붕괴에 확신을 가지고, 금융시장 붕괴 시 보상을 받는 상품에 모든 자원을 투입하여 어마어마한 돈을 벌었다. 그리고 다음은 물과 관련한 시장이 돈이 될 것이라는 말을 남기면서 막을 내린다.

우리나라에도 이와 유사한 영화가 있다. 〈국가 부도의 날〉은 2018년도에 개봉되었다. 이 영화는 1997년 우리나라가 IMF로부터 구제 금융을 받는 상황을 리얼하게 보여주는 영화다. 국가 부도가 올 것이라는 시장의 미세한 징조를 알아차린 투자회사 직원이 눈에 띄게 그 당시 상황을 잘 보여주었다. 나는 1997년 11월에 인도네시아의 유연탄 광산을 개발하기 위해 칼리만탄과 이리안자야를 방문 중에 있었다. 현장 조사를 마치고 숙소로 돌아와 TV를 보고 있는데, 우리나라 임창열 경제부총리와 캉드쉬 IMF총재가 구제금융 안에 합의한다는 뉴스가 나왔다. 나라가 망한 것 같았다. 모든 일정을 취소하고 당장 공항으로 달려가 귀국 비행기표를 끊었다. 돌아오는 비행기 안에서 해외자원개발은 끝이구나 싶었다.

당시 본사가 여의도에 있었는데 귀국하여 보니 정말 말이 아니었다. 여의도는 우리나라 금융타운이다. 그러다 보니 정말로 나라가 망한 것 같은 공포감마저 들었다. 주식은 매일 대폭락을 거듭하였고, 종금사는 매일 하나씩 부도로 쓰러졌다. 그러니 금리는 폭등하고 자금은 돌지 않을 수밖에 없었다. 월급도 못 줄지 모른다는 소문이 돌아 술을 마실 수도, 택시를 탈 수도 없었다. 어떻게 하면 식구들을 굶기지 않고 살아갈 수 있을지가 지상최대의 과제였다. 회사에서도 자구안이 나왔다. 몇 년생 이상은 명예퇴직원을 내라고 지시가 내려오고 임금도 18% 정도 삭감한다는 안이 노사협의를 통과했다. 나라 전체가 불안에 휩싸였다. 김대중 대통령당선인도 점심저녁을 도시락으로 때우면서, 취임식도 없이 대통령 역할을 하는 절박한 상황이었다. 모든 게 비상상황이었다. 주식은 1000포인트에서 300까지 내려갔고 부동산도 거의 절반 수준으로 떨어졌다. 부실한 은행, 증권사, 종금사 등이 매일 부도 선고를 받고 쓰러졌다. 입사 동기인 K과장은 무리하게 주식투자를 하다가 주식이 깡통 처리되면서 어쩔 수 없이 명예퇴직을 하고 회사를 떠났다. 수많은 직장인들과 자영업자들이 졸지에 거리로 내몰렸다.

영화에서 투자회사 직원인 주인공은 이 사건을 정확하게 예측했다. 국가 부도가 발생하기 전에 아는 투자자들을 모아 800원대에서 달러 사재기를 했다. 그리고 달러가치가 1,800원대로 올라가자 전량 팔았다. 그리고는 강남으로 가서 헐값에 나온 아파트를 주워 담았다. 금방 망해서 죽을 것 같은 국가경제도 국민들의 금모으기 운동과 정부의 발 빠른 대응으로 서서히 안정을 찾아 회복되었다. 그러자 끝 모르게 추락하던 주식시장도 추락을 멈추고 비상하기 시작하였다. 같은 팀에 있던 M과장은 재수 좋게도 시장이 회복되는 시점에 주식투자를 하였다. 연일 상한가를 치는 종목들이 속출하였다. 주식시장이 회복되는 시점에 투자하여 상당히 많은 돈을 벌었다. 주식으로 돈을 번 M과장은 자주 한턱을 쏘았다. 씀씀이는 커졌지만 분위기는 좋았다. 당시에 부동산을 잘 몰랐기 때문에 그저 투자처로는 주식밖에 없는 줄 알았다. 연일 주식시장이 달아오르자 가까이에 있는 증권사를 점심시간을 이용해 구경하러 가기도 했었다. 그러나 나는 옛날의 쓰라린 경험으로 인해 주식투자는 하지 않았다. 그렇게 휠휠 날던 M과장도 IT주식의 폭락과 함께 사라져갔다.

남이 버릴 때 주워 담아라

〈빅쇼트〉와 〈국가 부도의 날〉의 주인공들처럼 미래를 정확하게 예측하여 대응하기는 어렵다. 그러나 빅데이터나 경기 순환주기를 예측하는 능력이나 고급정보를 알게 된다면 미리 사놓고 기다리면 된것이다. 그러면 그야말로 대어를 낚을 수 있다. 대형사건이 일어나기 전에 알 수 있다면 더 이상 좋을 수는 없다. 그러나 그것은 신의 영역이라 생각되며 우리가 어찌할 수는 없다. 그렇지만 대형사고가 터진 후에 시장에 피가 낭자하고 공포가 시장을 지배할 때는 미래가 조금은 예측가능하지 않나 싶다. 주식시장에서 흔히 회자되는 "Be greedy when others are fearful, and fearful when others are greedy (남들이 두려워 할 때 탐욕을 부리고, 남들이 탐욕을 부릴 때 두려워하라)" 는 말은 전설처럼 전해져 오는 말이다. 지금까지도 늘 회자되는 명언이다. 남들이 버릴 때 주워 담아 조용히 매복하고 있다가 시장이 회복되면 큰 성과를 내는 전략이 필요하다. 돈이 없는 것이지 용기가 없는 것이 아니지 않는가. 20여 년간 두번의 세계적 금융위기가 있었다. 두번 다 위의 명언이 족집게처럼 정확하게 맞았다.

그러나 그렇게 남이 버릴 때 주워 담은 사람은 워런 버핏뿐이었다. 참 어려운 문제다. 분명한 것은 그렇게 해서 워런 버핏은 부자가 되었다는 것이다. 가치 이하에서 사서 장기간 보유하는 전략이 그를 세계 최고부자로 만들어 주었다. 그는 또 다른 모습으로 다가올 금융위기를 기다릴지도 모른다. 금융위기 때는 돈을 벌기가 평소 때보다 쉽기 때문이다. 2007년 서브프라임 모기지 사태 때 피가 낭자한 시장에 들어간 사람, 그가 바로 워런 버핏이다. 워런 버핏은 그 당시 모두가 망한다고 할 때 2008년 9월 골드만삭스가 신규 발행한 우선주에 50억 달러를 투자해 단기간에 20억 달러 이상을 벌어 들였다. 최고의 투자자들은 이런 혼란의 시기를 대할인 기회로 여긴다. 최대의 기회는 비관주의가 절정에 다다랐을 때이다. 그때가 매복하기에 가장 좋았다는 것을 지나간 뒤에야 늘 깨닫게 된다.

사실 돈이 없는 월급쟁이가 돈이 다니는 길목에 매복하기에 제일 좋은 곳은 흔들리지 않는 땅 투자 법칙 중 첫 번째 단계의 지역이다. 개발계획들이 아름아름 소문으로 전해지고 정보를 얻은 사람이 직접 움직일 때가 최고로 좋은 시기이다. 그러나 그런 정보는 일반인이 접하기는 어렵다. 그렇지만 안테나를 세우고 유·무료강의나 세미나를 다니다 보면 감지가 된다. 설사 알았다 하더라도 토지거래 성공경험이 없는 사람들은 나서기가 그렇게 쉽지 않다. 개발계획이 저녁뉴스와 일간지를 통해서 발표가 되어 현장에 가보면 산도 있고 도랑도 있고 해서 엄두가 나지 않는다. '이런 허허벌판이 언제 공사해서 도시가 생길까' 하고 의구심이 생겨서 투자를 못한다. 그렇지만 이때 시장에 진입한 사람들은 그야말로 돈벼락을 맞는 것이다. 좋고 귀한 정보를 얻게 되면 믿을 만한 전문가에게 물어보고 철저하게 분석하라. 그렇게 해서 최적의 시기와 장소를 찾아 돈이 다니는 길목에 매복하라. 그리고 기회를 잡아 인생역전을 이뤄라.

◉ Point

"남들이 두려워할 때 탐욕을 부리고, 남들이 탐욕을 부릴 때 두려워하라"는 말은 전설처럼 전해져 오는 말이다. 지금까지도 늘 회자되는 명언이다. 남들이 버릴 때 주워 담아 조용히 매복하고 있다가 시장이 회복되면 큰 성과를 내는 전략이 필요하다. 20여 년간 두번의 세계적 금융위기가 있었다. 두 번 다 위의 명언이 족집게처럼 정확하게 맞았다. 최대의 기회는 비관주의가 절정에 다다랐을 때이다. 그때가 매복하기에 가장 좋았다는 것을 지나간 뒤에야 늘 깨닫게 된다. 사실 돈이 없는 월급쟁이가 돈이 다니는 길목에 매복하기에 제일 좋은 시기는 개발계획들이 아름아름 소문으로 전해지고 정보를 얻은 사람이 직접 움직일 때이다. 최적의 시기와 장소를 찾아 돈이 다니는 길목에 매복하라.

땅 투자 초행길은 전문가와 동행하라

오늘날 우리 사회는 빈부 격차가 날로 극심해지는 양상을 보인다. 부자는 점점 더 잘 살고 빈자는 좀처럼 가난을 벗어나지 못한다. 이것은 우리 사회뿐만 아니라 국가 간에도 마찬가지 양상을 보이고 있다. 못사는 나라는 좀처럼 가난에서 벗어나기가 힘이 든다. 부강한 나라는 많은 부를 기반으로 자본을 확대하며 여유롭게 살아가고 있다. 이것은 어쩌면 부자국가와 부자는 재테크가 몸에 배어 있기 때문일지 모른다. 만약 현재의 빈부상황을 모두가 공평하게 백지 재정상태로 돌려놓으면 빈부 격차가 해소될 수 있을까. 절대 해소되지 않는다. 현재 있는 재산을 모두 제로상태로 한다고 해도, 부자는 다시 부자가 될 것이다. 그것은 그들이 가진 습관 때문이다. 모든 게 똑같은 상태에서 시작하더라도 부자들은 쉽게 다시 부자가 되고 가난한 사람은 다시 가난의 굴레를 벗어나지 못하는 상황이 된다. 부자들은 그들의 몸에 밴 검약의 정신과 저축으로 종자돈을 마련한다. 투자를 통하여 부를 일구는 방법을 잘 알기 때문이다. 부자들은 오늘의 만족보다는 내일의 만족을 위해서 기꺼이 오늘을 희생하고 참고 인내한다. 그들은 수입이 생기면 먼저 자기를 위해 저축을 하고 나머지 돈으로 생활한다. 빈자는 수입이 생기면 먼저 남을 위해서 돈을 쓰고 남는 돈으로 저축을 하려 한다.

부자에게 물어보고 배워라

미국의 백만장자 부자들은 37% 정도가 중고자동차를 구입해서 타고 다닌다고 한다. 외부에 내가 어떻게 비쳐지는지에 신경을 쓰는 게 아니라 미래의 만족된 삶을 사는 게 더 중요하다고 생각하기 때문이다. 가끔 젊은 사람들이 중형 신차를 대출까지 해서 몰고 다니는 것을 보면, 저렴한 중고차를 사고 나머지 돈은 재테크의 종자돈으로 사용하면 얼마나 좋을까 하는 생각이 들 때가 있다. 삶의 방식이 다 다르기 때문에 어느 것이 맞다고 말하기 어려우나 먼저 투자를 하고, 그 투자에서 나오는 돈으로 사면 좋지 않을까 하고 아쉬울 때가 있다. 부자들은 검소한 생활이 뼈 속 깊숙이 습관화되어 있기 때문에 자기 것만 아끼는 것이 아니다. 비록 남의 것이라 하더라도 자기 것처럼 아낀다. 남의 것이라고 절대 함부로 대하지 않는다. 그래서 부자들은 회사 물건이나 공공물건도 절대 낭비하지 않는다. 부자들은 사람들이 일상적으로 생활하는 것만 보아도 부자로 살 것인지, 빈자로 살 것인지를 직감적으로 알아본다. 목욕탕에서조차도 부자로 살아갈 사람, 가난하게 살아갈 사람을 구별할 수 있다. 아무리 남의 것이라도 물 한 방울, 전기 한 등이라도 쉽게 생각하지 않고 알뜰하게 사용한다. 혼자만 야근하는데 전사무실의 불을 켜놓고 하지는 않는다는 것이다.

그리고 종이 한 장이라도 소홀하게 다루지 않는다. 그렇게 살면 미래를 가질 수 있고, 희망이 부풀어 올라 삶이 재미있게 변화된다. 부자들은 어떻게 하면 부자가 되고, 어떻게 하면 부를 일구게 될지에 대해 이야기하기를 좋아한다. 옛날에 수원대 사회대학원의 부동산학과에 다닐 때 이야기다. 매 학기마다 MT를 간다. 갈 때마다 거기에 참석한 사람들은 하루 종일 부동산 재테크 이야기로 밤을 새운다. 그것이 재미있으니까. 그들은 지치지도 않고 즐겁게 웃음꽃을 피우면서 서로 좋은 정보나 경험을 나눈다. 부자가 되길 원하거나 부자를 벤치마킹 하고 싶다면 부자들한테 물어보고 배워야 한다. 어떻게 부자가 되었는지를 물어보면 대부분 열정적으로 그들만의 독특한 비법을 이야기 해 준다. 그런데 문제는 받아들일 준비가 안 되어 있으면 핵심을 못 알아들을 수 있다는 것이다. 이것쯤은 알겠지 하고 말하거나 직접적으로 언급하기 곤란한 비법부분은 돌려서 이야기를 할 수도 있다. 그럴 때 고수들이 던지는 말이나 간접화법으로 말하는 것을 알아들을 수 있어야 한다. 어쩌면 그게 핵심일 수도 있기 때문이다. 하여, 늘 정보나 경제지식을 열린 마음으로 모으고 습득해야 한다. 고수들과 하수들은 많은 차이가 있다. 좋은 고수나 전문가를 잘 만나는 것도 복이며 행운이다. 그러나 그들을 만나도 무슨 말인지 못 알아듣거나 곡해를 하면 아니 될 일이다.

예전에 어디선가 보았는데 서울여대 부자학 강의를 하는 교수님은 학생들에게 부자라고 생각되는 사람들을 찾아가 어떻게 부자가 되었는지를 조사하고, 그 결과를 학생들끼리 공유하게 했다고 한다. 그 대학교의 부자학 강의는 경쟁이 심하여 늦게 신청하면 강의를 들을 수가 없었다. 그도 그럴 것이 그 강의를 들은 학생들과 듣지 않은 학생들의 생활이나 부의 인식도 차이가 상당히 나기 때문이었다. 그래서 그 학과는 항상 인기가 있었다고 들었다. 마음만 먹는다면 부자를 벤치마킹 하기는 어렵지 않다. 우리 주위에 부를 비교적 쉽게 이룬 자수성가한 친구, 친척, 선후배를 눈여겨보라. 어떻게 부를 축척하였는지를 직접 물어 보아도 마다하지 않을 것이다. 그들도 쉽게 부를 이루지는 않았다. 수많은 사연이 있었을 것이다. 그들 대부분은 부정적이거나 폐쇄적인 사람들이 아니라 긍정적이고 열정적인 사람들이다. 열심히 살았고, 열정적이고 긍정적으로 살아왔기 때문에 오늘의 그들이 있다고 생각한다. 부는 늘 준비하고 있다가 기회가 오면 놓치지 않고 잡아야 한다. 부는 한방에 오지도 않으며, 일확천금으로 다가오지도 않는다. 꾸준히 미래가치를 볼 수 있는 혜안을 키우고, 남들보다 빨리 그 가치를 판단하고, 그 기회를 잡을 수 있어야 한다. 하루라도 일찍 투자할 수 있는 여건을 만들어 기회를 잡아야 한다. 기회가 왔을 때 아무리 좋아도 혼자 결정하지 말고 전문가와 상의하면서 진행하는 것도 좋은 방법이다.

믿을 수 있는 전문가를 만나라

전문가들의 특징은 한 분야에 대한 호기심과 열정, 그리고 끝까지 해내겠다는 고집이 있는 사람들이다. 고수와 전문가는 초보들이 볼 때 경악스러울 정도로 신기하기도 하고 높은 역량을 보여주기도 한다. 어떤 문제가 발생하였을 때 도저히 해결방법이 없는데 고수와 전문가는 시원하고 명쾌하게 답을 찾아내어 탄성을 자아내게 만든다. 한 분야의 최고 전문가는 하루 3시간씩 10년 간 노력해야 된다고 한다. 1만시간을 오롯이 한 분야에 집중해야 나오는 지혜의 결실인 것이다. 전문가는 하루아침에 이루어지지 않는다. 왜 전문가이겠는가. 한 분야에서 다양한 경험과 무수한 어려움을 겪으면서 내공이 엄청나게 쌓여 있기 때문이다. 남다른 혜안과 지혜가 몸에 배어 있어 미래를 보는 혜안 또한 뛰어난 것이 전문가다. 수많은 성공과 실패를 거듭하면서 얻은 지혜를 가지신 분들이 전문가인 것이다. 둘러보면 전문가를 자처하는 분들도 많다. 물론 일일이 검증을 할 수는 없지만 나름대로 다양한 경험을 가지고 있다면 그 또한 값지고 귀중한 것이다. 믿을 수 있는 전문가를 만나는 것도 행운이다. 그만큼 시간과 비용을 줄일 수 있기 때문이다.

골목상권도 살리고 고객이 찾지 않는 식당을 전문가가 지도하여 성공시키는 TV프로그램 〈골목식당〉을 본 적이 있을 것이다. 거기에 나오는 전문가는 한 번에 식당의 문제점과 개선점을 찾아낸다. 그리고 몇일 동안 식당주인에게 그의 노하우를 가르쳐주어 고객들이 찾아오는 식당으로 만들어 주는 것을 눈으로 확인시켜 준다. 그 과정을 리얼하게 담아 재미를 더해 꽤나 인기가 있는 프로그램 같았다. 진정한 전문가가 무엇인지를 단적으로 보여준다. 그 전문가가 백종원씨다. 그가 그렇게 되기까지 많은 시련과 연습과 시행착오가 있었을 것이다. 그래서 척보면 알 수 있는 경지가 된 것이다. 그도 처음부터 그렇게 타고 났겠는가. 수많은 경험이 그를 그렇게 만들어준 것이다. 분명 그에게는 뭔가 특별한 것이 있다. 요식업계에 백종원씨가 있다면 책 쓰기에는 김태광이라는 사람이 있다. 그는 23년 간 200권의 책을 썼고 8년간 900명의 작가를 배출했다. 학교 다닐 때 꼴찌를 도맡아 했다는데 어디서 그런 능력이 나오는지 참으로 신기하다. 한 가지에 빠져 미치도록 연구하여 그 분야의 신의 한수를 찾은 것이 분명하다. 그 외에도 거의 죽은 사람도 살린다는 이국종씨같은 분은 존경스러운 전문의다.

처음으로 땅 투자를 할 때는 전문가와 동행하는 게 좋다. 땅은 같은 게 하나도 없다. 하나같이 다 틀리다. 우리나라 땅은 99,600km^2 이다. 약

300억 평이며 2,800만여 필지가 있다. 필지마다 다 주인이 다르듯 땅도 똑같은 것이 하나도 없다. 모양도 다르고 형태도 다르고 위치도 다르다. 그리고 가격도 천차만별이다. 처음으로 투자를 할 때는 믿을 수 있는 전문가 두 사람 정도에게 자문을 받는 게 좋다. 아는 전문가가 없는데 어찌하오리까 반문할 수 있는데, 다수의 땅 거래를 성공적으로 해본 사람이면 거의 전문가다. 아는 지인이나 친척 중에 성공한 사업가 분이나 아주 부자인 분은 거의 전문가다. 부자들은 거의 대부분 땅이 많다. 그래서 많이 알고 전망도 잘하고 정보도 많다. 그런데 아주 경계해야 할 전문가는 잘 살지도 못하면서 전문가라고 말하는 사람이다. 이런 사람한테는 자문을 받으면 안 된다. 성공한 경험이 많아야 한다. 성공한 경험도 없고 부자도 아닌 경우는 사기꾼이기 때문이다. 현재 상태에서 부자인 사람에게 자문을 받아야 한다. 과거의 부자는 안 된다. 그 지역 부동산 중개인 중 성실하고 진실한 분의 자문은 꼭 필요하다. 전문가와 초행길 동행은 또 다른 성공을 예약하는 것과 같다.

전문가는 하루아침에 이루어지지 않는다. 남다른 혜안과 지혜가 몸에 배어 있어 미래를 보는 혜안 또한 뛰어난 것이 전문가다. 수많은 성공과 실패를 거듭하면서 얻은 지혜를 가지신 분들이 전문가인 것이다. 땅은 필지마다 다 주인이 다르듯 똑같은 것이 하나도 없다. 처음으로 투자를 할 때는 믿을 수 있는 전문가 두 사람 정도에게 자문을 받는 게 좋다. 그런데 아주 경계해야 할 전문가는 잘 살지도 못하면서 전문가라고 말하는 사람이다. 이런 사람한테는 자문을 받으면 안 된다. 성공한 경험이 많아야 한다. 성공한 경험도 없고 부자도 아닌 경우는 사기꾼이기 때문이다. 그 지역 부동산 중개인 중 성실하고 진실한 분의 자문은 꼭 필요하다. 전문가와 초행길 동행은 성공을 예약하는 것과 같다.

정성이 있어야
급급매 정보도 받는다

부자들에게 종자돈을 어떻게 모았는지를 물어보면 부동산 투자라고 말하는 사람들이 많다. 부동산이 하락하는 시기를 잘 이용하여 투자에 성공함으로써 넉넉한 종자돈을 마련한 경우가 많았다. 특히 1997년경 IMF 때나 2007년 서브프라임 모기지 사태 때 많은 차익을 본 것으로 보인다. 이때는 TV에서 급급매 정보를 알려줬다. 부동산 가격이 큰 폭으로 하락하고 있다고, 주요 언론매체들이 앞다투어 공개적으로 알려줬다. 이때는 온갖 알짜 물건들이 시장에 쏟아졌다. 평소 때라면 생각지도 못하는 좋은 물건들이 쏟아져 나와 가질 수 있는 기회가 온 것이다. 현재의 부자들은 그 당시 급매로 샀든지 경매로 사들였다. 시장이 안정화되자 가치 이하에서 산 물건들이 가치 이상 평가를 받아 차익 실현으로 부를 챙겼다. 부자들은 부동산이 가치 이하에서 거래될 때 눈길을 준다. 부동산뿐 아니라 모든 재테크의 기본이 되는 원칙인지도 모른다. 가치 이하에서 사서 장기보유하고 있다가 시장이 안정되어 가치 이상의 평가를 받을 때 이익을 실현하는 투자를 기본으로 한다.

큰 금융위기가 아니라도 경기가 위축되거나 규제가 심하면 자연 부동산시장이 침체된다. 이럴 때 불가피하게 자금이 필요한 사람들의 매물이 시장에 나온다. 이렇게 평상시보다 싼 가격으로 나온 것을 급매라고 한다. 보통 시세보다 5~10% 싸게 나온다. 실수요자들은 시장을 지켜보고 있다가 급매로 나온 물건이 있으면 사게 된다. 15% 이상 싼 것을 급급매로 보면 되는데, 토지의 경우는 20~30%까지 싸게 나오는 경우도 있다. 진짜 자금이 필요한 경우에 간혹 나오는 물건으로, 이런 물건을 잡는 것은 행운이기도 하다. 보통 급급매물은 은밀하게 거래가 이루어진다. 지역 부동산시장을 교란시킬 수 있거나, 소문이 나는 것을 싫어하는 경우, 아주 급하게 자금압박을 받는 경우에 발생하는 귀한 물건으로, 대부분 소리 소문 없이 거래가 된다. 이런 물건도 개인끼리 처리할 수 있는 것이 아니므로 중개사를 거치게 된다. 그러면 중개사 입장에서는 이 물건을 가까운 사람이나 친척에게 줄까. 아니다. 소개하면 바로 거래가 될 수 있는 사람에게 은밀히 전해지는 것이다. 돈을 쌓아놓고 살아가는 사람이 얼마나 될까. 그렇기 때문에 준비된 사람에게만 이런 귀한 물건이 갈 수밖에 없다.

만약에 급급매를 소개 받았다고 하면 그것이 급급매인지 아닌지 파악해야 한다. 평소에 준비가 되어 있지 않으면 그게 급급매인지 아닌지 모른다. 그렇게 되면 오는 기회를 놓치고 만다. 그래서 관심지역을 지정해서 늘 취미 삼아 자주 확인하고 체크해서 시장의 흐름을 알고 있으면 좋다. 급급매의 특성상 좋은 물건은 금방 사라지게 된다. 이런 행운의 물건도 준비된 사람만이 가질 수 있다. 평소에 꾸준히 종자돈을 모으고 있으면서, 자기만의 철학이나 원칙을 갖고 있다면 빠른 판단으로 실행할 수 있을 것이다. 그래야 급급매를 가장한 사기물건도 가려낼 수 있기 때문이다. 사실 관심지역을 잘 살피고 있으면 가격만 보아도 급급매인지 아닌지를 알 수 있다. 그렇기 때문에 중개사가 급급매를 알아보는 사람에게만 정보를 알려준다. 급급매를 알아보지도 못하는 사람에게 이게 좋은 물건이니 사시는 게 좋다고 하면 거래가 이루어지지도 않을 것이다. 그래서 물건을 제대로 평가해 줄 수 있는 사람은 자연히 좋은 물건도 많이 소개받을 수 있게 되는 것이다. 무엇보다도 자금력이 세면 그 위력은 클 수밖에 없다.

하지만 물건을 잘 알고 자금이 아무리 많이 있어도 실행하지 않으면 아무런 소용이 없다. 좋은 물건이 나오면 소개해 달라고 해놓고는 막상 소개해 주면 빨리 행동하지 않고 망설이게 되면 기회를 놓치게 된다. 이런 경우는 자신감이 부족하기 때문이다. 미리미리 공부를 해야 자신감이 생기고 판단력이 생기게 된다. 그렇게 하여야 투자결정을 위한 판단을 하는 데 도움이 된다. 그러나 많은 사람들은 종자돈이 모여야 그때부터 투자공부를 한다고 말한다. 미리미리 공부를 해 두어야 여유 있는 판단을 하게 된다. 부동산 공부를 한다고 하면 처음부터 낯선 용어에 주눅이 들 수 있다. 지목의 종류, 토지이용계획원, 등기부 등본 보기, 용도지역 구분 등 낯선 용어가 너무 많다. 용도별 건폐율, 용적률 등 복잡하고 처음 듣는 용어에 기가 죽어 재미를 잃을 수 있다. 그런 것을 처음부터 잘 알면 좋지만 모르면 필요할 때 찾아보면 된다. 책을 보든지 인터넷으로 의문이 갈 때 알아보면 되는 문제다. 투자자는 큰 그림을 보면서 미래가치를 판단하고 투자를 결정하는 사람이다. 투자자가 중개사같이 많은 것을 알 필요는 전혀 없다. 그럴 시간에 한곳이라도 더 발품을 팔아 현장을 돌아보고 좋은 중개인을 만나라.

한 지역에서 오랫동안 영업을 하는 중개인사무실에는 비교적 좋은 급급매 매물들이 있다. 급급매 물건이 시장에 나오는 이유는 다양하다. 좀 더 자세히 급급매의 발생 사유를 알게 되면 투자를 판단하고 대응하는 데 많은 도움이 되므로 살펴보자.

1. 상속을 하는 경우이다. 이때 갑자기 상속자가 돌아가셨을 경우에는 형제자매들이 빨리 처분하여 정리하려고 하기 때문에 자연히 저렴

하게 시장에 나오게 된다.

2. 공동으로 소유하고 있다가 서로 불신과 내분으로 처분하는 물건도 마찬가지다. 급급매로 나오는 경우가 있다.

3. 부부간의 이혼으로 헤어질 경우 두 번 다시 보기 싫은 경우가 되므로 이 또한 급하게 처리를 하게 된다.

4. 자금압박으로 인한 경제사정이나 개인사정으로 불가피하게 빨리 처분할 경우이다.

5. 이민을 가게 되는 경우나 해외장기체류 사정이 있을 경우인데 놓아두고 가면 되는데, 굳이 정리할 경우는 싸게 나온다.

6. 자금이나 세금 회피를 목적으로 처분되는 경우다.

7. 현지사정을 모르는 경우다. 장기해외거주나 농사만 짓고 살았기 때문에 부동산은 전혀 모르는 경우인데 참 안타까운 경우다.

모르는 것은 미덕이 아니다. 요즈음은 해외에 살아도 여러 가지 가격을 알아볼 수 있는 방법이 많으니까 싸게 팔아서도 안 된다. 매도를 하고자 할 때도 좋은 부동산 가격정보 앱이나 서너 곳의 부동산중개사무실에 전화를 해서 알아보고 난 뒤에 매도를 하는 것이 좋다. 잘못하면 나의 결실을 부동산중개업자가 다 가져가는 경우가 생기기 때문이다. 그것은 아니지 않는가. 투자의 성과를 온전히 내 것으로 만들어야 한다.

그렇다면, 급급매를 어떻게 하면 잘 소개받을 수 있을까? 급급매를 잡으려면 인적네트워크를 활용하는 것이 좋다. 지역에서 오래된 중개사분들은 가끔 급급매 매물을 확보할 수 있다. 그러나 그들은 아무에게나 급급매 매물을 주지 않는다. 친척이나 지인이라 해도 잘 주지 않는다. 그들은 물건을 빨리 소화할 수 있는 사람에게 귀한 정보를 준다. 준비가 되어 있지 않은 사람에게는 주지 않는다. 왜 귀한 물건인지를 설명부터 해야 하니까 복잡하고 해서 주지 않는다. 그리고 평소에 결단력이 부족한 경우에는 주고 싶어도 빠르게 소화를 하지 못하기 때문에 주지 않는다. 그러므로 늘 관심지역에 체크를 하고 있으면, 어느 날 갑자기 전화가 와도 신속하게 대응할 수 있다. 매물이 급급매인지를 가격을 보고 바로 판단할 수 있기 때문에 결정하기가 쉽다. 매물을 잡기 위해서는, 첫째 급급매인지를 판단할 수 있어야 한다. 그렇기 때문에 항상 관심지역의 일반 매물들을 눈여겨보는 게 좋다. 그래야 고급 정보를 들었을 때 빨리 좋은 물건인지 진짜 급급매인지를 평가할 수 있기 때문이다. 둘째는, 자금을 동원할 수 있어야 한다. 아무리 좋은 물건이라도 자금을 동원할 수 없으면 아무 소용이 없기 때문이다. 내 수중의 돈만 돈이 아니기 때문에 여러 가지 자금을 동원할 시나리오를 평상시에 계획해 두면 더욱 좋다. 은행에 담보대출을 일으키는 방법, 마이너스통장을 이용하는 방법, 동호회원과 공동투자를 하는 방법, 친인척과 공동투자를 하는 방법 등 다양하게 자금을 동원할 수 있다면 행운을 잡을 기회는 더욱 더 많아진다.

　이런 행운을 잡기 위해서는 관심지역의 중개사무실에 자금사정을 알려주고 급급매가 있으면 언제든 자금을 동원할 수 있다는 점을 강조해 둔다. 연락처만 남겨두기보다는 명함도 주고받고 중개사무실 외관사진도 찍어두어 적극적인 매수자임을 보여줄 필요가 있다. 갈 때는 빈손으로 가기보다는 음료수라도 사가는 정성도 필요하다. 그리고 자주 방문하여 식사도 대접하면서 그 지역 부동산시장의 흐름과 진행사항 등에 대한 의견을 주고받아 친분을 유지해 둔다. 그리고 무엇보다 중요한 것은 실제 매매가 이루어졌을 때다. 그럴 때는 법정 중개수수료보다 조금 더 챙겨주면 확실하다. 조그마한 정성들을 쌓아 행운의 급급매 정보를 얻어 투자 수익을 극대화하자.

📍 Point

평상시보다 싼 가격으로 나온 것을 급매라고 한다. 보통 시세보다 5~10% 싸게 나온다. 15% 이상 싼 것을 급급매로 보면 되는데, 토지의 경우는 20~30%까지 싸게 나오는 경우도 있다. 보통 급급매물은 은밀하게 거래가 이루어진다. 급급매의 특성상 좋은 물건은 금방 사라지게 된다. 중개사는 급급매를 알아보는 사람과 매물을 빨리 소화할 수 있는 사람에게 귀한 정보를 준다. 여러 가지 자금을 동원할 시나리오를 평상시에 계획해 두어 관심지역의 중개사무실에 급급매가 있으면 언제든 자금을 동원할 수 있다는 점을 강조해 둔다. 그리고 자주 방문하여 식사도 대접하면서 그 지역 부동산시장의 흐름과 진행사항 등에 대한 의견을 주고받아 친분을 유지해 둔다. 행운의 급급매 정보를 얻어 투자 수익을 극대화하자.

4장

오를 땅만 사는
토지투자 전략

⋮ 확실히 오를 땅은 오른다 ①

　　우리나라의 수많은 지역과 도시에는 개발계획들이 다 있다. 크고 작은 개발계획이 진행 중에 있으며 지금도 개발이 계획되어지고 있다. 그 중에서도 제일 중요한 큰 뼈대는 국토종합개발계획에 기반을 두고 있다. 국토의 자연조건을 종합적으로 이용하고 개발하여 국민복지 향상에 기여함을 목적으로 하기 때문이다. 국가 또는 지방자치단체가 추진하는 사업의 입지와 시설규모에 관한 목표 및 지침이 될 사항의 종합적이고 기초적인 장기계획이다. 우리나라의 국토종합개발계획은 5차에 걸쳐서 진행 중이다. 매차 10년에서 20년 단위로 계획들이 연계 추진되고 있다. 연차별 국토종합개발계획을 보면 다음과 같다.

제1차(1972년~1981년) 국토종합개발계획은 성장거점 개발방식으로 공업기반 조성, 교통거점 확충 등 국토관리체계를 확립하는 것이 주요내용이었다. 경부 축을 중심으로 인구와 산업이 집중되는 결과를 가져왔으며 지역 간의 격차가 발생되었다.

제2차(1982년~1991년) 국토종합개발계획은 광역개발 방식으로 수도권 인구 억제, 지방경제 육성으로 국민복지 향상 등을 주요내용으로 하였다.

제3차(1992년~2000년) 국토종합개발계획은 국가 균형발전 개발방식으로 지방경제권의 육성과 수도권의 기능 분산, 서해안 산업시대 조성과 고속 유통망 구축사업으로 국민복지 향상과 통일에 대비한 국토기반 조성사업을 추진하였다.

제4차(2001년~2020년) 국토종합개발계획은 상생하는 균형국토, 경쟁력 있는 개방국토, 살기 좋은 복지국토 추진으로 지역 간의 통합과 국토의 균형발전에 초점을 두고 있다.

제5차(2021년~2040년) 국토종합개발계획은 수립 진행될 것이다.

오를 땅만 사는 투자 전략

10년에서 20년 사이로 추진되는 국토종합개발계획 사업들은 하나씩 완공해 나간다. 계획이 진행 중이거나 개발계획이 달성됨으로써 대한민국의 땅은 폭등하였고 앞으로도 지속적으로 발전해 나갈 것이다. 대한민국 어디든 투자를 해도 땅값은 오른다. 그러나 다른 지역보다 더 오를 지역 또한 존재한다. 땅값은 어디든 당연히 오르겠지만 중장기적으로 급등하는 지역을 찾아내는 게 투자에 따른 수익률을 높이는 방법이다. 토지는 반드시 가격이 오를 지역을 선정하여 투자하여야 한다. 그러면 땅값이 오를 지역은 어떤 곳일까. 그것을 알면 보다 투자가 쉬워지고 수익도 많이 취할 수 있다. 어떤 지역이 더 발전해 나갈 수 있고 중장기적으로 가격이 상승하게 될지 생각해 보자.

첫째, 토지가격은 그 땅을 밟는 사람들의 수에 비례한다고 했다. 즉, 인구가 증가하는 지역을 찾아야 한다. 행정자치부 통계와 통계청 자료를 참조하여 지속적으로 추적 관리하면 어느 지역이 인구가 증가하는지를 알 수 있다. 인구가 늘어나는 지역은 지가가 계속 상승한다. 그러나 인구가 감소하는 지역은 적극적으로 피해야 한다. 특히 지방도시의 경우 인구감소는 치명적이므로 인구감소가 나타나면 즉시 빠져나와야 한다. 미련을 두면 빠져나오는 것 자체가 어려워진다.

다음으로, 인구 증가에 절대적으로 영향을 미치는 것은 일자리이다. 양질의 일자리가 많으면 많을수록 인구는 증가하게 된다. 그러니까 향후 양질의 일자리가 늘어나는 곳을 찾아야 한다. 양질의 일자리 공급은 정부기관의 이전이나, 정부나 기업이 추진하는 사업으로 사무실이나 공장을 건설함으로써 일자리 창출이 일어나는 곳이다. 정부가 사업을 주도함으로써 형성되는 도시나 시설로 인해 인구가 증가하는 곳으로는 세종시, 공공기관 지방이전 10개 혁신도시, 인천국제공항, 평택항, 미군기지 등 많은 곳이 있다. 또 정부의 기본계획에 의해 생기는

207

교통여건 개선사업도 상당히 잠재력이 있는 지가상승 역할을 한다.

부자들은 부동산 개발정보에 정통하다. 수도권 어느 지역에 어떤 계획이 있는지, 국철계획은 어딘지, 전철계획은 어떤지, 경전철계획은 어떻게 되는지 등 교통개선 지역도 계획이 가시화되면서 주변 지가를 견인할 정도로 파워가 크다. 이들 지역이나 노선에 따른 지역을 열심히 분석하여 시장에 진입하게 되면 많은 수혜를 볼 수 있다. 이런 국가 주도 사업도 가다 서다를 반복한다. 1차 소문 전에 투자를 하지 못했어도 시장을 항상 관찰하고 있으면 언제나 좋은 급급매 매물은 시장에 나온다. 그럴 때 진입하여도 된다. 소문단계에서 투자한 것보다는 미흡하더라도 굉장한 수익을 창출할 수 있다. 이 또한 검토만 하는 것이 아니라 직접 시장에 진입해 보아야 한다. 실천만이 수익을 가져다준다는 사실을 잊어서는 안 된다.

그리고 기업이 주도하는 사업으로 인해 창출되는 대규모 일자리 또한 인구를 증가시키는 큰 요인이 된다. 그러한 지역은 지속적으로 지가가 다른 곳보다 많이 오른다. 삼성전자, 현대자동차, 한국전력공사, SK, LG전자, 포스코 등이 있는 수원, 평택, 울산, 이천, 용인, 화성, 청주, 파주, 포항, 순천 등 이들이 자리를 잡는 곳은 여지없이 지가가 급등한다. 사업장 이전이나 공장부지 물색이라는 말이 돌게 되면 급히 관심을 가질만하다. 기업 입장에서 부지확보를 위해 지가가 움직이기 전에 많은 땅을 확보해야 하기 때문에 엄밀하게 진행할 수밖에 없다.

워낙 중요한 사안이라 엄밀하게 진행되지만 인허가 문제로 인한 법률적 검토나 민심 등을 고려해야 하는 등의 문제로 완전하게 비밀을 오랜 기간 유지하기는 어렵다. 그러므로 소문이 나게 된다. 그럴 때 용기 있는 결단을 하면 엄청난 부를 거머쥐게 된다. 시장은 시장에 진입하는 사람에게만 늘 부러운 성과를 선물한다.

중요한 것은 이미 개발이 많이 진행되고 사업을 하고 있는 경우는 그렇게 수익창출이 많지 않다는 것이다. 그렇지만 개발계획 이전 소문단계이거나 초기 발표단계에서의 진입이면 문제는 다르다. 오르는 단계가 오면 반드시 오른다. 앞에서 말한 계획들은 아름아름 소문이 난다. 그 정보를 접한 사람들은 이런저런 소문을 확인하기 위해 움직이게 되면서 소문은 더욱 확산이 된다. 정보를 얻은 사람이 직접 움직일 수 없다면 믿을만한 다른 사람들이 와서 토지를 사게 되는 것이다. 개발계획 정보에 가장 접근되어 있는 일부 사람들이 어느 정도 거래를 하게 된다. 그렇지만 확실하게 공식적으로 밝혀지지 않은 정보를 근거로 움직이는 것이라 그렇게 크게 요동치지는 않는다. 그러나 높은 가격으로 거래는 꾸준히 이루어진다. 일반인들이 이런 정보를 알기는 거의 불가능하다. 그러나 이때 시장에 진입한 사람들은 그야말로 횡재를 한다.

기본적으로 땅값이 오르는 지역을 사전에 파악하기 위해서는 도시

관리기본계획을 살펴보아야 한다. 기본 계획에 담겨져 있는 내용 중에 향후 유입되는 인구가 얼마나 증가하는지 체크하는 것이 중요하다. 지자체에서 진행하는 사업도 웬만하면 계속 진행되기 때문에 중장기적인 관점에서 긍정적으로 검토하면 많은 성과를 거둘 수 있다. 무엇보다 인구 규모가 중요하다. 상주인구가 늘어나게 되면 성공 확률 또한 올라가게 된다. 대규모 개발사업이 진행되는데 오르지 않는 경우는 없다. 땅 투자는 눈에 보이지 않을 때는 움직임이 없다가 어떤 계획들이 가시화되면서 가격이 폭등하는 경향을 보인다. 고수들은 쌀 때 많이 사두었다가 도시가 형성될 때 많은 수익을 거두어들인다. 지자체의 도시 관리계획에 도시개발구역으로 정해진 구역이 있는데 이것은 지자체가 공개적으로 '이곳은 앞으로 오를 지역입니다'라고 말하는 것과 다를 바가 없다. 그래서 부자들은 그런 땅을 사놓고 기다린다. 도시가 형성될 때까지 기다리다가 늘 큰 수익을 창출한다.

오를 땅은 확실히 오른다. 그리고 오르는 단계가 되면 반드시 오른다. 정부가 주도하는 사업이나 계획은 가다 서다를 반복하지만 거의가 추진된다고 봐야 한다. 그리고 대기업들이 추진하는 사업도 정부 주도 사업보다는 한 단계 아래이지만 많은 곳에서 성과를 내고 있다. 기업들의 운명은 글로벌 경제와도 연결되어 있기 때문에 적지 않은 영향을 받는다. 그러나 일자리 창출로 인한 지가 상승은 꾸준하다고 본다. 강남과 삼성역 부근의 무너지지 않는 일자리 상권은 지가 상승을 철옹성같이 지킨다. 일자리가 늘어나는 곳에 대한 정보나 소문이 있으면 급히 관심을 가지고 검토하라. 여유가 된다면 진입하여야 한다. 일자리가 창출되는 곳의 땅은 확실하게 오르는 땅이기 때문이다.

♥ Point

토지는 반드시 가격이 오를 지역을 선정하여 투자하여야 한다. 그러면 땅값이 오를 지역은 어떤 곳일까. 첫째, 토지가격은 그 땅을 밟는 사람들의 수에 비례한다. 즉, 인구가 증가하는 지역을 찾아야 한다. 인구가 늘어나는 지역은 지가가 계속 상승한다. 다음으로 인구 증가에 절대적으로 영향을 미치는 것은 일자리이다. 양질의 일자리가 많으면 많을수록 인구는 증가하게 된다. 그러니까 향후 양질의 일자리가 늘어나는 곳을 찾아야 한다. 또 정부의 기본계획에 의해 생기는 교통여건 개선사업도 상당히 잠재력이 있는 지가상승 역할을 한다. 대규모 개발사업이 진행되는데 오르지 않는 경우는 없다. 오를 땅은 확실히 오른다. 그리고 오르는 단계가 되면 반드시 오른다.

국책사업이
진행되는 곳을 살펴라

　　국책사업에는 고속도로, 국도, 고속철도, 일반철도, 6대도시 지하철 사업, 신항만, 일반항만, 인천국제공항, 일반 공항, 혁신도시, 댐, 환승 주차장, 산업단지 조성 사업 등 국민적 필요성에 따라 해결해야 할 개발사업이다. 국가에서 목표를 설정하고 관리 추진하는 대규모 개발 사업을 말한다. 토지투자자들은 국책사업이 완성되기까지 어느 정도의 시간이 소요되는지, 국책사업 완료 시 주변에 미칠 영향은 어떤 것이 있는지 등 여러 요소들을 잘 파악해야 한다. 장기적으로 추진되는 국책사업인 경우 확실하게만 이뤄진다면 기간은 문제될 것이 없다. 사업완공 시 그 파급효과는 엄청나기 때문이다. 최근 서해안 일대의 지역에 이목이 집중되고 있는데 인천국제공항, 평택항 확장공사, 서남해안 관광레저도시 등 많은 사업들이 있다. 가장 중요한 부분은 바로 그 지역의 지가 시세변동 여부이다. 땅값이 갑자기 급격하게 오르는 경우는 쉽게 볼 수 있다. 하지만 대부분 장기간이 소요된다. 국책사업에는 어떤 사업들이 있는지 알아보자.

고속도로, 국도 건설사업 : 국토부는 올해 6조원의 고속도로사업이 연내 설계착수에 들어간다고 밝혔다. 6조원 고속도로사업은 세종-청주 고속도로, 부산 신항-김해 고속도로, 울산외곽순환고속도로 등 고속도로 신설사업 3건과 제2경춘 국도 서남해안관광도로 등 국도 11건으로 약 6조원 규모의 예산이 투입될 계획이다. 고속도로가 생길 때 투자를 한다면 톨게이트에서 5km 이내에 있는 토지에 투자하는 게 좋다. 그리고 도로가 생기는 것에 투자를 한다면 사람들이 접근하기 쉽고 사업하기 좋은 도로에 길게 접한 직사각형의 토지가 좋다.

고속철도, 일반철도 : 고속철도는 시속 200km 이상으로 운행되는 철도사업으로 우리나라는 2004년 4월 1일부터 도입 운행되고 있다. 고속철도인 KTX, SRT, GTX는 수도권의 핵심지역으로 이동이 빠르고 용이한 혁신적인 교통수단이다. 철도역사가 들어서게 되는 땅은 그야말로 금값이 된다.

6대도시 지하철사업 : 서울시나 수도권에서 집과 직장을 오가는 교통수단으로 가장 선호하는 것은 지하철이다. 역세권이 형성될 곳은 오를 땅이므로 하루라도 빨리 저평가된 역세권을 찾아서 투자를 하는 게 좋다. 지하철은 빠른 이동성, 접근성, 편리성이 있기 때문이다. 지하철 노선은 서울로 연결되는 노선, 특히 강남3구로 연결되는 노선이 가치가 높다.

신항만, 일반항만 사업 : 3면이 바다로 둘러싸여 있고 수출대국인 우리나라는 많은 양의 수출입 물량이 항구를 통하여 이동한다. 대표적인 항만으로 부산항, 인천항, 평택항이 있으며, 다른 항에 비해 평택항은 늘어나는 물량으로 대대적인 확장공사를 진행 중에 있다.

인천국제공항, 일반 공항 : 영종도에 있는 인천국제공항은 1992년 영종도와 용유도 사이를 매립 공사하여 조성하는 사업으로 총 공사기간 8년 4개월을 거쳐 2001년 3월 29일 개항하였다. 연간 여객 6천만 명 이상을 처리하는 공항은 전 세계에서 인천공항을 비롯해 7개에 불과하다. 인천공항은 급증하는 항공 수요에 대응하기 위해 2008년 6월 탑승동과 제3활주로 등을 증설하는 2단계 건설 사업을 완료했다. 이어 2009년 6월부터는 제2터미널과 제2교통 센터 등을 신축하는 3단계 건설 사업으로 제2여객터미널이 2018년 1월 개통되었다. 4단계 사업은 제2터미널 확장과 제4활주로 신설, 진입도로·계류장 확충이 핵심이다. 2023년까지 4단계 사업이 완료되면 인천공항의 여객처리 능력은 연간 1억 명까지 늘어난다. 인천국제공항사업의 공사는 1992년부터 2023년까지 진행되는 사업이다.

혁신도시 : 혁신도시는 수도권의 공공기관을 지방으로 이전하는 국책사업이다. 지역 내 산·학·연·관 사이의 네트워킹을 통해 지역발전

을 견인하는 지역거점도시이다. 수도권 중심의 불균형 발전전략에 따른 수도권 집중을 해소하고 낙후된 지방 경제를 지역 특화발전을 통해 활성화함으로써 국가경쟁력을 확보하기 위함이다. 정부는 2005년부터 수도권에 소재하는 공공기관을 지방으로 이전시켰다. 11개 광역시·도에 10개 혁신도시를 건설하는 지역발전정책을 추진하였다. 부산, 전북, 경북, 경남, 제주, 대구, 광주전남, 울산, 강원, 충북 지역에 혁신도시를 만들었다. 현재는 상당수의 기관들이 수도권에서 지방으로 이전하였다. 현재는 혁신도시가 막 자리를 잡아가는 단계라고 볼 수 있다.

댐, 환승주차장, 산업단지 조성사업 : 댐은 산간계곡이나 하천을 가로막아 저수, 토사유출방지, 취수, 수위조절과 붕괴방지를 위해 만들어진 구조물이다. 댐의 목적에 따라 저수댐, 취수댐, 사방댐으로 구분한다. 저수댐은 용수공급, 홍수조절, 어류양식 등의 용도로 사용된다. 취수댐은 발전소의 취수 및 물을 저수하기 위해 만들었다. 사방댐은 하천의 흐름과 함께 흘러나오는 다량의 유출토사를 막기 위해 하천의 상류부분에 설치하는 낮은 댐이다. 환승주차장은 운전자가 지하철이나 버스 따위의 다른 교통수단을 편리하게 이용하도록 하기 위하여 환승시설 주변에 마련한 주차장이다. 산업단지는 공업용으로 개발되어 산업시설이 들어서는 산업거점 지역단지이다. 우리나라는 1962년에 울산공업단지를 시작으로 수많은 공업단지가 들어섰다. 입지적으로는 대체로 고속도로, 항만 등의 시설과 가깝고 땅값이 싸며, 공업용수를 얻기 쉬운 교외지에 주로 조성되었다.

　위에서 보듯이 모든 국책사업은 국민의 세금으로 만들어지는 것으로 쉼없이 진행된다. 국책사업은 시간의 문제이지 성공확률이 높은 사업이다. 국가가 주도하는 사업이라 믿고 할 수 있는 것이다. 그래서 정부가 주도하는 국책사업은 투자자들에게는 굉장히 인기가 많다. 그래서 국책사업에 대한 소문이나 사업이 발표가 되면 투자광풍이 불기 때문에 대부분의 지역은 국책사업이 발표되기 전에 그 지역은 토지거래 허가지역으로 지정된다. 많은 사람들은 토지거래허가구역으로 지정이 되면 그 지역의 땅에 투자하기가 너무 늦었다고 생각할 수 있다. 그러나 그렇지 않다. 대부분의 국책사업은 시행기간이 굉장히 길다. 단기간에 끝나는 사업들이 아니기 때문에 토지가격은 지속적으로 오르는 경향이 있다. 앞서 3장의 흔들리지 않는 땅 투자의 법칙에서 말했듯이 소문 → 착공 → 완성 단계의 오름은 크게 벗어나지 않는다. 단계별 사업계획 진행여부에 따라 지가는 상승을 거듭하게 된다. 현재 사업진행이 어느 단계인지를 파악하고 그에 따른 투자판단을 하면 된다. 사업초기 단계라면 투자금은 적게 들지만 장기간 투자가 되어야 하고 그에 따른 리스크도 어느 정도 감안되어야 한다. 하지만 사업이 어느 정도 진행되었다면 리스크는 줄어들고 투자기간은 짧아지게 된다. 그러나 투자금은 비례하여 증가하게 된다. 이런 사항들을 고려하여 투자를 결정하면 된다. 그러면 투자금의 규모나 투자기간을 미리 예상할 수 있으므로 투자를 판단하기가 쉬워진다.

　국책사업은 지자체나 일반기업체의 사업과 달리 보다 안정적이라고 보면 된다. 대규모로 장기간에 걸쳐서 진행되는 사업인 관계로 투자하기에는 굉장히 안정적이라고 보면 된다. 하지만 수년에 걸쳐서 진행되는 관계로 성과가 바로바로 나오지는 않기 때문에 상당한 인내력이 요구된다. 모르는 사람들은 일단 사업이 진행되고 추진되어 나가면 가격이 많이 올라 투자하기에는 늦었다고 생각한다. 그리고 아예 관심을 안가질 수 있는데 그렇지가 않다. 국책사업은 대규모사업으로 수십 년이 소요되는 사업이다. 장기 프로젝트로 진행되어 수만 가지 사업들이 복합적으로 이루어진다. 그러다 보니 기회 또한 엄청나게 많다. 장기간이 소요되는 사업으로 일단 개발사업이 진행되어도 뼈대가 갖추어지고 후속으로 자잘한 사업들이 진행된다. 그러므로 투자 기회는 차고 넘친다. 하려고 하면 기회가 보일 것이고 하지 않으려 한다면 변명만 보일 것이다. 적극적인 관심만이 좋은 기회를 차지하게 된다.

　국책사업은 수십 년에 걸쳐서 진행되는 사업이다. 손만 대면 수십 년씩 꾸준하게 안전하게 추진되는 사업이다. 따라서 장기적인 안목을 가진 사람들이 성공한다. 성공한 장기 투자자는 장기적인 관점에서 어려운 길을 택한다. 지금 힘들고 험한 길일수록 장기적인 관점, 즉 인생 전체를 볼 때는 더 좋은 길임을 잘 알기 때문이다. 단기투자를 잘 하는 사람이 장기투자자를 이길 수 없다는 것은 참 아이러니한 일이다. 세계의 투자 대가들은 단기투자 실적을 철저히 무시함으로써 놀라운 성과를 이루어 냈다. 하루빨리 국책사업에 올라타 장기적인 성과를 올려라.

국책사업에는 고속도로, 국도, 고속철도, 일반철도, 6대도시 지하철사업, 신항만, 일반항만, 인천국제공항, 일반 공항, 혁신도시, 댐, 환승주차장, 산업단지 조성 사업 등 국민적 필요성에 따라 해결해야 할 개발사업이다. 모든 국책사업은 국민의 세금으로 만들어지는 것으로 쉼 없이 진행된다. 국가가 주도하는 사업이라 믿고 할 수 있는 것이다. 그래서 정부가 주도하는 국책사업은 투자자들에게는 굉장히 인기가 많다. 단기간에 끝나는 사업들이 아니기 때문에 토지가격은 지속적으로 오르는 경향이 있다. 소문 → 착공 → 완성 단계의 오름은 크게 벗어나지 않는다. 국책사업은 대규모사업으로 수십 년이 소요되는 사업이다. 그러다 보니 기회 또한 엄청나게 많다. 따라서 장기적인 안목을 가진 사람들이 성공한다.

역세권이 형성될 곳이 오를 땅이다 ③

    한동안 사람들이 투자를 할 때 하나의 기준으로 학세권, 숲세권, 공세권, 몰세권, 역세권 등 권역을 함께 불러 한창 유행한 적이 있었다. 그렇게 함으로써 그 지역의 중요한 환경을 대표하고 차별화를 꾀할 의도로 많이들 말했다. 학세권은 학교와 가깝고 자녀의 학습여건이 좋은 곳으로, 웃돈을 더 주고서라도 잡으려는 사람들이 많았다. 강남 일대와 목동 일대 및 중계동 일대가 학세권으로 유명한 곳이다. 이들 세 학세권은 지금도 여전히 그 지역의 부동산 가격을 선두권으로 유지시키고 있다. 다음은 숲세권으로 숲이나 산이 인접해 있어 자연 친화적이고 쾌적한 환경에서 생활할 수 있는 주거 지역으로, 도심 속 힐링 라이프를 누릴 수 있어 인기다. 주택시장이 실수요 중심으로 재편

되면서 입지여건과 함께 주변 자연환경을 따지는 주택 수요가 늘어난 영향이 크다. 주택시장에서 숲세권 아파트가 인기를 끄는 데는 여러 가지 이유가 있다. 우선 일반 아파트에 비해 집값 상승률이 높다. 주로 건강을 중요시 하는 사람들이 찾는 곳으로 산 근처 숲으로 형성되어 자연환경이 뛰어난 곳이다. 요즘 숲세권 아파트는 많은 프리미엄을 누리고 있다. 숲이 주는 실질적인 혜택은, 숲이 우거져 나무가 내뿜는 산소와 피톤치드 등이 풍부하며 시원하고 청량한 공기를 마실 수 있다는 것이다. 주변에 산책로와 테니스 등의 운동시설 이용이 쉬워 건강관리에도 좋다. 그러면서 도심 인프라가 풍부해 주거생활에 불편함이 없고 편리해서다.

다음은 공세권으로 주거환경이 쾌적하고 여가활동을 하기가 좋은 대형공원과 가까울수록 가격상승률도 높다. 이는 주변 자연환경이 삶의 질과 직결되는 만큼 공원 근처에 대한 수요가 높기 때문이다. 사람들이 공원과 가까워 탁 트인 개방감을 얻을 수 있는데다 공원 내에 조성된 다양한 체육시설 이용도 수월해 선호한다. 최근에는 유동인구가 많고 복잡한 곳보다 자연친화적 입지를 갖춘 공세권에 대한 실수요자들의 관심이 높아져 이러한 현상은 지속될 것으로 보인다.

다음은 몰세권으로 최근 대형 쇼핑몰 인근 주거시설이 큰 인기를 끌고 있다. 고정인구 유입과 유동인구의 증가 등으로 상권이 활성화되고 대중교통 등 생활 인프라가 자연스럽게 확충되면서 집값에 영향을 미치기 때문이다. 특히 대형 쇼핑몰이 들어선다는 것은 업체에서 입지나 배후수요 등을 철저히 분석하여 인정받은 곳으로, 향후 지역 내 중심상권으로 발전할 가능성이 높아 몰세권에 대한 관심은 앞으로는 더 뜨거워질 전망이다. 한 공간에서 쇼핑도 하고, 식사도 하고, 문화생활도 즐기는 원스톱 생활권이 각광받으면서 몰세권이 인기를 끌고 있는 것 같다. 이밖에도 병세권이 있다. 병세권은 대형병원이 인근에 위치해 신속한 의료서비스를 받을 수 있어서 생긴 말이다. 그리고 뷰세권은 보기 좋은 자연경관과 탁 트인 풍경 및 야경을 즐길 수 있는 곳을 말한다.

다음은 국철, 전철, GTX, SRT, KTX 등이 인접해 있는 역세권이다. 역세권의 개발 및 이용에 관한 법률에서는 철도역 및 주변지역을 역세권이라 정의하고 있다. 서울시에서는 역세권 범위에 대해서 1차 역세권은 역 승강장 중심에서 반경 250m 이내의 범위로 하고, 2차 역세권은 역 승강장 중심 반경 250m에서 500m 이내의 범위로 설정하고 있다. 도시에서 역은 일상적 이동 수단으로서 큰 비중을 차지할 뿐만 아니라 환승기능 등으로 접근성 및 유동인구의 집중이라는 측면에서 상업, 업무, 숙박, 주거 등 많은 복합적인 성격을 가지게 된다. 따라서 역을 중심으로 하는 역세권은 사람과 물자를 운송하는 교통의 요충지로서 시민들에게 다양한 서비스와 편의를 제공하기에 적합한 공간이 되어 여러 가지 기능을 수행할 수 있는 복합형 시가지의 형성 및 지하공간의 활용을 포함하는 다차원적 개발양상을 보이게 된다. 또한 압축도시(Compact City)의 개념이 도입되면서 도심고밀복합개발을 통한 친환경 직주근접 도시구조에 대한 관심이 높아졌다. 이에 따라 역세권은 더욱 주목받는 지역이 되었다. 역세권은 지하철을 중심으로 도보로는 5~10분 안팎인 지역을 뜻한다. 역세권은 부동산 가격을 결정하는 데 있어 아주 중요한 요소가 되고 있다. 지하철역을 중심으로 다양한 업무·주거·상업 공간이 있어 그 역할은 상당히 크다. 지하철역에서 도보로 이용하는 시간이 5분 이내로 짧으면 초역세권이라고 하며, 도보로 이용 가능한 지하철역이 몇 개인가에 따라 더블, 트리플, 쿼터블 역세권이라 부르기도 한다.

부동산은 보통 입지에 따라 가치가 다양하게 평가되는데, 역세권은 부동산 가격에 중요한 영향을 미친다. 대중교통을 이용하여 출퇴근이나 등하교가 많은 수도권 지역에서는 역세권 여부가 다른 무엇보다도 중요하다. 역세권은 대중교통의 접근성을 좋게 만들어 놓아서 유동인구가 많이 모인다. 따라서 관련 상업·편의시설들이 많이 모여드는 특징이 있다. 그래서 역세권 투자는 토지, 상업지, 주거지 등에 중요한 영향을 미친다. 토지투자에 있어 역세권은 교통수단의 의미가 있다. 다른 교통수단에 비해 전철이나 철도는 비교적 정확한 시간에 정확한 이동이 가능해 사람들의 발길이 역 주변으로 모여들게 하는 것이다. 그러다 보니 역세권의 인기는 날로 증가한다. 그러므로 역세권 주변은 상업지로 부각되는 것이다. 향후 가치가 있게 될 땅은 용도지역으로 세분화할 수 있다. 그러므로 역세권 부근의 땅들은 가치가 점점 올라가는 추세다. 환승할 수 있는 노선이 많으면 많을수록 그 가치는 더 높아질 수 있다. 그리고 최단시간 내에 중심지역으로 이동할 수 있어야 한다. 강남지역으로 연결이 편리해야 한다. 또 다른 교통수단과의 연계성, 편리성 및 접근성이 어떠냐에 따라서 가치는 다르게 된다.

또 다른 관점에서 보았을 때 역세권 투자가 중요하게 작용하는 것은 인구결집 영향이다. 역이 생기면 사람들이 몰리는지, 아니면 지나치거나 흘러가는 역인지가 또한 중요하다. 지방에서 서울로 전철이 개통되면 좋아하는데 일부 사업하시는 분들은 잘못하면 낭패를 볼 수도 있다. 수도권 노선이 개통되면 수도권으로 수요가 몰려가 오히려 지방 상권에는 악영향을 주기도 한다. 같은 서울 상권이라도 핵심지역으로 노선이 개통되면 외곽지역이나 편의시설이 열악한 지역의 상권은 굉장한 타격을 받는다. 보통은 역세권 사거리 상권이 좋다. 그러나 사거리 중심상권은 굉장히 지가가 높게 형성되어 있기 때문에 진입하기는 상당히 어렵다. 그러나 버스노선과 연결되는 사당역같은 곳에서는 직 사거리보다 사거리에서 200~400미터 떨어진 곳이 더 좋다. 그런 곳에 오피스텔과 아파텔을 분양한 M사같은 경우는 사거리보다 싼 가격에 토지를 구하여, 오피스텔과 아파텔을 지었는데 바로 앞이

버스정류장이라 직장인들에게 인기가 많다. 항상 공실 걱정 없이 운영을 하고 있다. 이렇듯 토지투자에서 역세권 투자는 1순위임에는 틀림이 없다.

서울 및 경기도에는 정말 많은 역세권들이 존재한다. SRT·KTX 역세권 등 고속철도는 우리나라를 1일 생활권으로 만들 뿐만 아니라, 물류와 관광 모든 것을 하나로 묶는다. 광주 송정역은 광주광역시 외곽의 조그마 한 곳이었다고 한다. 역 앞에 송정역재래시장이 있는데 장사가 잘 안되던 곳이었다. 그런데 KTX 송정역이 생기고 손님들이 많아지면서 송정시장은 소문이 나기 시작했다. 하루에 몇백 명이었던 이용객이 KTX로 인해 하루 수천 명 수준이 되었다. 고속철도의 영향력은 대단하다. 그 일대는 논, 밭이었다가 주거지역, 상업지역으로 변모하고 새로운 도심이 생기면서 거대한 상권이 형성되었다. 땅 가격도 상당히 많이 올랐다 한다. 광주 송정역은 하나의 예이지만 먼 미래를 보고 땅에 돈을 묻어 숙성시켜라.

왜 모두들 입지가 좋아야 하고 역세권이어야 한다고 말하는가? 먼저 빠른 이동성, 접근성, 편리성이 있기 때문이다. 역세권 주변은 고밀 개발이 가능하다. 직주근접으로 고밀도 개발이 가능하다. 주변 지역의 개발에 따른 개발압력을 받을 수밖에 없다. 노선은 서울로 연결되는 노선, 특히 강남3구로 연결되는 노선이 가치가 높다. 수도권의 인구는 전체 인구의 반수에 가깝다. 수많은 사람들이 직장생활과 주거생활을 한다. 서울시나 수도권에서 집과 직장을 오가는 교통수단으로 가장 선호하는 것은 지하철이다. 우리 생활에 밀접한 지하철이 이제는 집을 고르는 데 있어 절대 기본조건이 되었다. 토지를 매입할 때는 누구든지 경제적 이득을 보고자 하는 것이다. 역세권이 형성될 곳은 오를 땅이므로 하루라도 빨리 저평가된 역세권을 찾아서 투자를 실행하길 바란다. 역세권은 내리지는 않고 오르기만 하기 때문이다.

♥ Point

서울시에서는 역세권 범위에 대해서 1차 역세권은 역 승강장 중심에서 반경 250m 이내의 범위로 하고, 2차 역세권은 역 승강장 중심 반경 250~500m 이내의 범위로 설정하고 있다. 역세권은 지하철을 중심으로 도보로는 5~10분 안팎인 지역을 뜻한다. 역세권은 대중교통의 접근성을 좋게 만들어 관련 상업·편의시설들이 많이 모여드는 특징이 있다. 다른 교통수단에 비해 전철이나 철도는 비교적 정확한 시간에 정확한 이동이 가능해 사람들의 발길이 역 주변으로 모여들게 한다. 역세권 투자가 중요하게 작용하는 것은 빠른 이동성, 접근성, 편리성이 있기 때문이다. 역세권 주변은 고밀도 개발이 가능하다. 노선은 서울로 연결되는 노선, 특히 강남3구로 연결되는 노선이 가치가 높다.

저평가된 토지를 잡아라   ④

　토지투자는 명절 때 고향 가는 것과 굉장히 닮은 부분이 많다. 명절 때 고향을 가려면 출발시간을 잘 맞추어야 고생하지 않고 고향집에 잘 도착한다. 남들이 가지 않는 한밤중이나 새벽 일찍 출발을 하면 막힘없이 고향까지 쭉 잘 빠져나간다. 그리고 고향에 도착해서도 여기저기 구경도 하면서 모처럼의 고향을 구석구석 느낄 수 있다. 그러나 모든 사람들이 출발하는 시간대에 출발을 하게 되면 교통체증으로 길 위에서 오랜 시간을 정체로 시달려야 한다. 기름 소모, 체력소모, 시간소모를 겪게 되고 한밤중에 도착할 수도 있다. 자세히 보면 딱 토지투자와 굉장히 유사한 점이 많다. 남들이 토지에 관심이 없을 때 토지시장을 가보면 가격도 저렴하고 매물도 많다. 그래서 좋은 물건을 싸게 골라잡을 수 있다. 그래서 프리미엄도 필요 없고 오히려 할인가격으로 살 수도 있다. 그런데 만약 좋다는 소문이 나면 너도나도 토지시장으로 몰려온다. 그러면 물건도 귀하게 되어 비용을 비싸게 지불해야 한다. 프리미엄을 주어야 할지도 모른다. 이래저래 손해가 많게 된다. 그러니 남들이 떠나지 않을 때 남들보다 일찍 시장에 진입하여야 한다. 좋은 물건을 저렴하게 사서 장기간 가져가게 되면 어느새 당신은 부자의 대열에 서 있게 될 것이다.

개발계획이 없거나 도시지역이 아닌 곳은 모든 토지들이 저평가된 상태로 거래가 이루어진다. 가끔 급전이 필요하거나 이사를 가든지 이민을 가든지 할 경우에만 거래가 된다. 그러기 때문에 시장은 여전히 잠잠하다. 이럴 때 좋은 물건을 매수하여 느긋하게 세월을 보내면 횡재를 한 거나 마찬가지가 된다. 그러다가 어느 날 개발계획에 포함되거나 길이 뚫리든지 하게 되면 팔려고 내놓았던 매물이 사라지면서 지가가 움직이기 시작한다. 사람들이 하나 둘 매수행렬에 가담하게 되면서 가격은 가파르게 상승하게 된다. 세월이 큰 호재인 것이다. 잘 선택된 곳에서의 시간 투자는 뛰어난 호재와도 같다. 시장은 늘 변동이 없어 보이지만 1년, 2년이 지나면서 어느새 변하여 부풀려져 있는 가격을 보게 된다. 미래에셋 박현주회장은 주식으로 돈을 버는 사람들은 전문가와 상의하여 펀드에 묻어두고 자기 생업을 열심히 하고 있는 사람들이라고 했다. 믿고 세월에 맡겨 두고 생업을 열심히 하다 보면 어느새 자산이 불어나 큰 성과를 올린다는 것이다. 부동산도 마찬가지인 것 같다. 좋은 정보나 귀한 정보를 듣게 되면 여러 각도로 현장을 둘러봐라. 그리고 세밀히 미래가치를 판단하고 전문가와 상의한 후 긴 세월이라는 호재에 올라타라. 그리고 본연의 업무를 열심히 하면서 종자돈을 또 모은다. 이런 순환주기가 반복되면 자본의 위력을 실감하게 될 것이다.

관심지역을 압축, 밀착관찰하라

욕심 많게 전국을 대상으로 연구 분석하는 것도 좋지만 관심지역을 몇 군데로 좁혀서 밀착된 관찰을 하는 것이 좋다. 욕심이야 나지만 모든 것을 잡으려다 모든 것을 놓치는 우를 범해서도 안 된다. 사람은 보고 싶은 것만 보게 된다고 한다. 관심지역이 광범위하면 잘 보이지 않게 된다. 관심지역이 압축이 되어 있으면 먼 곳도 잘 보이게 된다. 그래야 쓸 만한 정보를 효율적으로 관리할 수 있기 때문이다. 세상은 배울 것도 많고 변화하는 것도 많다. 어제의 지식이 오늘은 효용 없게 되는 경우도 많다. 몇 년 뒤에는 오늘의 지식은 아무 소용이 없을 수도 있다. 오늘날의 빠른 기술의 발전은 상상도 못할 정도로 진화를 거듭하고 있다. 3년 전에 이세돌과 알파고의 대결을 생각해 봐라. 구글 딥마인드가 개발한 인공지능 알파고가 이세돌 9단을 4대 1로 이겼다. 계속 바둑을 학습한 알파고는 그 이후로 중국의 커제 9단을 포함한 인간들에게는 한 번도 패배하지 않았다. 이세돌은 알파고를 이긴 유일한 프로바둑 기사가 됐다. 기술의 진화 속도는 엄청나다. 그래서 기대도 많다. 내가 원하는 요구조건을 입력하면 그 조건에 충족하는 알짜 토지정보를 바로바로 얻을 수 있는 날을 기대해 본다. 그렇게 된다면 많은 시행착오를 줄여 성공확률을 더 높일 수 있기 때문이다. 인간의 한계를 뛰어넘는 신기술이 토지시장 정보를 이용하는 데도 많은 도움이 되길 바란다.

관심지역을 주의 깊게 지켜보면 정말 좋은 매물들이 보인다. 부동산은 느림의 미학이라 했다. 천천히 여유를 갖고 주의 깊게 살피다 보면 정말 많은 것을 얻게 된다. 정말 그 지역이 훤히 보인다. 그래서 욕심을 내어 전국을 대상으로 보지 말고 관심지역을 좁혀 보자고 했다. 관심지역을 잘 살피면 그 지역에 대한 도사가 된다. 그러면 어떤 매물이 급매인지, 어떤 매물이 진짜 급급매인지를 알 수 있다. 말만 급매다, 급급매다 할 수 있다. 하지만 가면을 쓰고 등장하는 허위 급매, 급급매도 많다. 그리고 좋은 물건인지, 그렇지 않은지를 역시 잘 알아볼 수 있다. 급하게 돌면 아무것도 보이지 않는다. 그러나 시간을 두고 꾸준히 모니터링을 하고 있으면 물건들의 거래에서 어떤 것이 비싼지 안다. 왜 비싸게 거래가 되는지 그 이유를 조금씩 알게 된다. 그럴 때 평소에 마음에 두었던 물건이 나타나면 빠르고 쉬운 결정으로 횡재를 할 수 있다. 내가 잘 모르고 있으면 결정이 늦어질 수밖에 없다. 확인하는 절차를 거쳐야 하기 때문이다. 부동산은 작은 돈이 투여되는 것이 아니기 때문에 특히 더 그렇다. 급급매의 경우에는 행운의 손만이 가져가는 것이기 때문에 머뭇거리기에는 시간이 없다. 빠르고 민첩한 행동이 어느 때보다 요구되는 것이다.

급급매도 빠르게 행동하지 않으면 내 것이 안 된다. 개략적인 확인을 하고 하자가 없는 좋은 매물이라고 판단되면 재빨리 매수의사를 밝힌다. 계약서 쓰러 갈 때는 은행에 볼일이 있다고 하고, 은행 가는 김에 계약금 중 일부라도 보내려고 하니 매도자의 계좌번호를 달라하여 받는다. 그리고 계약금을 송금해 버린다. 구두계약도 계약이다. 다 인정된다. 이렇게 수다스럽게 할 필요는 없다. 하지만 마음에 꼭 들고 평소에 갖고 싶었던 매물이라면 수다스러운 것이 문제가 아니다. 내 것이 안 될 수도 있기 때문이다. 사람의 마음은 아주 간사하다. 수시로 변하기도 하고 생각이 복잡해질 수도 있기 때문이다. 계약으로 송금이 이루어지면 안심해도 된다. 그렇지 않으면 급급매는 못 잡을 수도 있다. 내가 아는 박모씨도 시장을 잘 관찰하는 분인데 어느 날 급급매가 나오자마자 바로 알아보았다. 그리고 있는 돈 없는 돈을 다 모아서 바로 계약금을 송금했단다. 그런데 매도자가 변심하여 계약을 파기하려고 해서 난감했다고 한다. 그러나 계약은 계약이다. 구두 계약도 효력이 있다. 그런데 입금까지 마치면 돌이키기 어려워진다. 일부의 계약금만 입금이 되었어도 계약을 파기하려면 계약금 전체를 물어주어야 한다. 시장의 분위기가 반전되었을 때는 이런 일이 비일비재하게 발생된다. 그래도 내가 원했던 것을 잡아야 한다면 잡자.

시장의 분위기가 반전되면 계약한 사람들한테는 엄청난 변화가 오게 된다. 상승 분위기일 때와 하락 분위기일 때가 확연하게 다르게 된다. 각자의 입장에서 유리한 입장이 되기 위해 예상치 않은 일들이 발생하게 된다. 상황의 반전이란 대개 이렇다. 매물이 씨가 마를 정도로 매수 분위기가 시장을 덮어 가격이 치솟았다. 그런데 지켜보던 정부가 대책을 내놓으면 시장은 여지없이 반전이 된다. 매물이 쏟아지고 계약이 깨지고 난리가 아니다. 반대상황은 호재가 터지는 경우이다. 삼성이 고덕에 100조원의 투자계획을 밝혔다든지, SK하이닉스가 용인일대에 130조원을 들여 반도체클러스터사업을 한다든지, 평창올림픽이 3수만에 개최지로 선정되었을 때 등 다양하게 시장은 반전의 드라마를 쓴다. 구경꾼들은 재미있을지 몰라도 당사자들은 희비가 엇갈린다. 이럴 때는 전략이 필요하다. 분위기가 반전되면 계약이 줄줄이 취소된다. 왜냐하면 위약금을 물더라도 그 이상의 손해를 감내할 수 있다면 계약이 파기될 수 있기 때문이다. 계약은 계약이기 때문이다. 늘 변화가 올 수도 있다.

그러나 내가 꼭 가져야겠다고 마음을 먹었으면 계약방법을 조금 달리해야 한다. 일반적으로 계약을 하면 대금은 계약금과 잔금으로 나누어 지불하게 된다. 이것이 일반적인 예다. 그런데 시장에 뭔가 변화가 일어날 것 같은 경우가 있다. 아주 고급정보에 의하면 곧 무엇이 발표된다든지 아니면 착공을 한다든지 하면 시장은 여지없이 반전이 일어난다. 어떻게 보면 시장은 심리전이기도 하다. 그럴 때 저평가된 토

231

지를 꼭 잡아야 한다면 계약서를 쓸 때 중도금을 하나 더 넣는다. 계약금은 언제, 중도금 언제, 잔금은 언제로 하면 된다. 계약을 하고 계약금을 주고 중도금 날짜에 중도금을 넣으면 어떠한 일이 일어나도 계약해지를 할 수가 없다. 계약금과 잔금으로 했을 때에는 해지하고 싶으면 계약금만큼 물어주고 계약을 해지하면 된다. 그러나 중도금을 지불했으면 어떤 이유로도 계약을 해지할 수가 없다. 내가 계약을 해지하고 싶지 않으면 계약서에 중도금을 넣고, 내가 사정이 여의치 않아 계약을 해지할지 모르면 중도금을 요구해도 받아들이지 말아야 한다. 그렇게 해서 내가 원하는 저평가된 토지를 꼭 잡길 바란다.

♥ Point

남들이 토지에 관심이 없을 때 토지시장을 가보면 가격도 저렴하고 매물도 많다. 좋은 물건을 싸게 골라잡을 수 있다. 이럴 때 좋은 물건을 매수하여 느긋하게 세월을 보내면 횡재를 한 거나 마찬가지가 된다. 잘 선택된 곳에서의 시간 투자는 뛰어난 호재와도 같다. 관심지역을 주의 깊게 지켜보면 정말 좋은 매물들이 보인다. 욕심을 내어 전국을 대상으로 보지 말고 관심지역을 좁혀 보자. 급급매도 빠르게 행동하지 않으면 내 것이 안 된다. 좋은 매물이라고 판단되면 재빨리 매수의사를 밝힌다. 그리고 계약금을 송금해 버린다. 저평가된 토지를 꼭 잡아야 한다면 계약서를 쓸 때 중도금을 하나 더 넣는다. 계약을 하고 계약금을 주고 중도금 날짜에 중도금을 넣으면 어떠한 일이 일어나도 계약해지를 할 수 없게 된다.

수익을 많이 내는 토지는 따로 있다

5

 모든 토지는 보유하는 것만으로도 수익을 낸다. 수도권이라고 더 많이 수익이 나고 지방이라고 수익이 나지 않는다고 단정할 수는 없다. 그러나 보편적으로 토지시장에 진입할 때는 수익을 더 낼 수 있는 방향으로 투자하는 것이 좋다. 일반적으로 판단할 때 지방보다는 수도권이 좋다. 수도권보다는 서울이 좋다. 앞에서도 언급했듯이 지가는 땅을 밟는 사람의 수에 따라서 달라진다고 했다. 그 지역 땅을 밟는 사람이 많으면 지가는 올라간다. 그런 면에서 보면 서울이 사람이 많아 유리하다. 이같은 사실은 공시지가만 봐도 알 수 있다. 이런 평가는 일반적인 평가라고 생각하면 된다. 그러나 속을 들여다보면 그것이 아니다. 가령 서울에 있는 땅을 1억원 주고 사서 10년 만에 2억이 된 것

233

과 지방의 땅에 1억 원을 투자하여 평당 1,000원짜리 땅을 10만 평을 샀는데 10년 뒤에 평당 2,500원이 되었다면 수익은 지방의 땅이 높다고 볼 수 있다. 이런 일은 흔하게 발생한다. 작은 것이 움직임이 빠르기 때문이다. 그렇기 때문에 어디가 좋다 나쁘다고 말할 수 없다는 것이다. 어디든 호재가 많고 미래만 밝다면 지방이라고 꼭 피해야 할 대상이 아니라 좋은 투자대상이라는 것이다.

용도 변경을 활용하라

용도 변경이 가능한 토지를 사는 것도 많은 수익을 보장받을 수 있는 한 방법이다. 땅의 용도지역에는 여러 단계의 등급이 있다. 땅의 쓰임새를 구분하기 위해 명시해놓은 등급이다. 가장 낮은 등급은 자연환경보전지역이다. 환경보전지역보다 한 단계 높은 등급은 농림지역이다. 다음은 농림지역보다 한 단계 높은 관리지역이다. 다음은 최고 높은 단계인 도시지역이다. 이렇게 4단계 등급이 있다. 주변지역의 개발이나 개발압력 및 거센 민원 등으로 인해 자연스럽게 자연환경보전지역에서 농림지역, 관리지역, 도시지역으로 한 단계씩 승진을 한다. 한 단계씩 올라갈 때마다 땅값은 올라간다. 아니 급등을 하게 된다. 그러니 땅 투자는 사놓고 기다리기만 하면 되는 그 어떤 재테크 수단보다도 좋은 것이다. 이 용도지역의 등급을 잘 아는 부자들은 땅을 사놓고 심심치 않게 민원을 제기하는 등 모든 수단을 써서 등급을 올리려 한다. 한 단계만 올라가도 가격이 오르니까 등급을 올리려고 많은 노력들을 한다. 일반적으로 돈이 많지 않은 월급쟁이가 접근하기 쉬운 농림지역은 가격이 싸다. 그렇지만 관리지역으로 용도가 변경이 되면 상당한 수익을 올릴 수 있어서 선호를 한다. 이때 바둑판 모양으로 반듯하게 정리된 토지는 용도 변경이 어려울 수 있으므로 반듯한 것보다는 동네 근처 정리 안 된 땅이 더 좋을 수 있음을 염두에 두어야 한다.

도로가 개설되는 곳을 주시할 필요가 있다. 돈은 도로를 따라 흐른다고 했다. 도로가 개설되면서 생기는 도시에는 지가가 올라가는 아름다운 소리를 들을 수 있다. 그리고 고속도로 진출입로를 주목해야 한다. 고속도로 진출입로에서 5km 이내의 땅은 고속도로가 개설되고 나면 몇 년 내에 상당한 수익을 가져다주는 투자지다. 그러나 고속도로가 지나쳐 흘러가는 곳은 아무 혜택이 없음을 알아야 한다. 반드시 진출입로 근처나 고속도로로 인해 형성되는 도시지역의 토지에만 관심을 둘 필요가 있다.

다음은 역세권 투자이다. 초역세권은 역 승강장 중심에서 반경 250m 이내의 토지이고, 역세권은 역 승강장 중심 반경 250m에서 500m 이내의 토지이다. 요즈음은 도심고밀복합개발을 통한 친환경 직주근접 도시구조에 대한 관심이 높아지고 있다. 이에 따라 역세권은 지하철을 중심으로 도보로는 5~10분 이내인 지역을 말한다. 지하철역에서 도보를 이용하는 시간이 5분 이내로 짧으면 초역세권이라고 한다. 역세권은 대중교통의 접근성이 좋아 유동인구가 많이 모인다. 그래서 역세권 투자는 토지, 상업지, 주거지 등에 지대한 영향을 미친다. 다른 교통수단에 비해 전철이나 철도는 비교적 정확한 시간에 이동이 가능해 사람들의 발길을 역 주변으로 모여들게 만든다. 그러다 보니 역세권의 인기는 날로 증가하는 것이다. 그러므로 역세권 주변은 상업지로 발달을 하게 된다. 항상 역세권 부근의 땅들은 가치가 점점 올라가게 되어 있다. 환승할 수 있는 노선이 많으면 많을수록 그 가치는 더 높아진다. 그리고 최단시간 내에 중심지역으로 이동할 수 있고 강남지역으로의 연결이 편리해야 한다. 또 다른 교통수단과의 연계성, 편리성 및 접근성이 어떠냐에 따라서 가치가 다르게 된다. SRT · KTX 역세권 등 고속철도는 우리나라를 1일 생활권으로 만들 뿐만 아니라, 물류와 관광 모든 것을 하나로 묶는 역할을 한다. 이것은 빠른 이동성, 접근성, 편리성이 있기 때문이다. 역세권 주변은 고밀도개발이 가능한 곳이다. 노선은 서울로 연결되는 노선, 특히 강남3구로 연결되는 노선이 좋다. 토지를 매입할 때는 누구든지 경제적 이득을 보고자 하는 것이다. 역세권 투자는 좋다. 역세권 토지는 내리지는 않고 오르기만 한다.

일자리가 늘고 인구가 늘어나는 곳에 진입해야 한다. AI, 로봇 등의 눈부신 발달로 점점 일자리가 줄어드는 추세이므로 중요한 게 일자리 창출이다. 일자리가 많은 곳으로 사람들이 몰려오기 때문이다. 현재 일자리가 가장 많이 창출되는 곳 중의 한 곳이 평택일 것이다. 평택은 국책산업뿐만 아니라 대기업들이 천문학적인 투자를 집행하고 있는 곳이다. 그 일대가 하루가 다르게 변화하는 중이다. 이러한 개발로 인한 일자리 창출로 인해 지속적으로 인구가 유입되면 2035년까지 평택은 인구 100만 명의 도시가 탄생될 것으로 전망된다. 2025년까지 세계 7대 부자도시에 우리나라의 두 개 도시가 선정되었다. 화성시와 아산시가 뽑히면서 관심을 끌었다. 삼성, 현대, LG 등 대기업체가 투자하면서 개발이 대대적으로 진행되고 있는 곳이다. 지난 2019년 2월에는 SK하이닉스가 용인 원삼면에 반도체클러스터 설립을 발표하면서 일대가 술렁이고 있다. 자그마치 130조원이 투자되는 대규모 사업으로 일자리 창출도 어마어마하리라 본다. 기업이 일자리를 만들면 인구가 유입된다. 인구가 유입되면 도시가 형성된다. 그러면 땅은 알아서 조용히 오른다.

관광인프라가 형성될 곳도 수익을 내줄 땅이다. 관광산업은 미래 먹거리 산업으로 여러 나라가 치열하게 각축을 벌이는 상황이다. 각국은 관광객 유치를 위해 혈안이 되어 있다. 마이스(MICE)산업이 뜨는 이유이기도 하다. 마이스는 회의, 포상관광, 컨벤션, 전시회의 합성어다. 마이스는 관련 방문객의 규모도 크고 소비도 일반 관광객보다 월등히 많아 관광 수익뿐 아니라 일자리 창출 효과도 엄청나다. 마이스 참가자들은 활동이 왕성한 상위계층 사람들로 국가나 도시의 홍보효과도 아주 막강하다. 그렇기 때문에 최근 세계주요도시들은 마이스산업 육성을 불황 극복의 열쇠로 삼는다. 각국이 치열한 경쟁을 벌이고 있다. 마이스산업은 다른 분야에 비해 고부가가치산업으로 경제적 효과가 매우 크다. 때문에 각국이 경쟁적으로 추진하는 산업의 하나가 되었다. 실제로 멀티지식산업은 일자리창출 효과가 크게 나타나고 있다. 현재 세계 각국은 마이스의 높은 수익성과 경제효과에 주목하고 있다. 그래서 국가 전략산업으로 관광산업을 활성화시키고 있는 것이다.

특히 싱가포르는 마이스산업의 혜택을 가장 많이 본 국가 중의 하나다. 일자리 창출과 관광서비스업을 활성화시키기 위해서 카지노를 포함한 복합 리조트 건립을 추진했다. 카지노를 포함한 복합 리조트 건립을 검토하고 있다는 것을 발표한 이후 수많은 반대 의견이 있었다 한다. 그러나 침체된 경제와 중국 관광객을 유치할 수 있는 기회를 놓치지 않기 위해서 대단한 용단을 내렸다. 그리고 복합 리조트 건설을 추진했다. 1년에 걸친 치열한 논의 및 연구 끝에 두 개의 복합 리조트를 개장했다. 복합 리조트 유치로 수년 만에 관광·오락부분 수입을 수십 배나 증가시켰다. 꾸준히 증가하는 관광객들로 인해 일자리가 계속 창출되고 있는 중이다. AI, 자율주행, 로봇산업의 눈부신 발전으로 인해 일자리는 지속적으로 감소하고 있다. 우리나라도 일자리 창출 성과를 벤치마킹하여 영종도에 대단위 복합 리조트를 건설 중에 있다. 관광산업은 친환경산업이다. 국가적 차원의 전략과 홍보활동으로 관광대국을 지향해야 한다.

　토지는 사놓기만 해도 인플레이션으로 오른다. 같은 값이면 보다 수익을 창출할 수 있는 곳에 투자를 하여야 함은 말할 것도 없다. 용도지역은 4단계로 나누어져 있다. 단계가 올라갈수록 가격도 오른다. 도로가 생기면 자본도 함께 커진다. 그 밖에 역세권 투자, 일자리 창출, 관광인프라 등 상승 요인이 있는 곳을 골라 투자를 하여, 투자에 따른 수익과 보람도 함께 가지기를 바란다. 수익을 보다 많이 내는 투자는 따로 있다. 투자처를 잘 분류하고 분석하여 투자수익을 극대화하길 바란다.

어디든 호재가 많고 미래만 밝다면 지방이라고 꼭 피해야 할 대상이 아니라 좋은 투자대상이다. 바둑판 모양으로 반듯하게 정리된 토지보다는 동네 근처 정리 안 된 땅이 더 좋을 수 있다. 고속도로 진출입로에서 5km 이내의 땅은 고속도로가 개설되고 나면 몇 년 내에 상당한 수익을 가져다주는 투자다. 다음은 역세권 투자로 환승할 수 있는 노선이 많고 최단시간 내에 중심지역으로 이동할 수 있으며 강남지역으로 연결이 편리해야 한다. 또 일자리가 늘고 인구가 늘어나는 곳에 투자해야 한다. 다음은 관광인프라가 형성될 곳도 수익을 내줄 땅이다. 마이스(MICE) 관련 방문객은 규모도 크고 소비도 일반 관광객보다 월등히 많아 관광 수익뿐 아니라 일자리 창출 효과도 엄청나다.

땅을 할인해서 사라

6

블랙프라이데이는 매년 11월 넷째주 미국에서 가장 큰 규모의 할인 행사 날이다. 1년 매출의 70% 정도가 이날 이루어진다. black이라는 표현은 연중 처음으로 흑자라는 의미에서 유래되었다. 최근에는 대부분의 소매업체들이 조기 개장을 하여 할인 판매를 실시하였다. 평상시에 직구를 많이 하는 사람들은 이 기회를 잡기 위해 1년을 기다린다. 무엇을 구매해야 할지 정해놓고 기다린다. 사이버 먼데이라고 월요일에도 세일이 진행된다. 사실상 블랙프라이데이 세일은 11월 마지막주 전체다. 이때는 적게는 10%에서 많게는 75%까지 할인을 한다. 그래서 많은 사람들이 이날을 그렇게 손꼽아 기다린다. 1년 중 가장 싼 가격으로 물건을 구매할 수 있으니 얼마나 좋겠는가. 손꼽아 기다릴 만도 하다.

우리나라에도 비슷한 게 있다. 코리아 블랙프라이데이는 미국의 블랙프라이데이를 흉내 내어 소비를 진작시키고자 진행되었다. 미국의 블랙프라이데이를 흉내 낸 한국판 블랙프라이데이는 2015년부터 시작되었다. 그 당시에 정부는 경기침체를 벗어나고 소비 심리를 살리기 위해 2018년까지 외국인만을 대상으로 했던 행사를 내국인까지 확대했다. 미국의 블랙프라이데이와의 차이점은 미국의 경우는 제조사가 주도하는 반면, 한국은 유통업계가 주도하는 방식으로 둘 다 할인 폭은 크다. 미국의 블랙프라이데이는 거의 1년의 마지막 한 달 동안 진행되지만, 한국은 10월 1일을 시작으로 진행되어 연말까지 대대적으로 진행하지는 않는다. 그러나 이 기간 동안 매출이 크게 발생한다. 할인 폭은 10%에서 80%까지 대단히 크다. 미국에서 시작된 대규모 할인행사가 이제는 한국과 중국에서도 대대적으로 진행되면서 1년이 풍성한지도 모른다. 돈이 조금 부족하더라도 마음에 드는 물건을 구입할 수 있다는 것은 또 다른 행복인지도 모른다. 마음속으로 바라던 것을 가질 수 있다는 것은 희망인 동시에 행복인 것이다.

중국판 블랙프라이데이는 매년 11월 11일에 시작한다. 11월 11일은 배우자나 애인이 없는 싱글을 의미한다. 광군제란 싱글들을 위한 날이라는 뜻으로, 싱글데이라고도 불린다. 11월 11일이 광군제가 된 것은 혼자임을 상징하는 듯한 1이라는 숫자가 4개나 겹쳐 있기 때문이다. 그런 이유로 쌍십일절이라고도 한다. 1993년 난징대학교의 학생들이 애인이 없는 사람들을 챙겨주고 위로하자는 취지에서 만든 기념일이다. 이들은 파티를 열고 서로 선물을 교환하고 즐겁게 이날을 즐겼다. 난징대학교에서 시작된 광군제는 인터넷시대를 맞아 중국 전역으로 퍼졌다. 특히 젊은이들 사이에 빠르게 퍼졌고 청년층의 문화로 자리 잡았다. 2009년 중국의 알리바바가 이날을 마케팅에 활용하면서 활성화되었다. 중국의 인터넷 전자상거래업체인 알리바바는 젊은이들에게 쇼핑을 통해 외로움을 달래라고 대대적으로 광고했다. 광군제는 구매를 즐기는 날이라 선포했다. 이 행사가 대성공을 거두자 많은 업체들이 적극적으로 참여하면서 광군제는 점차 축제로 탈바꿈하기 시작하였다. 2019년도에는 하루 매출이 45조원으로 어마어마한 매출기록을 올려 중국 최대의 할인행사로 자리 잡았다. 해외직구 순위에서 한국은 미국, 일본에 이어 3위를 차지했다고 한다.

미국이나 한국에서의 블랙프라이데이나 중국의 광군제는 전 세계적인 할인행사가 되었다. 수많은 자국민들과 해외직구족들에게 행운을 가져다준다. 이런 종류의 할인행사는 해마다 정해진 날짜에 정기적으로 이루어진다. 대대적인 광고를 하며 진행되기 때문에 흥분과 기다림의 축제가 된다. 이 기간 동안 수많은 사람들이 대할인행사에 참가하여 평소에 간절히 원했던 상품을 사간다. 그런데 부동산 시장에도 이런 대할인행사가 있다는 것을 사람들은 모른다. 부동산 할인행사는 전혀 다른 모습으로 온다. 예고되지 않고 갑자기 진행된다. 기다림과 흥분을 주지 않고 갑자기 공포스러운 모습으로 나타난다. 그래서 사람들은 대할인의 축제를 즐기지 못하고 공포에 휩싸인다. 일부 극소수의 사람들만 즐기는 축제로 막을 내린다. 축제가 지나가고 나서야 대할인행사였다는 것을 알아차린다. 그것도 금방 알아차리지 못하고 2년 내지 3년이 지난 뒤에야 알아차린다. 그래서 아는 사람들만 즐기는 축제가 된다. 다음에는 축제를 즐겨야지 하고 생각하지만 마음처럼 되지 않는다. 전혀 예고도 없이 왔다가 가기 때문이다. 또 예전의 모습으로 오지 않고 전혀 다른 모습으로 오기 때문에 사람들은 잘 알아보지도 못한다. 그래서 평소 때 잘 준비된 사람들만 풍성한 대할인행사를 즐길 뿐이다.

토지투자 할인 행사 기간을 이용하라

그래서 금융위기같은 대할인행사 때는 부자 되기가 평소 때보다 쉽다고 한다. 부자가 되려면 IMF나 서브프라임 모기지 사태같은 할인행사 축제를 기회로 삼아야 한다. 그런데 그게 말처럼 그렇게 쉽지 않다. IMF 때 공부했던 사람들도 미국의 서브프라임 모기지 사태 때는 공부가 통하지 않았다. 모두들 이번에는 미국에서 온 금융위기이기 때문에 IMF와는 다르다고 해석하고 좌절했다. 오직 한 사람만 늘 책에 나와 있는 역발상 투자를 하였다. 그래서 그는 세계적인 이목을 끌고 탐구의 대상이 되었다. 그가 바로 워런 버핏이다. 워런 버핏은 서브프라임 모기지 사태 때 골드만삭스에 50억 달러를 투자해 20억 달러를 벌어 들였다. 또다시 금융위기의 대할인행사가 온다 해도 투자를 즐기기는 쉽지 않다. 똑같은 모습으로 우리 앞에 나타나지 않기 때문이다. 역발상 투자를 하라. 시장에 역행하라. 시장에 피가 낭자할 때 매수하라. 귀에 딱지가 앉도록 듣고 다짐을 해도 안 된다. 그래서 행동하는 투자자는 위기 때 돈을 벌기가 평소보다 엄청 쉽다. 명심 또 명심하자. 두 번 다시는 공포에 질려 대할인행사를 놓치지 않겠다고 말이다.

IMF와 2007년 서브프라임 모기기 사태 때 일부 신흥부자들이 탄생했다. 1997년 IMF 때는 1,000포인트 대였던 주식시장이 300포인트 대까지 할인되었다. 70%의 대할인을 한 것이었다. 부동산시장도 40%에서 50% 정도의 할인행사를 했었다. 모두들 할인행사를 외면했을 때 투자를 했던 일부 소수의 사람들만이 신흥부자가 되었다. 2007년에 발생한 서브프라임 모기지 사태 때도 대할인 기간이었다. 세계적인 금융위기나 불경기일 때는 평소에 볼 수 없었던 탐나는 물건들이 시장에 쏟아져 나온다. 그래서 이 시기에 시장에 뛰어든 일부의 사람들만 많은 돈을 번다. 시장이 무너지는데 시장에 뛰어든다는 것은 보통 정신으로는 하기 힘든 일이다. 상당한 내공이 있어야 한다. 미래에 대한 큰 그림을 상상할 수 있어야 한다. 초긍정적인 사고로 무장되어 있어야 한다. 세계적인 금융위기같은 대할인행사는 아무 때나 오는 것이 아니다. 언제 어느 때라도 투자수익을 최대한으로 높이기 위해서는 가장 싸게 사야 한다. 가장 싸게 살 수 있는 때가 대할인기간이라

했다. 그 축제를 즐기기 위해서는 내공을 길러야 한다. 그러기 위해서는 늘 준비를 해야 한다. 미래를 보는 눈이 필요하다. 그것은 많은 독서와 경험에서 구할 수 있다는 사실을 알아야 한다.

대할인행사는 언제 어떻게 올지 모른다. 그렇다고 대할인행사만 기다리다가 한세월을 보낼 수는 없다. 대부분의 사람들은 금융위기로 인한 대할인행사가 없기를 바란다. 누가 금융위기를 바라겠는가. 세계적인 금융위기는 많은 사람들에게 고통을 준다. 금융위기같은 불행한 일이 두 번 다시 오지 않았으면 한다. 그러므로 우리는 금융위기로 인한 대할인행사만 기다려서는 안 된다. 스스로 할인행사를 만들어야 한다. 빠른 투자가 그것이다. 우리나라는 지난 50년 동안 3,000배의 지가 상승을 가져온 나라다. 시간에 투자를 하자. 그것은 바로 오늘 투자를 하는 것이 내일 하는 것보다 수익이 많다는 것이다. 그러니 쉽고 안전하고 확실한 투자는 바로 오늘 당장 실천하는 것이다. 그 외에 우리가 만들 수 있는 확실하고 중요한 할인은 현금박치기다. 급매나 급급매는 돈이 긴급하게 필요한 경우에 발생한다. 이럴 때의 현금의 위력은 대단해진다. 현금이 가득한 가방을 펼쳐 보이며 즉시 결제하겠다고 하면 10%에서 20% 이상 할인이 가능하다. 현금 일시불 결제의 위력에 누구든 압도당할 수밖에 없다. 꼭 기억하라. 10%는 적은 돈이 아니다. 큰 계약은 우리의 연봉만큼 될 수도 있다.

부동산 할인행사는 갑자기 공포스러운 모습으로 나타난다. 1997년 IMF 때는 1,000포인트 대였던 주식시장이 300포인트 대까지 할인되었다. 70%의 대할인을 한 것이었다. 부동산 시장도 50% 정도의 할인행사를 했었다. 2007년에 발생한 서브프라임 모기지 사태 때도 대할인 기간이었다. 할인행사 축제를 즐기기 위해서는 늘 준비를 해야 한다. 미래를 보는 눈이 필요하다. 그것은 많은 독서와 경험에서 구할 수 있다는 사실을 알아야 한다. 또 다른 할인은 현금박치기다. 급매나 급급매는 돈이 긴급하게 필요한 경우로 현금의 위력은 대단해진다. 현금이 가득한 가방을 펼쳐 보이며 즉시 결제하겠다고 하면 10%에서 20% 이상 할인이 가능하다. 현금 일시불 결제의 위력에 누구든 압도당할 수밖에 없다.

일자리가 생기는 곳의 땅은 알아서 오른다

우리가 흔히들 이야기하는 것 중에 가장 많이 회자되고 열띤 토론의 주제가 되기도 하는 것이 집값이 아닌가 싶다. '어느 지역의 집값은 비싸고, 어느 지역의 집값은 싸다'라고 말들이 많다. 자기가 살고 있는 지역이 싫다고 말하는 사람도 역시 없다. 다 자기가 사는 지역은 살기는 좋은데 왜 집값이 안 오르는지 의아해 하고 이해가 되지 않는다고들 한다. 다들 살기 좋은 조건만 가지고 이야기를 한다. 가격 차이가 나는 근본 원인에 대해서는 말들을 안 하는 것이다. 아님 몰라서 그런지도 모르겠다. 하지만 깊게 생각해 보면 거기에는 다 그만한 원인이 있는 것 같다. 비싸면 비싼 대로 이유가 있을 것이고, 싸면 싼 대로 이유가 있게 마련이다. 설사 이유를 안다 해도 쉽게 이사를 간다든지 할 수는 없다. 집이 우리

삶에 차지하는 비중이 워낙 크기 때문에 마음대로 처분하고 이사를 가기란 쉽지 않다. 그렇지만 집값이 올라가는 요인을 안다면, 다음에 이사할 기회가 생긴다면 꼭 참고해야 한다. 아님 자식들에게 이야기를 해주어 대를 이어 시행착오를 겪지는 말아야 한다. 대를 이어 전달되는 비기가 실천되어 부유하고 행복한 삶을 살면 이 또한 좋은 일이 아닌가.

일자리가 많은 지역을 선택하라

좀 더 내면을 들여다보자. 서울의 경우 대표적으로 집값이 비싼 지역은 학군이 좋기 때문이라고들 알고 있다. 틀린 말은 아니다. 하지만 학군보다 더 중요한 요인은 일자리다. 양질의 일자리가 많은 지역이 집값이 비싸다. 양질의 일자리가 많은 곳으로 사람들이 몰려들게 된다. 서울의 강남역, 삼성역 일대와 영등포, 종로 등 일자리가 많은 지역은 꾸준히 부동산 가격이 상승한다. 그런데 일자리 중에서도 양질의 일자리가 많은 곳은 오름세가 가파르다. 양질의 일자리란 고소득 일자리를 말한다. 저소득 일자리 창출지역보다 고소득 일자리가 많은 지역의 지가 상승은 차이가 많다. 양질의 일자리는 사람들을 모여들게 만들고, 그 수요가 교통을 이끌게 한다. 자연히 교통체계도 그 수요에 맞추어 설계가 되어져야 하기 때문이다. 그러니까 강남이나 삼성동 일대는 여러 교통수단들이 다 모여들게 된다. 그 교통수단과 연계된 곳까지도 지가의 영향을 크게 받는다. 지금 한창 논란이 되고 있는 GTX도 어느 곳을 몇 분대에 갈 수 있는지에 따라 그 지역의 지가가 들썩인다. 심지어 황금노선이라 일컫는 지하철 9호선 라인은 지나간다는 소문만으로도 지가가 폭등한다.

일자리가 많으면 자연스럽게 인구가 늘어난다. 인구가 늘어나면 모든 것들에 대한 수요가 일어나게 된다. 수요에 따른 주택이나 상업시설의 필요로 인해 자연스럽게 지가가 상승되는 것이다. 그래서 지가는 땅을 밟은 사람의 수에 비례한다고 했다. 우리나라에서 가장 땅값이 비싼 곳은 서울 중구 명동에 있는 네이처리퍼블릭 매장 부지다. 이 매장은 2004년부터 무려 16년 동안 한 차례도 땅값 1위의 자리를 내준 적이 없다. 명동 네이처리퍼블릭의 공시지가는 제곱미터당 1억 8,300만원에 달했다. 작년 9,130만원보다 두 배가 넘게 올랐다. 이는 $3.3m^2$(1평)로 환산하면 6억500만원이다. 토지가격 순위 2위부터 10위까지도 모두 명동과 충무로에 있는 매장들이 차지했다. 업종은 주로 화장품 판매다. 네이처리퍼블릭을 포함해 5곳이 화장품 매장이었다. 올해 공시지가는 제곱미터당 추정 시세가 2,000만원이 넘는 비싼 토지일수록 더 크게 오른 것으로 나타났다. 국토부 관계자는 이를 공시지가 현실화를 추진한 결과라고 밝혔다. 공시지가와 실제 시세 차이를 줄였다는 의미다.

반면 전국에서 가장 싼 땅은 전남 진도군 조도면 옥도리의 임야로 m^2당 210원이다. 서울 명동 땅의 87만분의 1이다. 가장 비싼 땅과 가

249

장 싼 땅의 차이는 그 땅을 밟는 사람의 수에 비례한다는 것을 여실히 보여주었다. 전남 진도군 조도면 옥도리의 임야는 수백년이 지나도 사람의 그림자를 찾기란 어려울 것이 분명하다. 그러나 명동의 네이처리퍼블릭이 있는 땅은 사람들이 많아 발 디딜 틈 없이 복잡하다. 그러니까 자연 임대료도 비싸다. 알려진 바에 의하면 보증금 50억원에 월임대료가 2억7천만원 정도라 한다. 미친 임대료다. 그러나 그 자리에 들어가 장사를 하려는 사람들이 줄을 서 있단다. 장사가 잘되기는 잘 되는 모양이다. 명동, 강남, 종로 다 사람들이 많이 모여드는 곳이다. 거기에는 일자리가 많을 뿐 아니라 빌딩들이 가득 들어차 있다. 가장 비싼 땅인 명동은 외국관광객이 가장 선호하는 곳 중의 한 곳이다. 그래서 늘 관광객으로 붐비는 곳이다. 세계 각지에서 모여든 관광객들이 선호하는 가게는 화장품 매장이란다. 미에 대한 열망은 어느 나라 사람이나 다 똑같은 모양이다. 관광객들이 넘쳐나니 일자리도 자연 많아진다. 관광산업이 미래 먹거리 산업으로 부각되는 것이다. 각국은 관광객 유치를 위해서 혈안이 되어 있다. 그래서 마이스(MICE) 산업이 뜨는 이유이다.

마이스(MICE)산업은 회의(Meeting), 포상관광(Incentives), 컨벤션(Convention), 전시회(Exhibition)의 머리글자를 딴 용어로, 마이스 관련 방문객은 규모도 크고 1인당 소비도 일반 관광객보다 월등히 높아 관광 수익뿐 아니라 일자리 창출 효과도 엄청 크다. 포상관광이나 전시회 참가자들은 활동이 왕성한 계층 사람들로 국가나 도시의 홍보 효과가 크기 때문에 최근 세계 주요 도시들은 마이스산업 육성을 불황극복의 열쇠로 삼아 각국이 치열한 경쟁을 벌이고 있는 분야다. 마이스산업은 다른 분야에 비해 고부가가치산업으로 경제적 효과가 매우 크기 때문에 각국이 경쟁적으로 추진하는 신규산업의 하나로 주목받고 있다. 실제 멀티지식산업으로 일자리창출 효과가 크게 나타나고 있다. 현재 세계 각국은 마이스의 높은 수익성과 경제 효과에 관심을 표명하면서 국가 전략산업으로 국가 차원의 유치 활동을 적극적으로 전개하고 있다. 특히 싱가포르는 마이스산업의 혜택을 가장 많이 본 국가 중의 하나다. 싱가포르를 상징하는 아이콘인 나란히 서 있는 세 개의 건물 위에, 길게 놓여진 배는 한번 본 사람들의 머릿속에 영원히 간직되는 독특하고 인상적인 건물이다. 이 건물을 우리나라 쌍용건설이 만들었다. 현재 영종도가 마이스산업의 선봉에 서기 위해 분주한 모습을 보이고 있다. 거기에도 쌍용건설이 참여하고 있는데 우리나라를 상징하는 멋진 건물 하나 나왔으면 좋겠다. 그리고 선진 마이스산업 성과를 벤치마킹할 필요가 절실히 요구된다.

싱가포르는 일자리 창출과 관광서비스업을 활성화시키기 위해서 카지노를 포함한 복합 리조트 건립을 정책적으로 결정했다. 2004년 싱가포르 정부가 카지노를 포함한 복합 리조트 건립을 검토하고 있다는 것을 발표한 이후 수많은 내부반대 의견에 부딪쳤다. 그러나 상당한 경제적 이득, 특히 수백만에 달하는 중국 관광객을 유치할 수 있는 기회를 놓치지 않기 위해서는 불가피하다고 판단했다. 그리고 복합 리조트 건설을 추진하게 된다. 1년에 걸친 치열한 논의 및 연구 끝에 복합 리조트 설립을 결정, 2010년 두 개의 복합 리조트인 마리나 베이 샌즈(Marina Bay Sands), 센토사 리조트월드(Sentosa Resort World)를 개장했다. 싱가포르는 복합 리조트 유치로 4년 만에 관광·오락부분 수입이 27배나 증가했다고 한다. 일자리와 수입을 함께 챙겼을 뿐만 아니라 꾸준히 증가하는 관광객들로 인해 일자리가 계속 창출되고 있는 중이다. AI, 로봇산업의 눈부신 발전으로 인해 일자리가 급격하게 감소하는 현시점에서 싱가포르의 일자리 창출 성과는 대단한 의미를 부여한다.

일자리 창출은 항상 화두가 될 것으로 예상된다. 현재 일자리가 가장 많이 창출되는 곳 중의 한 곳이 평택일 것이다. 평택은 국책산업 뿐만 아니라 대기업들이 천문학적인 규모의 투자를 진행하고 있다. 지금 평택은 상전벽해가 일어나는 곳이다. 평택 전체가 개발되는 것처럼 하루가 다르게 변하고 있다. 평택은 삼성에서 평택고덕산업단지에 100조원을 투자하여 수만 명의 일자리 창출에 기여하고 있다. LG에서 진위 산업단지에 60조원을 투자하기로 계획하고 그 일대를 대대적으로 개발하여 관련업체들과 협력사들로 인해 일자리가 기하급수적으로 늘고 있다. 그리고 용산 미군부대가 평택으로 이전하여 그 일대도 하루가 다르게 변화하는 중이다. 이러한 개발로 인한 일자리 창출로 지속적으로 인구가 유입된다. 2035년까지 100만 명의 도시가 될 것으로 전망하고 있다. 이런 것이 다 일자리가 늘어나기 때문에 가능한 전망이다.

세계적 컨설팅사인 맥킨지가 2025년까지 세계 7대 부자도시가 될 도시를 발표했는데 우리나라는 두 개 도시가 선정되었다. 4위 한국 화성시, 5위 한국 아산시, 6위 독일 라인루르, 7위 중국 마카오가 차지했다. 그 중 화성시와 아산시는 삼성뿐만 아니라 현대, LG 등 대기업이 투자를 하면서 개발이 대대적으로 진행되고 있기 때문에 가능한 것이라고 보여진다. 기업이 일자리를 만들고, 일자리가 있으면 인구가 유입되고, 인구가 유입되면 도시가 형성된다. 그러면 땅은 알아서 조용히 가파르게 오른다.

♥ Point

양질의 일자리가 많은 지역이 집값이 비싸다. 서울의 강남역, 삼성역 일대와 영등포, 종로 등 일자리가 많은 지역은 꾸준히 부동산 가격이 상승한다. 양질의 일자리는 사람들을 모여들게 만들고, 그 수요가 교통을 이끌게 한다. 그러니까 강남이나 삼성동 일대는 여러 교통수단들이 다 모여들게 된다. 지금 한창 논란이 되고 있는 GTX도 어느 곳을 몇 분대에 갈 수 있는지에 따라 그 지역의 지가가 들썩인다. 심지어 황금노선이라 일컫는 지하철 9호선 라인은 지나간다는 소문만으로도 지가가 폭등한다. 일자리가 많으면 자연스럽게 인구가 늘어나 수요에 따른 주택이나 상업시설의 필요로 인해 자연스럽게 지가가 상승되는 것이다. 그래서 지가는 땅을 밟은 사람의 수에 비례한다고 했다.

5장

나는
땅 투자로 연봉을
한 번 더 받는다

땅 투자로 부의 추월차선에 올라타라

대부분의 부모들이 항상 자식들에게 하는 말은 거의 차이가 없다. '늘 열심히 공부해라. 그래야 사회에서 성공할 수 있다.' 그러나 현실에서는 학교성적이 성공과는 아무 상관이 없다는 것을 안다. 많은 사람들은 말한다. 옛날에는 자기보다 공부도 못하고 항상 자기 종처럼 지내던 놈이, 글쎄 어느 날 보니 출세하여 잘난 체 하고 있더라고 말이다. 세상 참 희한하다고 말한다. 이것이 현실이다. 물론 성공의 잣대를 어디에 두는지에 따라 차이가 날 수 있다. 일반적으로 성공의 기준은 돈과 명예와 행복의 순이 아닌가 싶다. 솔직히 말해 사회적 지위가 높은지 얼마나 잘 사는지가 일반적인 기준이다. 동창회나 각종 모임에서 감투를 쓴 사람들을 보면 어느 정도 돈과 명예가 있는 사람들이 많다.

257

한번쯤 우리도 각자 제 역할을 제대로 하고 있는지 짚어봐야 한다. 자식에게는 쉽게 공부 열심히 하라고 한다. 그러나 정작 본인은 인생을 제대로 살고 있는지 돌아보지 않는다. 자기는 하기 싫어하면서 자식들에게 강요하여 외면당하고 있지는 않는지 생각해야 한다. 강요하기 전에 자기가 먼저 공부해야 한다. 그렇게 할 때 아이들도 자연스럽게 따라올 것이다. 막무가내로 공부를 강요할 것이 아니라 아이들이 좋아하는 것이 무엇인지 살펴야 한다.

또 하나 다른 불편한 진실은, 잘난 척 하지 말아야 한다는 것이다. 나는 시골 중학교에 대한 추억이 많다. 오랫동안 많은 사람들이 하기 싫어하는 모임 총무 일을 하였다. 모임을 주관하다보면 회원들한테 인기가 많은 친구가 있다. 회원들이 굉장히 싫어하는 친구 또한 있다. 자세히 살펴보면 인기가 많은 친구는 항상 자기를 낮춘다. 회원들이 눈치 채지 못할 정도로 회원들을 배려하면서 모임에 흥을 돋우는 그런 사람들이다. 늘 분위기를 살리기 위해 웃기고 한발 물러설 줄 아는 친구다. 늘 성공한 일보다는 친구들을 위해 실패했던 이야기를 들려주는 그런 친구 말이다. 그런 친구를 친구들은 너무나 좋아한다. 반면에 자기 자랑을 늘어놓거나 성공담을 거창하게 이야기하는 친구는 싫어한다. 자기가 모임 음식 값을 전부 지불하겠다고 큰소리치면서 지갑을 여는 그런 친구를 다시는 보고 싶어 하지 않는다. 친구나 회원들은 자기 스스로를 높이는 친구는 아주 싫어한다. 다음 모임에는 그런 친구나 회원은 부르지도 말라고 은근히 압력을 행사하기도 한다. 그러나 자기를 낮추고 좌중을 웃기는 노력을 하는 친구는 늘 같이 하려고 한다. 돈이 많다고 자랑하거나 출세했다고 자랑하는 순간 모든 것은 날아간다. 실컷 음식 값에다 2차비용까지 다 계산하고도 자기를 높이는 순간 모든 좋은 이미지가 물거품이 된다.

내가 잘났다고 해서 잘난 게 결코 아니다. 내가 못났다고 해야 잘난 것이다. 모임에 잘 적응하려면 나를 낮추고 내세우지 말아야 한다. 친구에게 유머를 선사하고 엔도르핀을 돌게 하자. 계산은 아무도 모르게 처리하는 센스가 있는 친구가 좋다. 그것이 당신의 사회 네트워크를 강하게 구축하는 비결이다. 부를 형성하는 데 도움을 주는 지원의 손길이 될 것이다. 또 하나는 나눔이다. 돈은 나누었다가 합해도 언제나 그 총합은 같다. 그러나 정보나 지식은 나누면 항상 나눈 만큼 커진다. 회사나 사회생활에서 얻은 좋은 정보나 지식을 자기만 가지고 나누지 못하는 사람은 발전이 없다. 정보나 지식은 나누면 나눌수록 그 크기가 점점 커진다. 중요한 정보나 지식을 나누면 결국 더 많은 정보들이 다시 자기에게로 돌아온다. 좋은 정보를 혼자만 가지고 주지 않는 사람에게는 시간이 지날수록 좋은 정보가 차단된다. 좋은 정보를 나누고 활성화하는 사람에게는 정보나 지식이 자꾸 모여든다. 정보를 공유하지 않는 사람도 한두 번은 정보를 받을 수 있다. 그러나 더 이상 좋은 정보를 받지는 못한다. 더 좋은 정보나 지식을 공유하고 싶다면 좋은 정보를 나누어라. 그렇게 하면 좋은 정보는 기하급수적으로 확장되고 늘어난다. 그리고 더 많이 활용하게 됨으로써 부의 확장도 빨라진다. 좋은 정보나 지식은 혼자만 갖지 말고 나누어라. 반드시 크게 돌려받을 것이다.

물론 기업 비밀이나 개인정보 또는 비밀이 요구되는 사업정보같은 정보는 공유하면 안 된다. 지금 말하는 것은 생활의 지혜나 재테크 혹은 삶의 지혜같은 일상적인 정보나 지식을 말하는 것이다. 내가 습득한 좋은 정보를 주위 사람들과 공유하는 것은 참으로 많은 시간과 돈을 절감할 수 있다. 그래서 독서가 좋다는 것이다. 책은 많은 정보와 지식을 공유하게 하는 수단이다. 책에는 많은 지식, 삶의 지혜, 경제지식 및 재테크 비법 등 작가의 경험과 고급 정보 등을 엄선하여 담아 놓았다. 나누면 커진다. 나누어라. 그리고 많은 재테크 관련 독서를 하자. 생활이 상상외로 개선된다. 책을 읽지 않는 사람은 책을 읽는 사람을 위해서 일해야 한다. 그만큼 독서가 중요하다는 것이다. 특히 사회의 변화속도가 하루 하루 다른 요즈음은 정보와 지식의 중요성이 그 어느 때보다도 중요하다. 미국의 클린턴 전 대통령은 대통령 재임시절에 연간 230권의 책을 읽었다 했다. 퇴임 후에는 연간 300권 이상의 책을 읽는다고 한다. 책에서 지혜를 찾고 아이디어를 찾을 수 있기 때문이다. 책에는 무궁무진한 지혜와 아이디어가 작가들의 지혜, 경험, 폭넓은 조사결과와 연구결과들과 함께 결합되어 있다. 그러므로 최상의 지혜와 정보를 책에서도 찾아보자.

땅 투자의 시작도 책을 통해서 기초부터 착실히 하나하나 실력을 쌓아야 한다. 그래야 튼튼하고 내실 있는 투자가 될 수 있다. 그리고 절제된 생활을 통해 하루빨리 종자돈을 모으도록 해야 한다. 의지보다 강한 자동계좌이체를 이용하여 흔들림 없이 착실하게 모아야 한다. 종자돈을 모으기 위한 펀드나 적금계좌에 월급에서 자동으로 계좌이체가 되도록 사전에 설정해 놓는다. 다른 어떤 방법보다 종자돈을 모으는 데는 가장 효과적인 방법이다. 그리고 투자 관심지역을 결정하여 그곳 시장의 움직임을 늘 체크하자. 그렇게 하다보면 어느 날 행운의 여신이 당신에게 좋은 땅 매물을 갖게 해줄 것이다. 좋은 매물이 나오면 잘 분석한 뒤 매수하여 장기보유하자. 그리고 그 땅을 가지고 부의 추월차선에 올라타라.

♥ Point

좋은 정보나 지식은 나누면 나눌수록 그 크기가 점점 커진다. 좋은 정보는 기하급수적으로 확장되고 늘어난다. 책에는 많은 정보와 삶의 지혜, 경제지식 및 재테크 비법 등 작가의 경험과 고급 정보 등이 엄선되어 있다. 많은 재테크 관련 독서를 하자. 책을 읽지 않는 사람은 책을 읽는 사람을 위해서 일해야 한다. 사회의 변화속도가 하루 하루 다른 요즈음은 정보와 지식의 중요성이 그 어느 때보다도 중요하다. 땅 투자의 시작도 책을 통해서 기초부터 착실히 하나하나 실력을 쌓아야 한다. 그리고 투자 관심지역을 결정하여 그곳 시장의 움직임을 늘 체크하자. 그렇게 하다 좋은 매물이 나오면 잘 분석한 뒤 매수하여 장기보유하자. 그리고 그 땅을 가지고 부의 추월차선에 올라타라.

땅으로
조물주 위 건물주가 되자

　　행복하게 살기 위해서는 미리미리 준비를 해야 한다. 미리 준비를 하면 비용이 덜 들어간다. 그러기 때문에 하루라도 빨리 종자돈을 마련하여 노후를 위한 땅 투자하자. 땅값이 올라가는 속도를 따라잡기는 거의 불가능에 가깝다. 그러기 때문에 쉽게 따라잡기 위해서는 하루라도 빨리 토지시장에 들어가야 한다. 요즈음 남녀노소를 막론하고 무엇이 되고 싶으냐고 물으면 조물주 위에 건물주라고 한다. 삶이 각박하고 생명연장은 갈수록 늘어나는데 직장은 인공지능이다 뭐다 해서 구하기도 어렵고 버티기도 어렵다. 그래서 건물을 사서 건물에서 나오는 임대료로 편하고 행복하게 살고 싶은 것이다. 돈 걱정 없이 살려면 건물주가 되어야 하는 모양이다. 무엇보다 우선 건물주가 되어야 한다. 세상에 불가능은 없다. 단지 방법을 몰라서 시도하지 못했을 뿐이다. 건물주가 되기 위해서는 많은 돈을 모아서 건물을 사면 된다. 그러나 월급쟁이가 그렇게 많은 돈을 벌기는 불가능하다. 그러면 다른 방법을 찾아야 한다. 다른 방법으로는 경매로 산다든지, 공매로 사든지, 아니면 급매나 급급매로 살 수도 있다. 그러나 사실 이러한 방법으로 건물을 산다는 것 또한 불가능한 일이다. 건물 가격이 워낙 비싸기 때문에 평범한 직장인이 사기에는 이 또한 불가능하다. 그렇다고 포기하기는 이르다. 월급쟁이처럼 돈이 많지 않은 사람들이 건물주가 되기 위해서는 남다른 방법이 필요하다.

땅은 무조건 저렴하게 구해야 한다. 그러기 위해서는 정보력을 최대한 가동해야 한다. 그리고 종자돈도 하루빨리 모으도록 해야 한다. 빈손으로 할 수 있는 일은 아무것도 없다. 소문이 나기 전에 개발계획 정보를 알기란 정말 어렵다. 소문이나 개발계획이 발표되면 전국에 있는 돈 냄새를 잘 맡는 투자자들이 대거 몰려온다. 그러므로 일시적으로 매물품귀 현상이 일어나 주변시세가 가파르게 오른다. 투자자들이 일시에 몰리므로 가격이 가파르게 상승하는 것은 당연하다. 그래도 그들은 사두면 돈이 된다는 것을 알기 때문에 무조건 초기진입 단계에서 어떻게든 진입하려 한다. 모든 계획들은 우리가 생각하는 것처럼 일사천리로 진행되지 않는다. 개발계획이 발표되어도 도시가 하나 만들어지는 것이므로 길고 지루하게 진행된다. 그러므로 한동안

긴 호흡을 하면서 기다림의 시간이 진행된다. 홍보로 인한 광풍이 지나고 1~2개월이 지나면서 광풍이 소강상태로 흘러간다. 길게는 몇 년이 갈 수도 있다. 이렇게 되면 소문이나 개발계획 발표 이전보다야 비싸지만 매력적인 매물들이 생긴다. 이럴 때 급급매 매물이 보이면 투자를 고려해볼 만하다. 하늘이 준 기회인지도 모른다.

이때 이왕이면 그냥 토지보다는 다 찌그러진 집이라도 한 채 있으면 대박 물건이다. 시골에는 간혹 땅 위에 집이 있는 매물도 있다. 이런 물건이 개발이 된다면 아주 좋은 물건으로 변한다. 사람이 살 수 없어도 형체만 남아 있어도 된다. 등기부등본의 건물내역에 주택내용만 있으면 된다. 일반 전이나 답보다는 대지가 비싸다. 그러나 시장초기 진입단계에서는 아주 큰 차이가 없다. 조금 비싸다면 집이 있는 토지가 훨씬 값어치가 있다. 이것을 소유하게 되면 나중에 대접이 달라지기 때문이다. 그냥 토지를 가졌을 때보다 1억 내외의 값어치가 있는 물건이 된다. LH공사나 각 지자체 도시개발공사는 토지를 수용하고 도시개발계획에 따라서 구역정리를 한다. 개발계획에 따른 구역을 정리한 다음에는 정리된 토지들을 매각하게 된다. 매각을 할 때 LH공사나 각 지자체 도시개발공사는 토지를 수용할 때 토지주들을 상대로 저렴하게 이주자택지를 공급하게 된다. 이주자택지를 받을 수 있는 사람들은 수용 당시 토지 위에 집이 있었느냐 없었느냐에 따라서 대접이 달라진다. 수용할 당시 토지 위에 다 쓰러져가는 집이라도 있었던 사람들에게 1차로 이주자택지가 공급된다.

LH공사나 각 지자체 도시개발공사가 도시개발계획에 따라서 일정 구역에 이주자택지를 공급한다. 이주자택지는 도시개발계획에 따라서 토지를 수용할 당시 집을 소유한 사람들을 대상으로만 공급하는 물량이 따로 있다. 그리고 그들을 상대로 분양을 하는데 일반인을 상대로 분양할 경우보다 1억원 내외로 싸게 공급된다. 그리고 입지도 먼저 선택할 수 있는 혜택도 준다. 당연히 컴퓨터로 추첨된다. 1차로 우선권을 주고 경우에 따라서는 한 번 더 선택할 수 있는 기회를 주기도 한다. 좋은 입지를 차지할 수 있도록 LH공사나 각 지자체 도시개발공사들이 수용당한 토지주들에게 배려를 해주는 것이다. 토지수용 당시 까다롭게 하는 토지주들은 1순위를 주지 않고 2순위를 준다. LH공사나 각 지자체 도시개발공사와 토지 수용관련 협의 시 너무 힘들게 하면 입주자 공급자격을 주지 않을 수 있으므로 원만한 토지 수용도 필요하다. 토지가격 협상이나 이주기한을 지켜주어 1순위 혜택으로 좋은 입지의 점포형택지를 받는 것도 중요하다. 공급가격도 혜택을 많이 받는다. 그래서 토지를 살 때도 집이 있는 토지와 집이 없는 토지는 이렇게 대우가 달라질 수 있다. 그러므로 꼭 건물주의 꿈이 있다면 토지 위에 찌그러진 집이라도 있는 토지를 사야 한다는 사실을 결코 잊지 말아야 한다.

– 이주자택지는 도시개발계획 택지개발지구 내에 거주하던 원주민들에게 주어지는 토지이며 택지와 상가주택을 지을 수 있는 상가겸용택지를 말한다. 그래서 이주자택지, 상가주택지, 점포형택지 등으로 불린다. 다 같은 이야기이다. 이주자택지의 전매제한은 단 1회에 한하여 분양가를 초과하는 금액으로 공사의 승인을 받아 명의변경이 가능하며, 분양가 이하로는 언제든지 명의변경이 가능하다. 이주자택지의 용적률과 건폐율은 단독주택은 건폐율 50%에 용적율 100%이다. 점포겸용주택일 경우 건폐율 60%에 용적율이 150~200%이다. 1순위는 토지수용 시 협조를 원만히 한 토지주, 2순위는 토지수용 시 협조를 원만히 하지 못한 토지주, 3순위는 협의양도자까지 분양하고 미분양 발생 시 일반 분양한다. 1순위와 2순위는 분양가격이 저렴하고, 협의양도자분 및 일반분양분은 비싸진다. 대략 1억원 안팎으로 더 비싸다. 보통 입지가 가장 중요하므로 1순위를 받기 위해 토지수용 시 협의가 원만하고 빠르게 이루어진다.

– 협의양도자택지는 수용 당하는 토지 위에 집이 없고 토지만 1000 m^2 이상 소유한 토지주들에게 준다. 주택만 지을 수 있는 주거전용택지를 말한다. 감정가 선에서 공급돼 원주민 이주자택지보다 분양가가 조금 비싸다. 건폐율 50%, 용적률 80%다. 잔금을 완납하고 소유권이전등기를 완료할 때까지 전매가 안 된다.

－ 생활대책용지란 원주민들은 이주자택지 이외에도 또 다른 보상책이 있는데 6~20평 내외의 근린상가를 지을 수 있는 권리가 주어진 땅이다. 6~20평 내외의 작은 땅으로는 건물을 지을 수 없으므로 보통 30~40명의 조합원들이 뭉쳐서 300~500평 규모의 상가를 분양받는다. 도시개발계획상 좋은 위치에 분양을 받을 수 있으므로 매력적이라 할 수 있다. 반면에 30~40명의 의견을 일치시켜야 하는 어려움도 있다. 그러나 단결이 잘 되는 조합은 상당히 좋다. 개인이 아니고 단체로 진행해야 하므로 조합원으로 구성되면 양보와 신속한 의사결정에 적극적으로 동참해야 소기의 목표를 달성할 수 있다. 조합장을 잘 선출하여야 하고 항상 열린 마음으로 협조해야 한다. 소중한 자산을 공동으로 키워야 하는 숙제가 있는 선물이다.

LH공사나 각 지자체 도시개발공사가 분양하는 이주자택지는 2~5년에 걸쳐서 분양가격을 지불하면 되기 때문에 돈 없는 월급쟁이가 건물주가 되는 가장 쉬운 방법임에는 틀림이 없다. 토지를 수용할 때는 공시지가의 150~200% 선에서 보상이 이루어진다. 그리고 분양가는 보상가의 200~300% 선에서 이루어진다. 정확한 보상가격이나 분양가격은 LH공사나 각 지자체 도시개발공사의 상황에 따라서 다를 수 있다. 원주혁신도시에서 원주민에게 분양한 이주자택지 가격은 평당 80만원 선이었다. 보통 분양평수가 80~100평이다. 그러면 분양가가 6,400~8,000만원 수준이었다. 원주혁신도시는 2009년 5월에 분양했다. 그것도 3년 무이자 할부로 분양했다. LH공사나 각 지자체 도시개발공사는 주로 2~5년 간 분할 납부할 수 있어 월급쟁이들이 접근하기에는 더 없이 좋다. 보시다시피 그렇게 많은 목돈이 들어가는 것도 아니었다. 단지 관심이 없어서 몰랐을 뿐이다. 그러니까 부동산 관련 도서도 읽어보고 주말에는 가까운 부동산에 들러보아 좋은 정보도 얻는 것을 생활화 하면 좋다. 이주자택지, 일명 점포형택지는 1층에 상가를 둘 수 있다. 그리고 2~3층은 월세나 전세를 줄 수 있다. 그리고 4층은 주인이 살 수도 있고 전세나 월세를 줄 수도 있다. 이렇게 해서 월급쟁이도 땅으로 조물주 위에 건물주가 되는 것이다. 세상에 불평불만만 하지 말고 찾아보자. 많은 좋은 방법들이 있다. 당신이 열심히 찾고 할 수 있다는 의지만 있다면 건물주의 꿈은 반드시 이루어질 것이다.

◉ Point

소문이나 개발계획이 발표되고 1~2개월이 지나면서 광풍이 소강상태로 흘러간다. 이럴 때 급급매 매물이 보이면 투자를 고려해 본다. 그냥 토지보다는 다 찌그러진 집이라도 한 채 있으면 대박 물건이다. 수용할 당시 토지 위에 다 쓰러져가는 집이라도 있었던 사람들에게 1차로 이주자택지가 공급된다. 일반인을 상대로 분양할 경우보다 1억원 내외로 싸게 공급된다. LH공사나 지자체 도시개발공사가 분양하는 이주자택지는 2~5년에 걸쳐서 분양가격을 지불한다. 돈 없는 월급쟁이가 건물주가 되는 가장 쉬운 방법이다. 이 점포형택지는 1층에 상가를 둘 수 있다. 그리고 2~3층은 월세나 전세를 줄 수 있다. 4층은 주인이 살 수도 있다. 이렇게 해서 월급쟁이도 땅으로 조물주 위에 건물주가 되는 것이다.

나는 골프 대신
땅 보러 간다

눈앞에 닥친 장수시대를 긍정적이고 도전적으로 맞이해야 한다. 긍정적이고 도전적으로 장수시대를 반기는 사람이 있다. 반면에 '긴 세월을 어떻게 해?, 일만 하고 살아야 하나? 지루해서 어떻게 해' 등 불평과 두려움에 떠는 사람도 있다. 어떻게 살아가야 할지 두려워하거나 막막해할 수도 있다. 그러나 아무도 가보지 않은 새로운 장수시대를 피할 수 없다면 당당하게 맞이해야 할 것이다. 실패할까 겁이 나서 해보지 못하였거나, 실패한 일들을 다시 성취해보고 싶다면, 넉넉한 시간들이 과거세대보다 덤으로 주어지는 셈이다. 수십 년 전의 한국인의 삶은 가난하고 열악하였다. 많은 가족들이 허기진 배를 잡고 단칸방에서, 가난하게 고달픈 삶을 살아왔다. 그러나 지금은 그런 삶을 사는 사람은 없다. 여러 부분에서 세계의 중심이 되어 있다. 국민소득도 3만 달러를 넘어 상상조차 하기 힘들 정도로 좋아졌다. 우리 부모님 세대들은 상상하지도 못했던 신기술로 무장된 편리하고 스마트한 시스템들이 많다. 외국에서 개발된 신제품들이 우리나라를 신제품 시험장으로 삼는다 한다. 우리나라는 최첨단을 걷는 국가다. 지금 생각해보면 1970년대 후반까지만 해도 어떻게 살았나 싶다. 예전에는 전화가 동네 이장네 집에나 한 대 있을 정도로 귀하였다. 그런데 불과 몇십 년이 지난 지금은 휴대폰 없는 사람이 없다.

1970년대는 교통수단도 답답하긴 마찬가지였다. 그러나 지금은 거의 모든 가정에 자가용이 있다. 원하면 무비자로 한 번에 비행기를 타고 세계를 여행할 수도 있다. 이 많은 변화는 그리 오랜 시간 동안에 이루어진 것이 아니다. 불과 몇십 년 사이에 이루어졌다. 기업도 마찬가지다. 교보그룹은 서울 중구 을지로1가에 위치한 건물 2층에서 출범했다. 동원그룹은 서울 중구 명동2가에서 10여 평 규모로 시작하였다. 롯데그룹은 도쿄의 초라한 벽돌집에서 시작하였다. 그런데 몇십 년 만에 이들 기업들이 이룬 괄목할만한 성과는 정말 대단하다. 이들 기업의 자산규모는 가늠하기 힘들 정도로 성장했다. 그런 많은 것들이 불과 몇십 년 만에 이루어졌다. 지금은 시대가 옛날과 많이 달라 고도성장은 어렵다. 그러나 아마존, 애플, 페이스북, 알리바바, 구글같은 많은 글로벌 기업들은 짧은 기간에 폭발적인 성장을 했다. 얼마 전에 우리나라 대표 IT기업인 네이버의 시가총액이 전통적 일류 제조기업인 포항제철을 넘어섰다. 네이버는 1997년 삼성 SDS의 사내벤처로 출발하였다. 불과 몇십 년 만에 실로 상상이 되지 않는 역사를 썼다. 물론 어렵지만 불가능을 가능으로 만드는 세상이 되었다.

지금까지 배운 노하우와 긍정적인 열정으로 무장한다면 못 이룰 것 또한 없을 것이다. 늘어난 수명은 기회일 뿐 아니라 삶의 여유일 것이다. 바쁘게 살아온 일상에서, 좀 더 여유를 가질 수만 있다면 축복이라 생각한다. 덤으로 주어진 시간이라 생각하고 여유와 따뜻한 배려로 살아갔으면 좋겠다. 그리고 미래는 과거와 달리 스마트하고 편리하게 다가올 것으로 생각된다. 물론 그 변화의 속도는 무서우리만큼 빠르고 혼란스럽지만 한발 물러서서 음미해 본다면 분명 여유를 가지고 살 수 있으리라. 이제까지의 잘못된 삶도 재조정하고 미진한 부분은 보충하면서 전진할 수 있을 것이다. 누구나 과거를 돌아보면, '그때 사람들과 가족에게 잘 해줄 걸, 그때 이렇게 투자할 걸, 그때 공부를 더 할 걸' 등 수많은 일들이 교차할 것이다. 그렇다면 덤으로 얻은 황금같은 시간을 이제는 후회하지 말고 보다 알차게 보내야겠다. 하루 3시간씩 10년이면 어떤 분야에서도 전문가가 될 수 있다는데 못할 게 무엇이겠는가. 공부도, 사랑도, 투자도, 봉사도 원 없이 하면서 살자. 생명과학의 발달로 인간의 수명은 놀랄 만큼 늘어날 것이다. 축복처럼 다가온 수명연장의 시대를 건강하고 행복하게 살았으면 좋겠다.

271

재테크 관련 서적을 많이 읽어라

세상에는 다양한 취미가 있다. 취향과 조건에 따라서 다양한 즐길 거리를 만든다. 시대상황이나 삶의 수준에 따라 취미생활도 변해가는 것 같다. 요즈음 대중적인 취미생활은 낚시, 자전거타기, 등산, 골프 등이다. 나는 한 달에 두 권의 책읽기와 1년에 40번의 산행을 하는 것을 수십 년 해왔다. 12가지 목표 중에 둘 다 들어 있다. 책은 재테크 관련 책이나 자기계발 책들을 주로 읽는다. 다른 책들은 이상하게도 잠이 와서 읽기가 어렵다. 그래서 늘 그런 책들을 읽는다. 한때 사무실이 수색에서 의정부로 이전하는 바람에 전철을 타고 다니는 시간을 어떻게 활용할까 고민을 했다. 그리고 한 달에 두 권을 목표로 정독을 하기로 하였다. 지금 생각해도 잘한 판단이라고 생각한다. 많은 책에서 지혜를 얻었고, 수많은 성공한 사람들에게서 성공의 비법과 미래가치를 정확하게 읽을 수 있는 혜안을 훈련할 수 있었다. 다행스럽게도 내가 사는 낙성대역 근처에는 작은 중고책방이 하나 있다. 그 덕분에 많은 지나간 책들도 그 책방에서 저렴하게 구입해서 읽어볼 수 있었다.

책을 읽을 때는 저자들의 숨은 의도를 놓치지 않으려 정독을 한다. 그리고 감명 깊거나 꼭 필요한 지혜라 생각되면 줄을 긋기도 하고 메모도 해놓는다. 화장실 갈 때나 짧은 시간이 주어졌을 때는 밑줄 쳐 놓은 부분만 읽으면 좋다. 그렇게 함으로써 책속에 있는 지혜나 지식을 오래도록 기억하고 좋은 부분은 따라서 해본다. 자주 반복하여 읽게 되면 더 오래도록 기억에 남는다. 원래 인간은 교육을 받고 48시간이 지나면 25%, 일주일 후에는 7%만 받은 교육을 기억한다고 한다. 그래서 반복해서 읽어야 그만큼 기억이 오래 남게 되어 도움이 된다. 책을 읽게 되면 책속에서 저자들이 감명 받았던 책까지 알려주니까 좋은 책을 고르는 데도 시간절약이 된다. 값지고 소중한 책을 소개받음으로써 1석3조가 된다. 시간이 자나감에 따라 더 많은 지혜와 아이디어 및 정보를 얻게 된다. 그런 것들이 모여서 우리에게 미래를 지도해 주고 지혜를 줌으로써 우리가 지속적으로 발전하는 데 많은 도움이 된다. 책에서 많은 지혜를 얻었다. 투자를 할 때도 우리는 많은 것을 확인한 뒤 투자에 대한 최종 판단을 내리게 된다. 그때 읽었던 책속의 지혜나 교훈이 투자 결정에 많은 도움이 되었고, 투자 판단을 정확하게 하는 데 많은 도움이 되었다. 투자에 대한 근육을 키우기 위해서 많은 요소들이 도움을 주지만 특히 독서는 그 중 최고라고 본다.

세미나나 강연도 투자정보와 투자판단을 내리는 데 많은 도움이 된다. 특히 자기계발서나 재테크 관련 서적은 우리들의 투자 길잡이가 되므로 적극 권해 드린다. 혼자만의 경험에 의한 판단도 좋다. 하지만 세심한 분석이나 판단이 필요할 때는 무엇보다 평소 차근차근 독서로 다져놓은 정보와 지식과 지혜가 많은 도움이 된다. 나는 아이들한테 아르바이트 대신에 책읽기 아르바이트를 주었다. 얇은 책 한 권을 읽으면 만 원, 중간 두께의 책을 읽으면 2만 원, 두꺼운 책을 읽으면 3만원을 준다. 그렇게 해서 자연스럽게 자기계발 책과 재테크 책을 경험하게 하였다. 억지로 읽게 할 수 없으니까, 그렇게라도 읽히고 싶었다. 학교에서 가르쳐 주지 않는 복잡한 사회를 살아가는 법과 경제공부를 그렇게라도 시켜야 하기 때문에 그렇게 하였다. 빈부 격차가 날로 커지는 사회에서는 조금이라도 일찍 경제교육을 시키는 게 도움이 된다고 생각한다. 나는 책을 읽으면서 마음에 와 닿거나 따라 해보고 싶은 것이 있으면 그때그때 밑줄을 친다. 다 읽고 난 후 밑줄 친 부분을 컴퓨터에 옮긴다. 그것은 시간이 날 때나 지혜가 필요할 때 자주 읽어보기 위해서다. 자주 읽어보면 지혜의 근육들이 강하게 자리를 잡게 된다. 그것들은 투자판단이 필요할 때 더없는 마음의 길잡이가 되기 때문이다. 꾸준한 독서로 지혜와 간접경험을 쌓자. 술집을 찾기보다 서점을 찾기 시작할 때에 여러분의 자산도 늘어나게 될 것이다. 서점에 가서 느껴보면 알겠지만, 서점에서 만나는 사람들은 여유와 희망으로 표정이 매우 밝다. 마치 산행을 마치고 내려오는 사람들처럼 행복해하는 모습이다. 행복하고 희망에 찬 자신감의 표정 또한 여러분을 행복하고 잘사는 길로 안내할 것이다.

그래서 나는 골프 치러 가는 대신 세미나에 가고 강연 들으러 간다. 서점에도 가서 책도 사서 본다. 회사는 월급쟁이들이 퇴직하지 않을 정도의 월급만 준다. 그래서 관리비나 학원비 등을 지출하면 크게 남는 게 없다. 그런데 골프 치러 가면 적지 않은 비용이 지출되어야 한다. 그래서 골프를 배우지 않았다. 개인의 취향 문제이므로 좋고 나쁘고를 떠나 나는 무엇보다 산행이 좋았고 땅 보러 가는 게 좋았다. 산에 오르면 신선한 공기와 풍광을 즐길 수 있다. 그리고 체력운동으로 부족한 근력운동에 많은 도움이 된다. 땅을 보러 가면 많은 돈 되는 정보들이 즐거움을 더해준다. 그래서 나는 주말에 골프 치러 가는 대신 땅 보러 간다.

📍 **Point**

세미나나 강연도 투자정보와 투자판단을 내리는 데 많은 도움이 된다. 특히 자기계발서나 재테크 관련 서적은 우리들의 투자 길잡이가 된다. 나는 책을 읽으면서 마음에 와 닿거나 따라 해보고 싶은 것이 있으면 그때그때 밑줄을 친다. 다 읽고 난 후 밑줄 친 부분을 컴퓨터에 옮긴다. 그것은 시간이 날 때나 지혜가 필요할 때 자주 읽어보기 위해서다. 술집을 찾기보다 서점을 찾기 시작할 때에 우리의 자산도 늘어나게 될 것이다. 나는 골프 치러 가는 대신 세미나에 가고 강연을 들으러 간다. 그래서 골프를 배우지 않았다. 나는 무엇보다 산행이 좋았고 땅 보러 가는 게 좋았다. 땅을 보러 가면 많은 돈 되는 정보들이 즐거움을 더해준다. 그래서 나는 주말에 골프 치러 가는 대신 땅 보러 간다.

당신도 땅으로 행복한 경제적 자유인이 되라

나는 매년 무슨 일이 있어도 참여하는 행사가 있다. 해마다 중앙일보와 시지자체에서 주관하는 위아자나눔장터다. 위아자나눔장터는 국내 최대 규모의 나눔장터다. 집안에서 사용하지 않는 물건을 시민들끼리 서로 사고판다. 그 수익금으로 저소득층 어린이들을 돕는 자선 벼룩시장이다. 사회의 유명정치인과 스포츠스타, 연예인 등 각계각층의 사람들이 기증하는 물품들도 많다. 일반인들도 사용하지 않는 물건을 거의 공짜에 가깝게 사고판다. 1년에 하루만 진행하는 행사다. 나눔의 기쁨과 소녀소년 가장들을 돕는 행사다. 나오는 물건들은 사용하는 데 문제가 없다. 어린이 용품에서 세계적인 명품에 이르기까지 다양한 제품들이 많이 나온다. 기대를 갖고 1년을 기다려 매년 행사에 가서 비교적 많은 물건들을 사온다. 모두 다 만족할 만한 물건들은 아니지만 사용하는 데는 전혀 문제가 없다. 중고 물건도 잘만 장만하면 용도에 맞게 사용하는 데 지장이 없다. 그러나 절약이라는 것으로 보답을 받는다. 그 절감되는 돈이 알게 모르게 종자돈으로 모아져 투자로 연결된다면 뿌듯하다. 사실 나는 몇 년간 차 없이 살아본 적이 있다. 한번은 내가 잘 아는 부동산중개사무실 사장님이 벤츠E300을 타고 다녔다. 벤츠 한 대 값이 얼마냐고 물었더니 7천만 원이라고 했다. 나는 속으로 그 돈으로 좋은 곳에 투자를 하지 왜 비싼 차를 사나 싶었다.

사람마다 삶의 방식이 다르고 삶의 가치도 다르기 때문에 뭐라고 말할 수는 없다. 다니는 데 불편하지 않을 정도의 차면 충분하다. 부는 쌓기는 힘들고 쓰기는 쉬워 많은 사람들이 부자가 될 수 없는 이유를 애써 찾는지도 모른다. 그저 소비하며 자랑하면서 살아가면 부를 이루기가 불가능하다. 그렇기 때문에 남들이 하기 싫어하는 힘든 것을 실행하는 소수만이 어렵게 부자가 된다. 누군들 새것을 좋아하지 않겠는가. 아마 모든 사람들이 다 새것을 좋아할 것이다. 그러나 그것을 잠깐 뒤로 미루고 절약하는 노력과 새것을 사는 대신 투자할 곳을 찾는 소수의 사람들이 백만장자, 천만장자, 억만장자가 된다는 사실을 우리는 늘 보면서 살아왔다. 미국 백만장자의 37% 정도가 중고차를 구입하여 타고 다닌다고 한다. 오마하의 현인 워런 버핏도 수십 년

된 차를 아직도 타고 다닌다는 사실을 알아야 한다. 부는 누가 그저 주는 것이 아니다. 부는 보이지 않는 사고와 행동으로부터 시작된다는 사실을 기억해야 한다. 회사의 예산은 해마다 여러 심사를 거쳐서 만들어진다. 회사가 어렵든지 말든지 예산을 신청하는 많은 부서는 자기네만 생각하고 잔뜩 신청을 한다. 물론 까다로운 과정을 거쳐 적정한 예산이 수립되지만 넉넉하게 수립되는 예산은 언제나 없다. 그래서 절약이 필요한 이유다.

어느 나라나 마찬가지지만 현재의 100대기업이 100년 후에는 과연 얼마나 생존할까. 겨우 5%에 불과하다고 한다. 물론 운영상의 문제도 있지만 다들 지속가능경영을 위해서 열심히 아끼고 투자도 한다. 그러나 조금만 정신을 차리지 않고 자만하는 순간 회사의 운명은 사라지게 되는 것이 현실이다. 현재도 그렇고 미래도 마찬가지일 것이다. 사실 회사가 잘되어야 나도 잘되는 것이다. 기업의 지속가능경영을 위해서 늘 연구하고 아이디어를 제공하는 노력을 기울여야 한다. 회사에서 예산을 집행하는 부서에서는 책정된 예산은 무조건 다 쓰려고 하기보다 어떻게 하면 조금이라도 절감할 수 있을지를 고민하면서 집행하여야 한다. 모든 구성원들이 그렇게 할 때 회사도 단단해지며 지속가능한 경영이 가능하리라 본다. 회사의 번영이 곧 나의 번영인 것이다. 오랜 세월을 회사와 같이 하면서 같이 성장해 나갈 수 있었음에 늘 감사함을 느낀다. 때로는 힘들고 어려움도 많았지만 그래도 회사

278

에 크게 봉사할 수 있었음에 늘 감사함을 느낀다. 두 번의 큰 봉사할 기회로 회사에 근 1조원 가량의 기여를 할 수 있어서 마음 한편으로는 뿌듯하다. 두 번에 걸친 감자와 부채감축 아이디어로 보답할 수 있었음에 한없는 보람을 느낀다.

'앓아누운 주인이 열 머슴 못 한다'는 옛말이 있다. 주인처럼 행동하면 주인이 될 수밖에 없다. 일의 주인이 되어 끌고 갈 때 일은 의무가 아닌 재미가 된다. 최고의 생산성을 위해서라면 무슨 일이든 할 수 있다는 주인의식이 있을 때 가능하다. 마찬가지로 당신과 가족의 주인으로서 먼저 저축과 투자를 한다면 돈이 당신을 위해 일하게 된다. 돈은 어떻게 관리하는가가 중요하다. 먼저 근검절약하여 투자를 위한 종자돈을 마련하여야 한다. 종자돈을 마련하면 투자를 위한 기초는 되었다. 투자를 실행했느냐 그렇지 않았느냐에 따라서 시간이 흐를수록 차이가 크게 난다. 시간이 지나면 차이는 더 벌어지고 결국에는 삶의 방식과 생활방식이 완전히 달라지게 된다. 보통사람들은 늘 말한다. 돈이 있어야 돈을 번다. 그러나 그들이 말하는 그 돈은 어디에서 올까. 근검절약하는 생활습관과 미래를 위한 생각에서 오는 것이다. 절약한다고 아주 궁색하게 살라는 것이 아니다. 욕구를 오늘 채울 것이냐, 나중으로 미룰 것이냐, 그 차이는 엄청 크다는 사실이다. 앞에서 말한 두 젊은이의 8년 간의 투자시점 차이가 가져오는 커다란 결과의 차이는 늘 우리 주변에 존재한다. 한발 앞선 준비, 그것이 얼마나 중요한가를 잘 보여주는 사례라 볼 수 있다. 그리고 있는 자산을 잘 활용하는 지혜도 필요하다. 그것이 주택연금과 농지연금이다. 두 가지에 대해서 알아보자.

- 주택연금 활용

주택연금은 말 그대로 집을 맡기고 연금을 받는 제도다. 살던 집에 계속 거주하면서 연금을 받는다. 부부 중 한 명이 만 60세 이상인 경우 주택을 담보로 맡기고 평생 혹은 일정한 기간 동안 매월 연금방식으로 생활자금을 받을 수 있다. 주택연금은 국가가 보증하는 금융상품이다. 가입자가 신청을 하면 절차에 따라 한국주택금융공사가 심사를 거쳐 은행에 보증서를 발급해준다. 은행은 이 보증서를 근거로 연금을 지급한다. 상세요건은 부부 중 한 명이 만 60세 이상, 부부 기준 9억원 이하 주택 소유자, 다주택자라도 합산 가격이 9억원 이하면 가능, 9억원 초과 2주택자도 3년 이내 1주택을 팔면 가능하다. 연금 수령 방식은 평생 동안 일정한 금액으로 받는 정액형과 활동이 많을 때는 많이 받고 나이가 더 들면 적게 받는 전후후박형 중에서 고를 수 있다. 4분의 3이 정액형을 선호한다. 주택연금은 대표적인 역모기지론이다. 집을 갖기 위해 대출을 받는 모기지론과 반대로 집을 맡기고 조금씩 돈을 받는 상품이다. 역모기지론은 이미 선진국에서는 보편적이지만 우리나라에선 점차 확산되는 추세다. 최근엔 자녀가 부모님을 직접 모시고 와서 주택연금 가입을 권하는 사례도 늘고 있다고 한다.

당장 부모님께 드려야 할 생활비 부담을 낮추는 게 낫다고 본 것이다. 인기 비결은 살던 집에서 계속 살면서 생전에 쓸 연금을 받을 수 있기 때문이다. 부부 중 한 명이 사망해도 감액 없이 동일한 금액의 지급을 보장받는다. 부부 모두 사망한 뒤에 주택을 처분한 금액이 연금 지급액보다 크면 그 차액은 상속자 몫이다. 반대로 연금 지급액이 더 많아도 담보인 주택만 넘기면 그만이다. 모자라는 금액을 낼 필요가 없기 때문에 확산되는 원인이 되기도 한다.

- 농지연금 활용

가입요건은 농지소유자 본인이 만 65세 이상, 신청인이 영농 자경 경력이 5년 이상이어야 한다. 전체 영농 기간 중 합산 5년 이상도 인정된다. 대상농지는 지목이 전, 답, 과수원으로서 실제 영농에 이용 중인 농지, 가입신청자가 소유하고 있는 농지, 저당권 등 제한물권이 설정되지 아니한 농지이다. 단, 선순위 채권최고액이 담보농지 가격의 100분의 15 미만인 농지는 가입가능, 압류, 가압류, 가처분 등의 목적물이 아닌 농지이다. 제외농지는 불법건축물이 설치되어 있는 토지, 본인 및 배우자 이외의 자가 공동소유하고 있는 농지, 개발 지역 및 개발계획이 지정 및 시행 고시되어 개발계획이 확정된 지역의 농지는 제외된다. 농지연금은 종신형과 기간형이 있다. 종신형은 사망 시까지 연금을 수령하는 것이다. 기간형은 설정기간 동안 연금을 수령하는 것이다. 정액종신형 가입자(배우자) 사망 시까지 매월 일정한 금액을 지급하는 유형이다. 그 외에도 전후후박형, 일시 인출형, 기간 정액형이 있다. 경영이양형은 지급기간 종료 시에 공사에 소유권 이전을 전제로 더 많은 연금을 받는 유형이다.

농지연금의 장점은 1. 이미 자격이 되면 농지취득에 거리제한이 없다. 2. 농지연금을 가입한 농지는 자경하지 않아도 된다. 3. 개인당 한도가 매월 300만원으로 부부합산 매월 600만원까지 수령 가능하다. 4. 땅값이 오르면 정산 후 상속자가 수령하고 부족하면 차액은 청구하지 않는다. 5. 공시지가 6억원까지 재산세를 납부하지 않는다. 6. 공무원연금이나 국민연금을 받아도 농지연금 수령이 가능하다. 7. 농지연금에 가입한 농지는 자경해도 되는 등 여러 가지 장점들이 많다. 주택연금보다 농지연금은 훨씬 좋다. 당신도 땅을 사서 자경조건을 갖추면 국민연금보다도 좋고, 주택연금보다도 좋으며, 공무원연금보다도 좋은 농지연금으로 경제적 자유인으로 살아갈 수 있다. 하루빨리 땅으로 경제적 자유를 누려라.

먼저 저축과 투자를 한다면 돈이 당신을 위해 일하게 된다. 투자를 실행했느냐 그렇지 않았느냐에 따라서 시간이 흐를수록 차이가 크게 난다. 시간이 지나면 차이는 더 벌어지고 결국에는 삶의 방식과 생활방식이 완전히 달라지게 된다. 보통사람들은 늘 말한다. 돈이 있어야 돈을 번다고. 그러나 그들이 말하는 그 돈은 어디에서 올까. 근검절약하는 생활습관과 미래를 위한 생각에서 오는 것이다. 욕구를 오늘 채울 것이냐, 나중으로 미룰 것이냐, 그 차이는 엄청 크다. 그리고 있는 자산인 농지연금을 잘 활용하는 지혜도 필요하다. 땅을 사서 자경조건을 갖추면 국민연금보다, 주택연금보다, 공무원연금보다도 좋은 농지연금으로 경제적 자유인으로 살아갈 수 있다. 하루빨리 땅으로 경제적 자유를 누려라.

나는 땅으로
퇴직금 받는다

계속되는 구조조정 문제 대응으로 바쁜 일상을 보내던 때, 평소에 존경하며 모시던 한 본부장님으로부터 잠깐 보자는 연락이 왔다. 업무상 직속 본부장님이 아니었기에 무슨 일인가 싶어 빨리 찾아가 뵈었다. 요는, 이번에 해외개발 프로젝트의 일환으로 해외법인을 설립하려 하는데 법인 대표를 맡아 달라는 주문이었다. 하지만 그 당시 나는 집사람이랑 주말마다 노후대비를 위한 대책마련에 부심하던 때라, 미안하지만 개인적으로 추진 중인 일이 많아서, 외국에 나가 근무하기는 어려우니, 다른 좋은 사람을 찾아보시라고 말씀을 드렸다. 그리고 1주일이 지났을 때쯤 다시 좀 보자는 연락이 와서 만나 뵈었다. 본부장님 말씀은 해외프로젝트 팀원들과 여러 진행상황과 업무추진 등

284

을 고려해 봤을 때, 내가 최고적임자로 추천되었으니 한 번 더 심사숙고 해보라고 하셨다. 가족들과 의논도 해봐야 하니 며칠간 고민할 시간이 필요하다고 말씀드리고 나왔다. 몇 일 동안 집사람과 많은 이야기를 해보고 결정을 내렸다. 나는 직장인이다. 회사가 필요로 하면, 따르는 게 도리라 생각하고, 한번 열심히 해서 큰 성과를 내보리라 마음을 먹었다. 그리고 본부장님을 찾아뵙고 "한번 나가서 열심히 해보겠습니다" 라고 말씀을 드렸다.

그러자마자 바로 해외파견 명령이 떨어졌다. 모든 것들이 바쁘게 진행되었다. 몽골이라는 나라는 경제개발 국가순위가 100위권을 벗어나는 나라다. 어지간한 것은 우리나라에서 준비를 해가야 된다. 컴퓨터를 비롯한 일체의 사무실 비품들을 챙겨서, 설레임 반 두려움 반으로 가깝고도 먼 해외개척을 위한 장도에 올랐다. 몽골 공항에 도착하여 보니, 황량하고도 스산함이 느껴졌다. 익숙하지 않은 러시아 알파벳의 큰 간판들이, 그동안 다녀본 여느 외국 풍경과는 사뭇 달랐다. 그러나 당당하게 용기와 자신감을 갖고 첫 일정을 시작했다. 그런데 언어 문제는 무엇보다 심각했다. 통역이 없으면 무엇 하나 진행하기 힘든 상황이었다. 책상, 소파 등 사무용품 구입과 인터넷 연결 등 모든 것을 처음부터 끝까지 준비해야 했다. 분주하고 바쁜 일정들이었지만 낯선 문화에, 모든 것을 챙겨야 하기 때문에, 이런저런 복잡한 생각으로 잠을 설쳤다. 몽골의 아침태양은 새벽 4시가 조금 지나면 떠올라 일찍 잠에서 깨어나게 되어 잠을 설치는 날들이 겹쳤다. 컨디션에 무리가 가 혈압이 급격하게 올라가 위급한 상황이 발생되어 앰뷸런스가 오는 등 한바탕 소동이 벌어졌었다. 높게 올라간 혈압이 떨어지지가 않아서, 급기야 앰뷸런스에 실려 병원에 입원하는 신세가 되었다. 할 일은 태산인데 대표가 입원을 했으니 정말 답답할 노릇이었다.

갑작스러운 혈압상승 등의 혼란이 원인이 되었는지, 그 일로 공황장애가 왔다. 상당기간 고생을 했다. 몽골에서도 생산현장은 수도 울란바토르에서 1,500km 떨어진 산간 오지에 있었다. 전기며 인터넷도 없는 허허벌판이었다. 임시로 직원들이 생활해야 할 숙소는 차량을 개조하여 만든 숙소로 아주 열악했다. 몽골현지 직원들을 위한 게르 몇 동이 전부여서 대략 난감한 정도가 아니었다. 그러나 무에서 유를 창조하듯 하나하나 자리를 잡아 나갔다. 한반도의 7배가 넘는 광활한 면적을 가진 몽골은 세계에서 17번째로 큰 나라다. 자원은 풍부하나 개발이 잘 안되어 안타까운 마음이 들었다. 당초 계획했던 대로 몽골의 철도계획이 제대로만 진행된다면, 우리 현장의 자산가치는 순식간에 수조 원대로 올라갈 수 있는 잠재적 가치가 있었다. 향후 시간이 지나 계획되어 있는 철도만 완성되면 우리 현장의 가치는 수조 원이 될 수 있다. 세계3대 메이저 자원 컨설팅회사의 자문으로 철저한 시추와 세계적인 분석기관의 증빙으로 만들어진 값진 자원평가서를 완성하였다. 하지만 열악한 운송수단의 부족으로 판매가 원활하지 못하여 인사 발령과 함께 철수하게 되었다.

정신없이 달려온 3년 간의 몽골 생활은 나에게 많은 것을 가르쳐주었다. 법인 설립부터 직원 모집, 직원임금 책정, 직원숙소 건축, 통신망 구축, 전기 개설, 화약고 구축, 주유소 설치, 광산장비 구입, 업무용 차량 구입 등 아무것도 없는 상태에서 하나하나 갖추어 가는 일은 힘은 들었지만 보람 있는 일이었다. 무엇보다, 광산운영을 위한 인허가 과정은 피를 말리는 인고의 시간이었던 것 같다. 외국인 사업체에 대한 인허가 심사는 더욱 엄격한 기준이 요구되었고, 환경, 유물, 수질, 운반도로 개설, 화약고 인허가, 사업계획서 인허가 등 수십 가지의 적합여부에 대한 관계당국의 허가를 취득하여야만 했다. 최종 감시국 허가를 받아야 준공검사를 해주었다. 그 과정을 하나하나 통과할 때는 한국에서 대정부 업무를 한 것이 엄청난 도움이 되었다. 그 과정에서 어려움도 많았다. 잦은 방문을 통한 성심을 담은 답변과 자료를 통한 입증으로 장애물을 하나하나 통과했다. 그 당시 많은 도움을 준 몽골현지 관계자들과는 페이스북을 통하여 아직까지 소통을 하고 있다. 무엇보다 가장 큰 보람은 세계3대 메이저급 자원사업 컨설팅업체를 통한, 우리 광산구역에 대한 매장량과 품질에 대한 평가보고서의 완성이었다. 이것은 광산 가치를 평가하는 데 없어서는 안 되는 아주 중요한 자료다.

자원이 많은 나라에서는 이 평가서가 담보 보증서와 같은 역할을 한다. 주식상장이나 사업자금 마련을 하기 위한 금융권에 신용평가서와 같은 것이다. 석탄의 매장량, 부존상태, 품질 등에 대한 아주 상세한 내용을 담은 귀중한 보고서이다. 자원업계의 무디스나 피치같은 신용평가기관의 검증을 받은 그런 평가보고서라고 보면 된다. 탄질에 대한 분석도 세계적으로 인정하는 기관이 수행하였기 때문에 완벽한 평가보고서인 셈이다. 엄격한 검토를 통한 세부적인 지하시추와 품질평가로 연료용탄과 제철용탄을 생산할 수 있는 매장량을 산출한 자료다. 시추로 확인된 지하 탄층 구조는 최고 탄폭이 130m짜리를 포함한 것으로, 세계에서 가장 양호한 구조라고 말할 수 있다. 확정 매장량은 544백만 톤으로 톤당 1달러의 이익창출 시 수익은 5.44억 불, 10달러 이익창출 시는 54.4억 불로 미탐사지역까지 확인된다면 어마어마한 가치를 지닌 광산임을 세계적인 평가기관에서 증빙한 것이다. 훗날 몽골이 계획했던 철도가 개설되면 그날은 최대의 축복이 될 것이다. 위 평가보고서를 토대로 한 우리나라 유명 회계평가기관의 당시 평가보고서는, 우리나라가 보유한 그 광산의 지분 51%의 가치를 464억원으로 평가하였다. 이렇게 광산을 완벽하게 생산할 수 있도록 모든 준비를 몽골 정부로부터 허가 받아 생산할 수 있게 된 것이 가장 큰 보람이다.

몽골 생활 중 두 번째 보람은 우리가족 모두가 외국생활을 경험했다는 것을 꼽을 수 있다. 내가 그곳으로 파견 가고 아이들의 첫 여름방

학 때 집사람이랑 두 아들이 몽골로 왔다. 그때 아이들한테 이야기 했다. "몽골은 후진국이고 잘살지 못하는 나라다. 몽골 국제학교에 다니면 여러 나라 학생들을 만날 수 있다. 잘 생각해보고 몽골로 와라." 그리고 그해 겨울방학이 되었을 때 두 아들은 휴학계를 내고 몽골로 왔다. 집사람과 아이들은 오자마자 몽골국제대학교에 영어어학 연수를 등록하여 유학을 시작하였다. 제일 신나하는 건 집사람이었다. 그 학교 최고령 아줌마 학생이라 늘 눈에 띄었다. 그게 싫지 않았는지 나이가 많다는 핑계로 설렁설렁 놀기 삼아 영어공부를 은근히 즐기는 것 같았다. 어찌되었든 3명이서 학교 다니는 모습이 보기 좋았다. 그리고 내가 귀국할 때는 두 아들만 남겨 놓고 돌아왔다. 큰 놈은 1년 뒤 한국으로 돌아와 건실한 중소기업에서 무역 업무를 지원하는 부서에 다니고 있다. 막내는 2년 뒤 교환학생으로 한양대학교에 다니다가 싱가포르로 갔다. 그리고 영국대학 싱가포르 분교를 졸업한 후 글로벌 기업인 페이스북 싱가로프 지점에 입사하여 다니고 있다. 기회가 오면 용기를 갖고 도전해야 한다. 글로벌 환경을 경험해 보는 게 미래를 살아가는 데 굉장한 자산이 된다. 해외에 살지 않았다면 겪어 보지도 못할 경험으로 가족들이 글로벌화 되었다. 오늘도 막내는 해외에서 마케팅을 하고 있다.

  한국을 벗어나 외국에서 생활해 보는 경험은 인생을 살면서 많은 도움이 되는 것 같다. 기회가 오면 주저 말고 경험하여 보자. 어쩌면 당신에게 더 많은 기회를 가져다줄 수 있는 행운이 올지도 모른다. 가족들이 전부 몽골로 가면서 서울에 있는 집은 전세를 주었다. 그때 받은 전세금을 열심히 연구하며 찾아다녔던 땅에 묻어 두었다. 수년이 흐르는 동안 운 좋게도 전세금을 묻어 놓은 땅이 개발계획이 발표되고 착공을 하면서 작지만 퇴직금 정도는 받을 수 있을 것 같다. 땅은 배신을 하지 않는다. 아니 땅은 충성을 다한다. 사놓고 가만히 두기만 하여도 때가 되면 알아서 오른다. 그리고 개발계획이 진행되면 퇴직금까지 받는다.

/

♥ Point

기회가 오면 용기를 갖고 도전해야 한다. 글로벌 환경을 경험해 보는 게 미래를 살아가는 데 굉장한 자산이 된다. 해외에 살지 않았다면 겪어 보지도 못할 경험으로 가족들이 글로벌화 되었다. 기회가 오면 주저 말고 경험하여 보자. 어쩌면 당신에게 더 많은 기회를 가져다줄 수 있는 행운이 올지도 모른다. 가족들이 전부 몽골로 가면서 서울에 있는 집은 전세를 주었다. 그때 받은 전세금을 열심히 연구하며 찾아다녔던 땅에 묻어 두었다. 수년이 흐르는 동안 운 좋게도 전세금을 묻어 놓은 땅이 개발계획이 발표되고 착공을 하면서 작지만 퇴직금 정도는 받을 수 있을 것 같다. 땅은 사놓고 가만히 두기만 하여도 때가 되면 알아서 오른다. 그리고 개발계획이 진행되면 퇴직금까지 받는다.

돈 되는 땅은 아는 만큼 보인다

    고등학생들은 좋은 대학교에 가기 위해 정말 열심히 공부한다. 그리고 원하는 대학교에 입학을 하여 나름대로 열심히 다니면서 연수도 가고 스펙도 쌓아 취업을 하게 된다. 대학교 졸업 후 취업을 하면서 사회생활을 시작한다. 취업을 한 후에는 많은 사람들이 학습을 멈춘다. 더 이상 취득해야 할 자격증이나 졸업장이 없다. 대학교, 대학원, 박사과정 등 일련의 과정을 겪으면 졸업장이 나온다. 보이는 졸업장을 가졌으니 이제는 더 이상 졸업장이 필요 없다고 생각하고 학습을 멈추는 사람들이 대부분이다. 사실은 보이지 않는 졸업장을 보지 못하는 것이다. 보이는 것에만 열중하여 졸업장을 땄으니 더 이상 보이지 않는 것에는 관심이 없어진 것이다. 남들에게 보여줄 게 있으면 좋으련만 그렇지 않은 것에는 관심과 흥미가 없는 것이다. 그래서 그저 소일 거리나 취미 활동 등으로 퇴근 후의 시간들을 보낸다. 일부 사람들만 자기계발, 자격증 취득, 어학공부, 재테크공부를 할 뿐이다. 취업할 때까지 그렇게 열심히 공부에 매진하던 사람들의 모습은 보이지 않는다. 알아주지 않는 졸업장에는 그다지 관심이 없다. 현재의 일자리가 안전하고 든든하게 보이기 때문이다. 아니면 '어떻게든 되겠지, 설마 산 입에 거미줄 칠까'라고 생각할 수도 있다.

2025년 경에는 눈부신 기술의 발전으로 인공지능 로봇이 실용화될 것으로 전망된다. 일자리의 상당부분이 없어질지도 모른다. 그런 위기감이 엄습하는 것은 나만의 걱정일까. 인류 역사상 가장 큰 혁신을 가져온 분들 중에 한 분이 스티브 잡스라고 생각한다. 2007년 아이폰이 나온 지 불과 12년 만에 세상은 너무나 변했다. 농경사회의 변화는 근 6,000여 년 동안에 이루어졌다. 그런데 오늘날의 변화 속도는 너무나 엄청나다. 2007년 당시 휴대폰 시장 점유율 1위는 노키아, 2위가 모토롤라였다. 그러나 그들은 아이폰의 혁신에 편승하지 못했다. 휴대폰시장의 높은 점유율에만 자만하다가 휴대폰시장에서 사라졌다. 그러나 삼성과 LG는 늘 혁신하지 않으면 안 된다면서 가족만 놔두고 전부 다 바꾸라 했다. 그렇게 혁신적으로 노력하여 변신에 성공했다. 그리고 현재까지 한국경제에 크나큰 버팀목 역할을 하고 있다. 자신감과 안정 속에 갇혀 변화에 잘 대응하지 못하고 느슨하게 지낼 때,

세상은 냉혹하게 퇴출을 시킨다.

    스위스의 철통같은 시계시장이 일본의 전자시계의 출현에도 장인정신만을 고집하였다. 1980년대 시계시장의 점유율 90%에서 10%대까지 추락하였다. 2017년도에야 겨우 50%까지 복구하였다. 또 70년 간 시장평균 이상의 성장률을 자랑하던 코닥필름은, 자사 연구원이 개발한 디지털카메라의 혁신을 알아보지 못했다. 70년 간의 선두 성장률의 함정에 빠져 있다가, 소니의 디지털카메라의 출현으로 2012년 파산 신청하는 신세가 되었다. 자만하거나 혁신을 거부하여 시장에서 퇴출되는 기업들을 우리는 무수히 보았다. 무한경쟁과 누부신 과학기술로 인해 변화의 요구는 더욱 거세다. 1990년대 말 40조에 달하는 음반시장이 숀패닝이라는 18세 대학생이 만든 냅스터라는 프로그램에 의해 초토화된 적이 있다. 이렇게 오늘날의 변화는 상당히 혁신적으로 급박하게 다가온다. 그리고 기성세대들이 잘 이해하지 못하는 휴대폰을 자기 신체의 일부처럼 사용하는 인류인, 포노사피엔스는 90년생 이후 세대로서 기성세대들의 틀을 완전히 바꾸고 있다. 이들의 거대 소비패턴은 우버라는 승객과 운송차량을 연결해주는 모바일 서비스업체를 탄생시켰고, 에어비엔비같은 회사는 호텔 하나 소유하고 있지 않으면서 고객과 숙박업소를 연결해주는 호텔보다 더 큰 영향력을 가진 숙박관리회사가 되었다. 이런 소비패턴이 125년의 전통을 자랑하던 미국의 유명한 시어스백화점도 신세대들의 소비패턴 변화에 의해 작년에 문을 닫게 되었다.

언제 닥칠지 모르는 외부로부터의 변화에 대응하기 위해서는 보이지 않는 졸업장을 많이 만들어야 한다. 남이 인정해주는 대학교 졸업장을 가졌다고 이젠 그만이라는 생각은 버려야 한다. 언제 닥칠지 모르는 변수에 대한 직접적인 방어는 어렵다. 그러나 최소한 남들과는 다른 뭔가 특별한 재능이나 지식을 가져야 한다. 요즈음은 배우려고 맘만 먹으면 얼마든지 저렴한 비용과 좋은 시스템으로 쉽고 효과적으로 배울 수 있다. 유튜브나 온라인 수업, 오프라인 수업도 아주 저렴하게 공급된다. 나만의 비장의 무기를 시간적 여유가 있을 때 준비해야 한다. 나는 2017년도에 수원대학교 사회대학에서 제공하는 부동산학과를 매주 토요일마다 2년 반 다녔다, 2018년도에는 연세대학교 원주 캠퍼스에서 제공하는 부동산경매 수업을 한 학기 들었다. 그리고 2019년도에는 원주시립문화센터에서 제공하는 중국어를 1년 간 들었다. 덕분에 잘은 못하지만 지금 당장 영어, 중국어, 몽골어권에 가서 생활하는 것은 가능하다. 억지로 공부를 하는 마음으로 하는 것보다, 언제가 될지 모르지만 필요할 경우를 대비하여, 시간이 허락할 때, 아니 시간을 만들어 하루하루를 어제보다 나은 오늘을 위해 뭔가를 해야 한다.

그저 반복적인 일상에 묻혀 지나가는 시간을 가만히 놓아두면 안 된다. 하루하루의 변화는 느끼지 못하겠지만 1년이 지나고 2년이 지나 10년이 지날 때는 느껴야 한다. 과연 10년 동안 무엇을 했나 반문해, 별로 변한 게 없다면 뒤를 냉철하게 돌아봐야 한다. 앞으로 다가올 또 다른 10년을 어떻게 보낼 것인지 생각해 보아야 한다. 하루에 3시간씩 10년을 무언가를 위해 노력을 한다면 그 분야의 전문가가 된다. 하루 3시간씩 10년이면 약 1만 시간이다. 어떤 분야에도 전문가가 될 수 있는 충분한 시간이다. 넘버 원(No. 1)보다는 온리 원(Only 1)이 좋다. 누구나 하는 무엇보다 나만이 할 수 있는 무엇이 훨씬 값지고 가치가 있다. 나도 내일 모래면 60이지만, 살아온 날만큼 살아갈 날들도 넉넉히 남아 있으니까 앞으로 무엇을 해볼까 늘 생각하고 유쾌한 상상에 빠져 보기도 한다. 빠른 시일 내에 도전해 보고 싶은 것은 유튜브 활동이다. 지금까지 직장생활을 하면서 쌓은 지식과 개인적으로 습득한 재능을 필요로 하는 사람들에게 나누고 싶다. 순탄하지만은 않았던 직장생활에서 얻은 경험과 지혜를 필요로 하는 사람들에게 나누고 싶다.

어제보다 나은 오늘이 되어야 한다. 작은 성과가 모여서 내일의 큰 결실을 가져올 것이다. 중국의 대외정책 용어 중에 '도광양회(韜光養晦)'라는 사자성어가 있다. 자신의 재능을 드러내지 않고 갈고 닦으면서 때를 기다린다는 말이다. 드러내지 않고 실력을 갈고 닦는 재미는 묘한 매력을 준다. 남들이 신나게 놀고 빈둥빈둥할 때, 열정적으로 비장의 무기를 갈고 닦으면 언젠가 그 재능이나 지식이 필요할 때가 온다. 그때 세상에 보여주자. 보이지 않는 졸업장을 말이다. 보이는 졸업장과 스펙에는 혼신의 힘을 다하면서, 정작 더 큰 보이지 않는 졸업장을 놓치는 우를 범하고 있지는 않는지 생각해 봐야 한다. 세계를 선도하며 수십 년을 고도성장과 높은 시장점유율을 가지고 있던 글로벌기업도, 자만에 빠져 안주해 있을 때 퇴출되었다는 사실을 명심하라. 지금도 늦지 않았다. 100세 시대다. 시간은 내편이다. 대학교를 가기 위해 했던 노력, 기업에 취업하기 위해 했던 노력, 그 반만의 노력이라도 있다면 보이지 않는 졸업장을 갖자. 넘버 원(No. 1)보다는 온리 원(Only 1)을 말이다. 무엇이 강점이 될 수 있을지, 아님 세상이 무얼 필요하게 될지, 무엇이 가능성이 높은지 깊이 고뇌하여 누구도 요구하지 않고 보이지도 않는 나만의 졸업장을 챙기자. 언젠가는 세상에 짠하고 보여줄 비장의 무기를, 설사 필요 없게 되더라도 준비하자. 노력하는 과정에서 당신에게 체화된 그 열정은 급변하는 세상에서 당신을 굳게 지켜줄 것이다. 오늘 당장 작은 것부터 어제와 다른 무언가를 시작하자. 10년 뒤에는 또 다른 분야의 전문가가 되어 있을 것이다.

전문가들은 한 분야에 대한 호기심과 열정, 그리고 끝까지 해내겠다는 고집이 있는 사람들이다. 전문가는 어떤 문제가 발생하였을 때 도저히 해결방법이 없는 것 같아도 시원하고 명쾌하게 답을 찾아낸다. 전문가는 하루아침에 이루어지지 않는다. 수많은 성공과 실패를 거듭하면서 얻은 지혜가 있어 미래를 보는 혜안을 가졌다. 그것도 처음에는 조그마한 관심에서부터 시작된다. 이제는 땅에 관심을 가질 때다. 화폐량의 증가에 따라 화폐가치가 점점 하락하는 구조에서 온전히 자산을 지키는 길은 땅밖에 없음을 인지하고 공부해 나가길 바란다. 관심 가는 지역을 선택하여 지속적으로 관심을 갖자. 그렇게 할 때 당신은 어느새 전문가 수준에 도달할 것이다. 아무것도 모를 때와 조금 알았을 때는 보는 시야가 넓어지는 것을 느낄 것이다. 그래서 하수들이 볼 수 없는 것을 고수들은 찾아낸다. 그렇게 시야를 넓혀갈 때 당신도 좋은 땅을 보는 눈을 가지게 될 것이다. 그래서 돈 되는 땅은 아는 만큼 보이게 된다. 좋은 땅으로 100세 시대를 변함없이 지켜줄 동반자를 만들자.

♥ Point

전문가는 하루아침에 이루어지지 않는다. 수많은 성공과 실패를 거듭하면서 얻은 지혜가 있어 미래를 보는 혜안을 가졌다. 이제는 땅에 관심을 가질 때다. 화폐량의 증가에 따라 화폐가치가 점점 하락하는 구조에서 온전히 자산을 지키는 길은 땅밖에 없음을 인지하고 공부해 나가길 바란다. 지속적으로 관심을 갖자. 그렇게 할 때 당신은 전문가 수준에 도달할 것이다. 아무것도 모를 때와 조금 알았을 때는 보는 시야가 다르다. 그래서 하수들이 볼 수 없는 것을 고수들은 찾아낸다. 그렇게 시야를 넓혀갈 때 당신도 좋은 땅을 보는 눈을 가지게 될 것이다. 돈 되는 땅은 아는 만큼 보이게 된다.

나는 땅 투자로
연봉을 한 번 더 받는다

2002년 여의도에서 근무할 때 학원사업을 하는 친구로부터 연락이 왔다. 저녁에 시간이 있으면 할 이야기가 있으니까 발산역에서 만나자는 것이었다. 이 친구는 내가 중학교 동창회 총무로 있을 때 만난 초등학교와 중학교 때 친구다. 학원사업으로 기반을 다졌고 기초의회 의원으로 출마할 정도로 잘나가는 친구였다. 발산역 약속 장소로 갔더니 내가 모르는 사람 두 명이 더 오기로 했다고 친구가 알려주었다. 나머지 두 분은 현역 학원원장이라고 알려줬다. 시간이 지나자 만나기로 한 사람은 다 모였다. 친구는 요즈음 유치원영어사업이 잘되니 의기투합하여 W브랜드로 학원을 4명이서 만들어 보자고 했다. 종합학원의 유명 브랜드인 J학원과 함께 운영하는 학원으로 만들어 보자고 사업 제안을 했다. 의향이 있으면 25% 지분으로 같이 사업을 해보자는 것이었다. 나는 그런대로 별 어려움이 없이 직장인으로서 본분을 다하면서 살아왔다. 월급쟁이로만 지냈기에 사업은 생각하지도 않았다. 돈의 중요성도 모르고 그냥 저축하고 집 사고 그렇게 살았다.

갑자기 친구가 사업이야기를 하니 딴 나라 이야기처럼 느껴졌다. 그때가 IMF를 회복하고 얼마 되지 않은 시점이었다. 경제위기의 공항상태를 겪고 보니 직장인들의 목숨이 파리 목숨 같다는 생각을 가지고 있을 때였다. '그래, 사업 그거 한번 해볼까' 하는 생각이 들었다. 마침 그때 한창 유행하던 〈부자아빠 가난한 아빠〉라는 책을 읽었던 터라 부자아빠가 되어야 한다는 생각이 들었다. 현재 학원을 잘 운영하고 있는 세 학원원장들과 학원을 운영하면 잘되리라 생각하고 아내를 설득시켜 학원사업에 참여하기로 했다. 그렇게 하여 주말마다 모여서 사업구상과 학원위치를 보러 다녔다. 내 친구는 이미 죽전이라는 곳을 염두에 두고 있었다. 죽전은 개발되는 단계로 아파트들이 한창 들어서고 있어서 학원을 하기에는 딱 좋은 곳이라 했다. 그래서 죽전에서 자주 만나 학원자리를 주말마다 물색하였다. 마침 그때 죽전에 좋은 학원자리가 하나 나타났다. 그래서 4층 건물을 통째로 매수하여 학원을 오픈하기로 했다. 그러자 좀 더 빠른 사업행보가 시작되었다. 지분에 따른 돈을 있는 돈 없는 돈 모으고 모았다. 모자라는 것은 대출로 채워 넣었다. 드디어 건물을 사고 등기를 하여야 하는데 누구 명의로 건물을 사고 등기를 할 것인가로 회의를 하고 결론을 내렸다.

학원을 운영하고 있는 세 사람은 사업을 하는 사람들이라 문제가 될 수 있으니 든든한 직장에 다니는 내가 하는 게 좋다고 하여 그렇게 하기로 했다. 나는 내 앞으로 등기가 되면 모든 게 안심할 수 있으니 순순히 허락했다. 그렇게 하여 건물을 담보로 대출 7억원을 발생시켜 250여 평의 4층 전체를 매수했다. 드디어 모든 준비를 끝내고 학원을 오픈했다. 학원은 내 친구가 운영하기로 하고 수익의 40%를 주기로 계약했다. 학생들을 받고 잘 진행되었으나 흑자가 나지 않는 구조가 되었다. 너무 규모도 크고 선생들이 많으니까 여간해서 흑자가 나지 않았다. 2년이 지나도록 남는 게 없는 사업으로 겨우겨우 운영만 되었다. 여건이 확연하게 개선되기도 어려운 상황이 되었다. 시간이 흘러가면서 걱정이 되기 시작했다. 학원사업도 소문이 잘나야 되는데 평이하게 운영되니 나아지는 기미가 없었기 때문이다. 그러자 조금씩 걱정이 쌓여갔다. 이대로 계속 가다가는 대출이 부담될 수 있다는 생각이 들었다. 지금 현상 유지라도 할 때는 서로간에 연락들이 잘되지만, 자기네 사업이 잘 안되면 연락이 어렵게 되고 직장인인 나로서는 어려워질 수 있다는 생각이 들었기 때문이다. 대출부터 없애야 된다고 생각하고 내 의사를 전달했다. 현상유지만 하고 있으니 사업을 정리하는 게 좋을 것 같다고 이해를 촉구했다. 모두들 내 걱정을 흔쾌히 이해해 주어 나의 첫 번째 사업투자는 그렇게 많은 경험만 남긴 채 아쉽게 정리하고 말았다.

첫 사업 참여를 정리하면서 많은 것을 배우게 되었다. 공동재산이지만 내 앞으로 되었기 때문에 건물을 담보로 거액의 대출도 받아보았다. 많은 이자도 갚아 보았다. 내 명의로 건물이 되어 있기 때문에 매도할 때도 내가 전면에서 처리를 해야 했다. 그래서 자연히 매도 시 발생되는 문제며, 상가건물에는 부가세가 발생된다는 것이며, 매도계약서 상에 부가세 제외라는 5글자를 쓰지 않아 매각에 위기가 있었으나, 잘 설득하여 재계약하게 하는 값비싼 경험도 했다. 그때 부동산이 무엇인지를 몸소 배우게 되었다. 어쩌면 그런 경험이 현재 나를 부동산 쪽으로 입문하게 만드는 단초가 되었는지도 모른다. 그런 경험을 하게 해준 친구를 지금도 좋아하는 이유이다. 월급쟁이 사고에서 벗어나게 되는 계기가 되었다. 건물을 담보로 했던 모든 것을 다 정리하고 모든 것을 깨끗하게 청산했다. 원금에서 줄어든 실적을 남겨준 첫 사업 성과였다. 청산하면서 돌아온 돈으로 무엇을 할까 고민을 했다. 학원사업 지분취득 시 발생한 대출을 갚을까, 아님 다른 투자를 해볼까 고민을 많이 했다.

집사람과 나는 결정했다. 이렇게 투자를 시작한 이상 대출을 갚기보다 투자를 하기로 합의했다. 투자를 하기로 결심하고 투자종목을 찾았다. 그러다 거여마천뉴타운 재개발사업의 무허가건물을 사기로 하고 매물을 찾아다녔다. 다행히 저렴한 매물을 발견하고 싼 가격에 매수를 결정했다. 당시 무허가건물을 가지고 있으면 재개발 시 조합원 자격을 얻게 되었었다. 1981년 이전에 건축된 무허가건물은 법적으로 인정을 해주었다. 그래서 취득세는 낸다. 무허가란 단어 때문에 가격이 굉장히 싼 편이다. 괜찮은 물건이라 생각하고 투자를 하였다. 강남3구로 진입하는 꿈에 부풀어 행복한 시간을 보냈다. 그냥 조용히 지낸 것이 아니라 친구들한테 자랑도 했다. 과감하고 용기 있게 무허가건물을 취득한 것을 거품을 물고 자랑하고 다녔다. 진짜 재개발은 가다 서다를 반복하며 잘 진행되질 않았다. 그러던 중 재개발법이 바뀌어 무조건 나오던 무허가건물에 대한 입주권이 땅주인과 건물 중 하나의 조합원 권리만 인정되었다. 땅주인은 감정금액이 약 7.5평에 2억여원이 나오고 내가 갖고 있던 무허가 건물은 1,500만 원 감정평가되었다. 그래서 감정금액이 높은 땅주인에게 아파트 분양권을 주고 나는 현금청산을 당하고 말았다. 외국에 파견되어 3년여 자리를 비우는 바람에 잘 대처할 수가 없었다. 변호사를 선임하여 대처를 했지만 시효가 지나 현금청산을 받아들여야만 했다. 그러나 그때 난 커다란 것을 깨달았다.

땅이 돈이었다는 것을 그때 깨달았다. 건물은 아무것도 아니었다. 땅은 점점 올라갔었고 건물은 감가상각을 당하여 점점 가치가 줄어들고 있었다. 그때 느꼈다. 땅이 답이었다. 그래 땅을 사야 한다. 그래서 땅 투자 공부를 하기 시작했다. 관련 서적을 많이 읽었다. 땅은 나와 딱 맞았다. 다른 책은 읽으면 잠이 오지만 부동산 관련 책이나 자기계발 책은 너무너무 좋았다. 책을 읽는 것 자체가 힐링이었다. 내게 맞는 것은 주식도 아니고 아파트도 아니고 땅이었다. 부자들은 전부 땅을 가지고 있었다. 땅이 없는 사람들은 사업의 흥망성쇠 시 기댈 언덕이 없어 사라져갔다. 부자를 만들고 지키는 것은 오직 땅밖에 없다는 생각으로 땅을 사기로 했다. 그럼 어디서부터 시작할까. 부자들은 첫째도 입지, 둘째도 입지라 했다. 그렇다면 향후에 대한민국에서 최고의 입지는 어디가 될까. 교통이 좋아야 하고 글로벌 중심지역이어야 한다. 여러 지역을 종이에 써 보았다. 서울역, 용산역, 강남역, 삼성역 등 많이 써서 비교분석했다. 그런데 대한민국에서 교통이 제일 좋은 곳은 인천국제공항이 있는 영종도라는 결론에 도달했다. 영종도는 항공기, 선박, 철도, 고속공항버스 등 교통이 사통팔달이었다. 100만 명 이상, 100개 이상의 도시에서 2시간 이내에 접근이 가능한 도시다. 향후에는 점점 더 입지가 부각이 될 수 있는 여건을 갖고 있다는 생각이 들었다. 그날 이후로 집사람과 나는 영종도로 매주 일이 없으면 놀러 갔다. 부동산 투자는 정확한 정보와 여러 주변의 상황들을 엄밀히 분석하여야 한다. 현장을 여러 번 다녀보면 자연히 어느 정도 감을 잡을 수 있다. 그리하여 영종도의 여러 곳을 잘 알게 되었다. 여러 부동산을 들러보면서 정보를 모았다. 그리고 확신이 섰을 때 과감하게 투자를 실행했다. 그리고 투자를 한 후에는 시간이 있을 때마다 인터넷을 통해 주변상황에 대한 정보를 수집하고 있다.

부동산의 특성상 화폐 증가로 인한 인플레이션은 그대로 정확하게 반영된다. 1년에 7%에서 8%는 반영된다. 올해에 부동산 가격이 오르지 않았다고 실망할 필요는 없다. 올해 반영되지 못한 가격인상은 언제든지 다음 기회에 정확하게 반영된다. 아니 그 이상을 항상 반영해주고 있다. 그러다가 개발호재라도 만나면 정확하게 지가 상승의 불변의 법칙에 따라 3배가 오른다. 이래저래 세월에 맡겨만 두어도 매년 연봉만큼은 올라준다. 그래서 나는 땅 투자로 매년 연봉을 한 번 더 받게 되었다.

♥ Point

부자들은 전부 땅을 가지고 있었다. 땅이 없는 사람들은 사업의 흥망성쇠 시 기댈 언덕이 없어 사라져갔다. 부자를 만들고 지키는 것은 오직 땅밖에 없다는 생각으로 땅을 사기로 했다. 부자들은 첫째도 입지, 둘째도 입지라 했다. 향후에 대한민국에서 최고의 입지는 어디가 될까. 그런데 대한민국에서 교통이 제일 좋은 곳은 인천국제공항이 있는 영종도라는 결론에 도달했다. 영종도는 항공기, 선박, 철도, 고속공항버스 등 교통이 사통팔달이다. 100만 명 이상, 100개 이상의 도시에서 2시간이내에 접근이 가능한 도시. 여러 부동산을 들러보면서 정보를 모았다. 그리고 확신이 섰을 때 과감하게 투자를 실행했다. 세월에 맡겨만 두어도 매년 연봉만큼은 올라준다. 그래서 나는 땅 투자로 매년 연봉을 한 번 더 받게 되었다.